Schriftenreihe

Sonderpädagogik
in Forschung und Praxis

Band 17

ISSN 1618-6028

Verlag Dr. Kovač

Oliver Rien

Behinderungsspezifisches Training zur Förderung von Kompetenzen bei hörgeschädigten Regelschülern

Darstellung eines Übungsprogramms zum bewussteren Umgang mit der eigenen Hörschädigung

2., korrigierte und ergänzte Auflage

Verlag Dr. Kovač

Hamburg
2008

VERLAG DR. KOVAČ
FACHVERLAG FÜR WISSENSCHAFTLICHE LITERATUR

Leverkusenstr. 13 · 22761 Hamburg · Tel. 040 - 39 88 80-0 · Fax 040 - 39 88 80-55

E-Mail info@verlagdrkovac.de · Internet www.verlagdrkovac.de

Gefördert von der Leopold-Klinge-Stiftung

Bibliografische Information der Deutschen Nationalbibliothek
Die Deutsche Nationalbibliothek verzeichnet diese Publikation
in der Deutschen Nationalbibliografie;
detaillierte bibliografische Daten sind im Internet
über http://dnb.d-nb.de abrufbar.

ISSN: 1618-6028
ISBN: 978-3-8300-2724-9

Zugl.: Dissertation, Universität Hamburg, 2007

2., korrigierte und ergänzte Auflage

© VERLAG DR. KOVAČ in Hamburg 2007, 2008

Umschlaggestaltung: ostseedesign.de

Printed in Germany
Alle Rechte vorbehalten. Nachdruck, fotomechanische Wiedergabe, Aufnahme in Online-Dienste
und Internet sowie Vervielfältigung auf Datenträgern wie CD-ROM etc. nur nach schriftlicher
Zustimmung des Verlages.

Gedruckt auf holz-, chlor- und säurefreiem Papier Alster Digital. Alster Digital ist
alterungsbeständig und erfüllt die Normen für Archivbeständigkeit ANSI 3948 und ISO 9706.

Abstract

Durch den steigenden Kostendruck in der Schulpolitik wird das Thema integrative Beschulung immer wichtiger. Die dezentralisierten Hörgeschädigtenschulen kosten sehr viel Geld, da meist eine Internatsunterbringung oder lange Fahrstrecken damit verbunden sind. Aus den Statistiken geht hervor, dass die Zahl der hörgeschädigten Schüler an Regelschulen stetig wächst. In Schleswig-Holstein sind es derzeit 69 % aller hörgeschädigten Schüler. Jedoch zeigt sich, dass die hörgeschädigten Regelschüler noch über andere soziale Kompetenzen als ihre hörenden Mitschüler verfügen müssen. Leider wird dies oft von den Beteiligten außer Acht gelassen oder nicht umfassend berücksichtigt.

Von daher war es mir wichtig, diesen Punkt der sozialen Kompetenzen aufzugreifen und ein Trainingskonzept zur Stärkung der Persönlichkeit und des Selbstwertgefühls der betroffenen Schüler zu entwickeln. Als selbst betroffener Hörgeschädigter weiß ich, wovon ich rede. Ich möchte den Schülern durch die Beratungslehrer einen leichteren Weg bereiten. Ich hoffe, dass mein Trainingskonzept auf vielfältige Resonanz stoßen wird. Nützliche und wichtige Informationen sind auf der beiliegenden CD-Rom zu finden. Ebenso möchte ich allen Beteiligten und Betroffenen Mut machen.

Ich habe in meinem Training das TZI-Modell (themenzentrierte Interaktion) von Ruth Cohn, „Das innere Team" von Schulz von Thun und „Meine vielen Gesichter" von Virginia Satir als Grundlage verwandt. Es handelt sich hierbei um gängige Konzepte, die einen hohen Bekanntheitsgrad haben. Ich zeige in meinem Konzept auf, wie diese vorhandenen Modelle in die Arbeit mit Hörgeschädigten umgesetzt und erweitert werden können.

Trauerarbeit und Kompetenztraining habe ich speziell für Hörgeschädigte methodisch aufgearbeitet, da diese beiden Punkte in der bisherigen Arbeit mit hörgeschädigten Regelschülern eher zu kurz kamen.

Die Wichtigkeit dieser Themen wird in diesem Buch sehr klar herausgearbeitet.

Sie können über Schwimmen lesen,

Sie können andere beim Schwimmen beobachten,

aber Sie können nicht wirklich wissen,

was alles damit verbunden ist,

bis Sie selbst ins Wasser tauchen.

Virginia Satir

Behindertenspezifisches Training zur Förderung von Kompetenzen bei hörgeschädigten Regelschülern

Seite

Vorwort   **15**

Danksagung   **19**

1. Einleitung   **21**

2. Theoretischer Teil   **22**

2.1	Medizinische Aspekte der Hörschädigung	23
2.1.1	Anatomie und Aufbau des Ohres	25
2.1.1.1.	Das Außenohr	25
2.1.1.2	Das Mittelohr	26
2.1.1.3	Das Innenohr	27
2.1.1.4	Zentrale Hörverarbeitung	28
2.1.2	Ursachen der Hörschädigung	29
2.2	**Diagnostik von Hörschädigungen**	**31**
2.2.1	Objektive Messverfahren	32
2.2.1.1	OAE	32
2.2.1.2	BERA	33
2.2.2	Subjektive Messverfahren	34
2.2.2.1	Tonaudiometrie	34
2.2.2.2	Sprachaudiometrie	35

2.3	**Einteilung der Hörschädigungsgrade**	**35**
2.3.1	Geringgradige Hörschädigung	36
2.3.2	Mittelgradige Hörschädigung	36
2.3.3	Hochgradige Hörschädigung	36
2.3.4	An Taubheit grenzende Hörschädigung	37
2.3.5	Gehörlosigkeit	37
2.4	**Technische Kompensationsmöglichkeiten**	**37**
2.4.1	Hörsysteme	38
2.4.1.1	In-dem-Ohr-Hörgeräte (IdO)	38
2.4.1.2	CIC – Completely-In-the-Canal-Hörgeräte	38
2.4.1.3	Hinter-dem-Ohr-Hörgeräte (HdO)	39
2.4.1.4	Knochenverankertes Hörgerät (BAHA)	39
2.4.1.5	Implantierbare Hörgeräte	40
2.4.2	Cochlea-Implantat	40
2.4.3	Technische Hilfsmittel	41
2.4.3.1	Die Lichtklingel	41
2.4.3.2	Der Vibrationswecker	42
2.5	**Regelbeschulung hörgeschädigter Schüler**	**42**
2.5.1	Historie	43
2.5.2	Integrative Beschulung	45
2.5.3	Tätigkeiten und Konzept der Beratungslehrer in Schleswig-Holstein	51
2.5.4	Exemplarische Darstellung der Konzepte anderer Bundesländer	54
2.5.5	Exemplarische Darstellung einiger Konzepte integrativer Beschulung im deutschsprachigen Raum	69
2.5.5.1	Schweiz	70
2.5.5.2	Österreich	77

2.6.	Kommunikationsformen	80
2.6.1	LBG – Lautsprachbegleitende Gebärden	80
2.6.2	DGS – Deutsche Gebärdensprache	80
2.7	**Psychosoziale Probleme hörgeschädigter Menschen**	**81**
2.7.1	Aufmerksamkeitsfokus	84
2.7.2	Umgang und Akzeptanz mit der Behinderung Hörschädigung	85
2.7.3	Stigma-Identitäts-These	90
2.7.3.1	Lösungsansätze	92
2.7.4	Probleme in der Kommunikation	94
2.7.5	Probleme im zwischenmenschlichen Bereich	97
2.7.6	Kommunikationspsychologische Aspekte der Hörschädigung	99
3.	**Empirischer Teil**	**104**
3.1	**Fragestellung**	**104**
3.2	**Zielsetzung, Sinngebung und Forschungsperspektive**	**107**
3.2.1	Das TZI-Modell	108
3.3	**Darstellung der Forschungsmethoden**	**115**
3.3.1	Das Interview	116
3.3.2	Die Fragebögen	119
3.3.2.1	Fragebogen an die Familie vor Beginn des Trainings	120
3.3.2.2.	Fragebogen der Eltern, Schüler und Lehrer nach dem Training	121
3.3.2.3	Der Kontrollbogen der Module	124
3.3.2.4	Subjektive Bewertung mittels schriftlicher Hausarbeiten	126
3.4	**Versuchspersonen und Stichprobe**	**127**
3.5	**Metaplan**	**129**
3.5.1	Gruppenfoto	131
3.5.2	Videodokumentation	133

4		Praktischer Teil	
		Darstellung und Inhalte der Module	134

4.1.		**Medizin und Hörschädigung**	**136**
4.1.1		Aufbau des Ohres	137
4.1.2		Ursachen der Hörschädigung	139
4.1.3		Ototoxische Ursachen von Hörschädigungen	141
4.1.4		Hörkurven	141
4.1.5		Tinnitus	143
4.1.6		Lärm	143
4.1.7		Hörsturz	144

4.2	**Technik**	**145**
4.2.1	Hörgerät	146
4.2.2	Smart-Link	148
4.2.3	Lichtklingel	149
4.2.4	Sonstiges	150

4.3	**Schwerbehindertenausweis**	**152**
4.3.1	Merkzeichen	155
4.3.2	Behinderungsgrade	156
4.3.3	Nachteilsausgleich	157

4.4	**Multimedia**	**159**
4.4.1	Muskat (Absehtraining)	160
4.4.2	Die Firma (Gebärden)	162
4.4.3	Zwischen den Welten (Caritas)	165

4.5	**Hörschädigung und Kompensation**	**165**
4.5.1	Der ideale Hörgeschädigte	167
4.5.2	Kommunikationstaktik	169
4.5.3	DaZiel	175
4.5.4	Kontakte	176

4.5.5	Trauerarbeit	177
4.5.6	Entspannungstraining	184
4.6	**Kommunikationspsychologie**	**184**
4.6.1	Das Innere Team (Schulz v. Thun)	186
4.6.2	Meine vielen Gesichter (Virginia Satir)	192
4.6.3	Bewerbungstraining	200
4.6.4	Training sozialer Kompetenz – Modell v. Oliver Rien	202

5	**Darstellung der Untersuchungsergebnisse**	**209**
5.1	**Antwort auf die Fragestellung**	**209**
5.2	**Forschungsperspektiven**	**212**
5.3	**Auswertungen**	**213**
5.3.1	Bewertungen der Module von Seiten der Schüler	214
5.3.2	Auswertung der Modulergebnisse	215
5.3.3	**Schriftliche Stellungnahme zu den ersten drei Wochenenden**	**223**
5.3.3.1	Schriftliche Stellungnahme von Gabi	224
5.3.3.2	Schriftliche Stellungnahme von Sonja	225
5.3.3.3	Schriftliche Stellungnahme von Nina	227
5.3.4	**Beobachtungen des Dozenten**	**229**
5.3.5	**Unterstützung der Beratungslehrer aus der Sicht der Schüler**	**233**
5.3.6	**Lebensläufe der Schüler**	**234**
5.3.6.1	Gabi	235
5.3.6.2	Peter	236
5.3.6.3	Sonja	239

5.3.6.4	Nina	244
5.3.6.5	Anja	246

5.3.7	**Fragebogen an die Familien vor dem Training**	**249**
5.3.7.1	Fragebogen an die Familie von Gabi	249
5.3.7.2	Fragebogen an die Familie von Peter	252
5.3.7.3	Fragebogen an die Familie von Sonja	254
5.3.7.4	Fragebogen an die Familie von Nina	258
5.3.7.5	Fragebogen an die Familie von Anja	260

5.3.8	**Fragebogen nach dem Training**	**261**
5.3.8.1	Fragebogen an die Eltern von Gabi	261
5.3.8.2	Fragebogen an die Eltern von Peter	262
5.3.8.3	Fragebogen an die Eltern von Sonja	264
5.3.8.4	Fragebögen an die Eltern von Nina	265
5.3.8.5	Fragebögen an die Eltern von Anja	267

5.3.9	**Fragebögen an die Schüler**	**267**
5.3.9.1	Gabi	268
5.3.9.2	Peter	269
5.3.9.3	Sonja	270
5.3.9.4	Nina	274
5.3.9.5	Anja	275

5.3.10.	**Fragebögen an die Lehrer**	**277**
5.3.10.1	Klassenlehrer von Gabi	277
5.3.10.2	Klassenlehrer von Peter	278
5.3.10.3	Klassenlehrer von Sonja	279
5.3.10.4	Klassenlehrer von Nina	280
5.3.10.5	Klassenlehrer von Anja	282

5.4	**Diskussionen**	**283**
5.4.1	Diskussion des Aussagewertes und der Verallgemeinerung der Ergebnisse	283
5.4.2	Diskussion der Verwertbarkeit der Ergebnisse für die Praxis und Anwendungen im Sinne der Forschungsperspektive	284
5.4.3	Diskussion im Zusammenhang mit den Vorannahmen und der bisherigen Fachliteratur	286
5.4.4	Diskussion hinsichtlich der Bedeutung der Erkenntnisse	288
5.5	**Diskussion der Ergebnisse auf dem Hintergrund der Gütekriterien**	**289**
5.5.1	Validität	289
5.5.2	Reliabilität	290
5.5.3	Repräsentativität	291
5.5.4	Weitere Gütekriterien	292
5.6	**Weiterführende wissenschaftliche Fragestellungen**	**293**
5.7	**Themen und Vorgehensvorschläge für Folgeuntersuchungen**	**294**
5.8	**Persönliche und subjektive Erfahrungen während des Trainings**	**296**
6.	**Folgerungen für die Begleitung hörgeschädigter Regelschüler durch Beratungslehrer oder ähnliche Dienste**	**298**
7.	**Die Rienschen Postulate**	**301**
8.	**Literaturverzeichnis**	**303**

Anhang

a) Eingangsfragebogen an die Eltern
b) Modulbewertungsbogen
c) Abschlussfragebogen an die Eltern
d) Abschlussfragebogen an die Schüler
e) Abschlussfragebogen an die Lehrer
f) Tabellen- und Abbildungsverzeichnis

CD-Rom zum Training

Vorwort

Die Betreuung hörgeschädigter Regelschüler wird selbst von den Betreuungslehrern aufgrund der niedrigen Stundenzahl, die ihnen für ihre Arbeit zur Verfügung steht, als unzureichend bezeichnet. Die vielfältigen Konzepte für Betreuungslehrer in den unterschiedlichen Bundesländern beinhalten wichtige Punkte zur Förderung und Unterstützung der hörgeschädigten Schüler, zur Aufklärung der hörenden Mitschüler und zur Unterstützung des Klassenlehrers. Angesichts dieser sehr geringen Stundenzahl, die jedem Betreuungslehrer pro hörgeschädigtem Regelschulkind zur Verfügung steht, stellt sich die Frage, wie die Konzepte umgesetzt und die angestrebten Ziele erreicht werden können. Erschwerend kommt hinzu, dass in der bisherigen Konzeption Themen wie Trauerarbeit oder Förderung der sozialen Kompetenz nicht integriert sind.

Mit meinem Training möchte ich den Beratungslehrern eine Hilfestellung geben, die von mir angewendeten Module aus den verschiedenen Bereichen in Anwendung zu bringen. Zu den verschiedenen Bereichen gehören die Kategorien Medizin, Technik, Schwerbehindertenausweis, Multimedia, Hörschädigung und Kompensation sowie Kommunikationspsychologie.

Als Grundlagen meines Trainings habe ich bereits vorhandene Konzepte wie das „TZI-Modell" (themenzentrierte Interaktion) nach Ruth Cohn, das Konzept „Das innere Team" nach Schulz von Thun sowie „Meine vielen Gesichter" von Virginia Satir herangezogen.

Die Bewertungen der Module durch die Schüler sowie die Fragebögen und auch die Rückmeldungen durch schriftliche Hausarbeiten, haben mir gezeigt, dass das Training zum einen von den Schülern als notwendig erachtet wird und zum anderen ein positiv veränderter Umgang mit der eigenen Hörschädigung zu beobachten war. Insbesondere konnten in dem Training die eigenen Grenzen bezüglich der Hörschädigung erkannt und verinnerlicht werden. Daraus resultierend ließen sich dann Lösungsansätze zum verbesserten Umgang mit der eigenen Hörschädigung erkennen.

Kommunikations- und Hörtaktik sowie die Annahme technischer Hilfsmittel, welche vorher von den hörgeschädigten Regelschülern nur unzureichend angewendet bzw. beherrscht wurden, nehmen nun einen wichtigen Platz in der Bewältigung der Behinderung ein. Durch den Einsatz dieser genannten Mittel wird der hörgeschädigte Regelschüler in die Lage versetzt, eine für sich positive Kommunikationssituation zu schaffen, die es ihm mit einem geringeren Energieaufwand ermöglicht, zu einer erfolgreichen Kommunikation mit hörenden Gesprächspartnern zu kommen.

Das Training dient insbesondere als Vorbereitung auf den Eintritt in den ungeschützten Bereich der Berufsausbildung bzw. des Arbeitslebens. Bis zu diesem Zeitpunkt ist die Umgebung des hörgeschädigten Regelschüler zumeist über seine Hörbehinderung informiert. Dies führt dazu, dass der hörgeschädigte Regelschüler nicht gezwungen ist, offensiv mit seiner Hörschädigung umzugehen. Er ist nicht veranlasst, seine hörenden Gesprächspartner über seine Hörschädigung in Form der bekannten fünf Sätze: „Ich bin schwerhörig. - Bitte schauen sie mich beim Sprechen an. - Ich muss vom Mund absehen. - Bitte sprechen sie langsam und deutlich. - Benutzen sie kurze Sätze." aufzuklären. Im Kontakt mit Menschen, denen die Hörschädigung nicht bekannt ist, kommt es jedoch oft zu Missverständnissen, so dass eine „leichte und unbeschwerte" Kommunikation nicht zustande kommt und die Gesprächspartner verunsichert sind.

Beim Eintritt in das Berufsleben wird der Hörgeschädigte mit hörenden Kollegen konfrontiert, die über die Hörschädigung in keiner Weise informiert sind. Dann stellt sich die Frage: „Wenn nicht der Hörgeschädigte selbst, wer dann soll für gute Kommunikationsbedingungen sorgen?"

Um mit einer guten Kommunikationstaktik erfolgreich sein zu können, bedarf es einer Trauerarbeit. Da in der Bundesrepublik Deutschland die Trauerarbeit sowohl bei den Eltern hörgeschädigter Kinder wie auch bei den hörgeschädigten Kindern selbst so gut wie gar nicht vorkommt, wurde dieses Training als Voraussetzung für eine funktionierende Kommunikationstaktik und den Erwerb sozialer Kompetenz durchgeführt. Insgesamt soll dieses spezielle Training zur Bewältigung der Trauerarbeit es dem hörgeschädigten Regelschüler ermöglichen, zu einem positiven Umgang mit seiner eigenen Hörbehinderung im Sinne einer gut funktionierenden Kommunikation mit hörenden Gesprächspartnern zu gelangen.

Ich möchte die Pädagogen, die sich mit diesem Buch auseinandersetzen und es in die Praxis transferieren wollen, auffordern, mir zu schreiben (telefonieren ist auf Grund meiner Hörbehinderung nicht Erfolg versprechend), wenn es Fragen oder Anmerkungen gibt. Auch interessieren mich die Erfahrungen, die mit meinem Konzept gemacht werden. Gerne werde ich diese aufgreifen und in einer Neuauflage meines Buches wieder allen Interessierten zur Verfügung stellen.

Ich werde in diesem Buch in der Regel die männliche Schreibweise benutzen, da sie nicht nur für Hörgeschädigte einfacher zu lesen ist.

Die kursiv dargestellten Texte sind meine Kommentare.

Danksagung

An dieser Stelle möchte ich mich herzlich bei Herrn Professor Dr. Inghardt Langer für seine fruchtbare Unterstützung und Begleitung bedanken. Aus den Gesprächen mit ihm konnte ich viele Anstöße und Ideen gewinnen und diese in meine Arbeit mit einfließen lassen.

Meiner Doktormutter Frau Professorin Dr. Gerlinde Renzelberg möchte ich dafür danken, dass sie spontan bereit war, diese Aufgabe kurzfristig zu übernehmen, um mich mit hilfreichen Tipps zu begleiten.

Bedanken möchte ich mich auch bei der Leopold-Klinge-Stiftung, die diese Dissertation gefördert hat. Mein besonderer Dank gilt an dieser Stelle Wolfgang Klinge.

Für das Training konnte ich die Räumlichkeiten und die Logistik meiner Arbeitsstätte TSBW nutzen, dafür und für das mir entgegengebrachte Verständnis meinen Dank.

Ich bedanke mich bei allen Personen, Firmen, Vereinen und Verbänden, die mir ihr Material zur Verfügung gestellt haben.

Auch bei Franz Boop und Frauke Mansholt möchte ich mich bedanken, die vor vier Jahren den ersten Impuls gaben, mich mit einer Dissertation im Bereich hörgeschädigter Kinder zu beschäftigen. Diese beiden haben den Samen in mir gepflanzt, aus dem nun diese Knospe erblühen konnte.

Den Teilnehmern und ihren Eltern gilt meine Hochachtung für die Unterstützung und die Zeit, die sie zwar für sich, aber eben auch für mich, erbrachten. Silke Torlutter, die die Wochenenden mit uns gemeinsam verbrachte, sie bereicherte und mir eine große Unterstützung war, meinen herzlichen Dank.

Herrn Mangold, Leiter der Abteilung für integrative Beschulung der staatlichen Internatsschule für Hörgeschädigte in Schleswig, und seinem Team der Beratungslehrern danke ich für die Unterstützung.

Bedanken möchte ich mich bei meiner Mutter, die viele Stunden bei Ärzten, aber auch bei der Frühförderung und beim logopädischen Training, mit mir verbracht hat. Sie hat mir durch ihren unermüdlichen Einsatz meinen bisherigen Berufsweg und somit diese Dissertation ermöglicht, auch wenn dies für sie bedeutete, mich ab meinem 13. Lebensjahr in einem Internat unterbringen zu müssen.

Ebenso meiner Oma Lucie, die immer für mich da war.

Danken möchte ich Frau Rexfort für ihre Höranstrengungen beim Abhören meiner Diktate, die sie so hervorragend zu Papier gebracht hat.

Ein weiterer Dank gilt meiner Lektorin Viola Blankenhagen, die mich liebevoll unterstützte und sehr kreativ und kompetent meine Arbeit betrachtet hat.

Mein letzter und größter Dank gilt meiner Frau Gabi und unseren beiden Kindern Franziska und Vincent, die mich aufgrund der Dissertation für viele Stunden entbehren mussten. Trotz dieser Entbehrung hörte ich keine Klagen und keine Vorwürfe, so dass ich mich voll und ganz auf diese Dissertation konzentrieren konnte.

Gedenken möchte ich an dieser Stelle unserer Tochter Davina-Sarah - sie fehlt uns sehr!

1. Einleitung

In meiner Tätigkeit als Therapeut in der Rehabilitations-Klinik am Stiftsberg in Bad Grönenbach habe ich in den einzelnen Gruppengesprächen mit hörgeschädigten Menschen oft die Aussage gehört: „Hätte ich das früher gewusst, hätte ich nicht leiden müssen". Die in der Therapie vermittelten kommunikationstaktischen Ansätze und/oder die Auseinandersetzung mit der eigenen Hörschädigung wurden von den Betroffenen als viel zu spät empfunden. Teilweise hat sich über viele Jahrzehnte ein Leidensdruck aufgebaut, der dann zu erheblichen psychosomatischen Krankheitsbildern geführt hat.

Im Berufsbildungswerk Husum sowie in zahlreichen Seminaren an verschiedenen Schulen für Hörgeschädigte habe ich bei den hörgeschädigten Schülern erhebliche Defizite im Umgang mit der eigenen Hörbehinderung erkannt. So waren die hörgeschädigten Schüler nicht in der Lage, die so genannten fünf Aussagen: „Ich bin schwerhörig. Bitte gucken sie mich beim Sprechen an. Ich muss vom Mund absehen. Sprechen sie langsam und deutlich" und „Benutzen sie bitte kurze Sätze" zu nennen. Es zeigten sich auch erhebliche Vorbehalte bei der Benutzung technischer Hilfsmittel, bzw. beim Tragen der Hörgeräte, so dass hörgeschädigte Schüler teilweise auf die technischen Hilfsmittel im Unterricht verzichteten. Daraus entwickelte sich bei mir der Gedanke, wie es hörgeschädigten Schülern in Regelschulen ergehen muss, wenn diese nur stundenweise durch Beratungslehrer betreut werden und es auch keine Auseinandersetzung mit anderen hörgeschädigten Schülern gibt.

In dem Training, das an vier Wochenenden, verteilt über vier Monate, in einem Zeitraum von jeweils drei Tagen stattfand, ergaben sich neben den Seminarinhalten zahlreiche persönliche Eindrücke in das Erleben der Jugendlichen in Bezug auf die eigene Hörschädigung.

Ziel dieser Dissertation ist es, zum einen zu testen, ob die angebotenen Module ausreichend und effektiv sind, zum anderen aber auch Beratungslehrern und anderen Pädagogen die Möglichkeit zu geben, ähnliche Module in ihre Beratungstätigkeit mit einzubauen. Bei der Seminarentwicklung kam es mir darauf an, das TZI-Konzept von Ruth Cohn, das ich in der Arbeit mit Hörgeschädigten für absolut geeignet halte, in Anwendung zu bringen. Das daraus resultierende lebendige Lernen soll für die hörgeschädigten Schüler eine Grundlage sein, sich mit sich selbst und damit auch mit ihrer Hörschädigung auseinanderzusetzen.

Mein großer Dank gilt den Beratungslehrern, die es geschafft haben, die fünf Jugendlichen der empirischen Erprobung zu motivieren, an vier Wochenenden ihre Freizeit in dieses Projekt zu investieren. Die überaus positiven Mitteilungen und Rückmeldungen zu diesen vier Wochenenden haben mir bestätigt, dass die Seminarinhalte von den Jugendlichen gebraucht und angenommen wurden.

2. Theoretischer Teil

Im theoretischen Teil sollen die Punkte 2.1 bis 2.6 dem interessierten Leser, der über Grundlagen der Hörschädigung nicht informiert ist, ein Basiswissen vermitteln. Wichtig ist mir hierbei, Kenntnisse über die Ursachen der Hörschädigung, über technische Kompensationsmöglichkeiten und Kommunikationsformen sowie einen Überblick über das Konzept der Integration hörgeschädigter Schüler in der Regelschule zu vermitteln. Von daher habe ich mich entschlossen, die Kapitel 2.1 bis 2.6 in die Dissertation zu integrieren. Ohne die vorgenannten Punkte wird es für den interessierten Leser schwirig sein, den nachfolgenden Inhalten gut zu folgen.

Die in den Kapitel 2.1 bis 2.4 aufgeführten Inhalte entstammen überwiegend dem Lehrbuch „HNO" von Boenninghaus und Lenarz. Ich verzichte daher darauf, die einzelnen Aussagen gesondert zu zitieren.

2.1 Medizinische Aspekte der Hörschädigung

Bei einer Hörschädigung ist das Ohr das zentrale Organ, das betroffen ist.

In den folgenden Kapiteln stelle ich den Aufbau des Ohres dar. Weiter möchte ich auf die Ursachen der Hörschädigungen eingehen sowie auf die Einteilung der Hörschädigungsgrade und die Diagnostik der Hörschädigung.

Das Ohr erfüllt zwei wichtige Funktionen im Leben eines Menschen. Zum einen ist es absolut notwendig, um soziale Beziehungen aufzubauen und aufrechtzuerhalten. Soziale Kontakte laufen hauptsächlich über verbale Kommunikation ab. Ist das Sinnesorgan Ohr geschädigt, kann diese Kommunikation und damit die Aufrechterhaltung dieser sozialen Kontakte nur mit Einschränkungen erfolgen. Je ausgeprägter der Hörschädigungsgrad ist bzw. je weniger Möglichkeiten zur Kompensierung zur Verfügung stehen, desto größer kann der Grad der Störung in der sozialen Beziehung sein. Bekannte Folgen einer Hörschädigung können Einsamkeit, soziale Ängste aber auch sozialer Rückzug sein. Psychosomatische Krankheitsbilder, oft einhergehend mit Depressionen, sind häufig zu beobachtende Folgen einer nicht angemessenen Bearbeitung der Hörschädigung.

In meinen Gesprächen mit hörgeschädigten Menschen während der Rehabilitation in Bad Grönenbach wurde immer wieder das Thema „Kontaktaufbau mit normal hörenden Menschen" angesprochen. Hierbei wurden massive Berührungsängste und Vorbehalte genannt, auf die ich noch später eingehen werde. Oft verfügten diese Menschen nicht über genügend Selbstbewusstsein und/oder Kompetenzen, eine für sich positive Beziehung aufzubauen.

Der andere Aspekt des Sinnesorgans Ohr ist die Warnfunktion. Das Ohr ist das einzige Sinnesorgan, das auch bei Nacht dem Menschen die Möglichkeit gibt, sich sicher in der Umgebung zu bewegen. Da das Auge in der Nacht nicht ausreichend in der Lage ist, ohne technische Hilfsmittel Informationen in der Umgebung zu erfassen, nimmt das Ohr eine übergeordnete Funktion wahr. Während der Evolution ist diese Funktion des Ohres immer nachrangiger geworden. Erst durch das Feuer und dann durch die technische Entwicklung von Lampe und Taschenlampe wird die Warnfunktion des Ohres während der Nacht immer mehr in den Hintergrund gerückt. War es in vergangenen Zeiten notwendig, in der Umgebung auf Tiergeräusche oder Geräusche anrückender Feinde zu lauschen, ist dies mit dem technischen Fortschritt nicht mehr notwendig. Trotz alle dem kann sich jeder daran erinnern wie es ist, wenn man durch ein plötzliches Geräusch aus dem Schlaf aufschreckt. Hier wird die Warnfunktion des Ohres noch einmal sehr deutlich. Bei einer Hörschädigung sind beide Funktionen – wenn überhaupt – nur noch eingeschränkt möglich. Um dem Leser einen Überblick über die Funktionsweise des Ohres zu geben, habe ich in den folgenden Kapiteln versucht, die Funktionsweise des Ohres kurz darzulegen.

2.1.1 Anatomie und Aufbau des Ohres

Die Wichtigkeit des Organs wird durch die Lage deutlich. Das Innenohr ist hinter dem stärksten Knochen des Körpers gelagert: dem Felsenbein. So soll dieses empfindliche Organ geschützt werden.

Ich werde das Ohr von außen nach innen beschreiben.

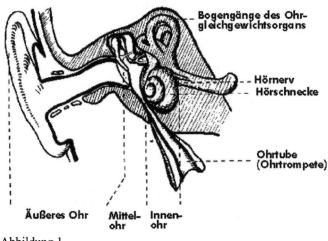

Abbildung 1
Das Ohr

2.1.1.1 Das Außenohr

Das äußere Ohr besteht aus zwei Teilen: der Ohrmuschel und dem äußeren Gehörgang. Die Ohrmuschel wird durch den zwischen den Hautblättern elastischen Knorpel geformt. Das Ohrläppchen ist dabei knorpelfrei. Die Ohrmuschel erinnert in ihrer Form an einen Trichter. So wird der Schall optimal aufgenommen und in den äußeren Gehörgang geleitet. Auch die Lage – jeweils an den Seiten des Kopfes – ermöglicht ein optimales Hören, was sich z. B. in der Wahrnehmung von Richtungen widerspiegelt. Durch diese Lage ist ebenfalls gewährleistet, dass der Mensch die Richtung der Schallquellen bestimmen kann.

Der äußere Gehörgang besteht aus dem äußeren knorpeligen mit dem Ohrmuschelknorpel zusammenhängenden und einem inneren knöchernen Teil. Im inneren Teil befindet sich die Haut, die Haare mit Talgdrüsen enthält. Das Sekret der Talgdrüsen wird als Ohrenschmalz bezeichnet. Der äußere Gehörgang ist insgesamt 3 bis 3,5 cm lang. Es befindet sich am Übergang vom knorpeligen zum knöchernen Teil einer Enge. An dieser Stelle zeigt der Gehörgang eine Krümmung.

2.1.1.2 Das Mittelohr

Das Mittelohr umfasst das Trommelfell, die Tube, die Paukenhöhle und die pneumatischen Räume. Das Trommelfell schließt den Gehörgang in der Tiefe gegen die Paukenhöhle ab. Es ist mit einem verdickten Rand aus Faserknorpel eingelassen. Das Trommelfell hat die Form eines nach innen gerichteten flachen Trichters. Hinter dem Trommelfell beginnt die Paukenhöhle. In der Paukenhöhle befinden sich die von der Schleimhaut überzogenen drei Gehörknöchelchen. Die Bezeichnung der drei Gehörknöchelchen sind: Hammer, Amboss und Steigbügel. Der Hammer ist mit dem Trommelfell verbunden, wobei der Amboss wiederum an den Hammer anschließt. Den Abschluss dieser Gehörknöchelchenkette bildet der Steigbügel. Am Steigbügel befindet sich eine Fußplatte, die am ovalen Fenster der Schnecke ansetzt. Die Gehörknöchelchenkette hat die Aufgabe, die Trommelfellschwingungen auf das Innenohr zu übertragen. Dabei werden die Schallschwingungen so verstärkt, dass diese Reize von der Schnecke wahrgenommen werden können. Von der Paukenhöhle führt die Ohrtrompete zum nassen Rachenraum.

2.1.1.3 Das Innenohr

Als Innenohr bezeichnet man das im Felsenbein liegende knöcherne Labyrinth, das als Kapsel das aus Haut bestehende Labyrinth umgibt. Dort befindet sich zum einen die Schnecke, zum anderen das Gleichgewichtsorgan. Die Schnecke umfasst das Hörsinnesorgan. Die knöcherne Schnecke windet sich zweieinhalb Mal spiralförmig um die Achse, die Nerven und Gefäße enthält. Die Schnecke ist mit einer Flüssigkeit gefüllt. Die Flüssigkeit ist ein Überleitungsmedium für die empfangenen Schwingungen, die wiederum die Hörzellen/Rezeptoren in der Schnecke bewegen. Treffen die Schallwellen auf das Trommelfell, werden die Druckwellen über die drei Gehörknöchelchen bis an das ovale Fenster weitergeleitet. An dem ovalen Fenster schließt die mit Flüssigkeit gefüllte Schnecke an. Hierbei wird die Flüssigkeit innerhalb der Schnecke in Schwingungen versetzt, so dass sich die Haarzellen innerhalb der Schnecke bewegen. Die Rezeptoren wandeln die mechanische Schwingung in elektrische Impulse, die an den Hörnerv geleitet werden.

Die Haare sind so angeordnet, dass am Anfang der Schnecke Töne bis zu 10.000 Hertz, oben in der Spitze der Schnecke Töne um 500 Hertz, wahrgenommen werden. Somit erfolgt die Erregung durch höhere Frequenzen an der Schneckenbasis, durch niedere Frequenzen an der Schneckenspitze. Ebenfalls im Felsenbein gelagert befindet sich das Gleichgewichtsorgan. Die halbkreisförmigen knöchernen Bogengänge stehen in den drei Hauptebenen des Raumes. Deren Aufgabe ist es, für das Gleichgewicht des Körpers zu sorgen. Der achte Hirnnerv trifft in dem inneren Gehörgang ein und teilt sich in den Hör- und in den Gleichgewichtsnerv. Der Reiz wird über den Hirnnerv in die Hirnrinde geleitet, wo die Verarbeitung des Reizes stattfindet. Ein Schall wird erst dann wahrgenommen, wenn die Verarbeitung in der Hirnrinde erfolgt.

2.1.1.4 Zentrale Hörverarbeitung

Durch die Schwerkräfte werden die Haarzellen stimuliert, welche dadurch werden Aktionspotentiale auslösen, die über die Hörnerven weitergeleitet werden. Es gibt im auditorischen System keine Hörbahn zum Cortex, der mit den zentralen Sehbahnen des visuellen Systems vergleichbar wäre. Stattdessen gibt es ein ganzes Netz von Hörbahnen, welche den Reiz weiterleiten. Die Reize finden dann ihre Verarbeitung in dem auditorischen Cortex. Dieser unterscheidet sich zwischen dem primären auditorischen Cortex und dem sekundären auditorischen Cortex.

Der primäre auditorische Cortex wird größtenteils vom sekundären auditorischen Cortex umgeben, der beim Menschen vermutlich aus sechs verschiedenen Teilen besteht. Das primäre Hörfeld weist eine räumliche Organisation auf, analog zu allen primären rezeptiven Feldern. In diesem Fall lassen sich die Frequenzen, die einen kontinuierlichen Verlauf haben, wie auf einer Karte auf der Hirnoberfläche verzeichnen (Tonotopie). Dabei werden die niedrigen Frequenzen vorn und seitlich, die hohen hinten und zur Mitte hin zugeleitet. Die sekundären und die tertiären Felder sind assoziativ, das bedeutet, dass aktuelle Höreindrücke mit bekannten verglichen, eingeordnet und bewertet werden. Dieser Vorgang ist überwiegend unbewusst. In das Bewusstsein dringen dagegen Hörreize, die auf einen bedrohlichen Hintergrund hinweisen können, so genannte Warnreize. Ebenso dringen in das Bewusstsein Hörreize, auf die man sich konzentriert. Bei der Hörrinde des Menschen ist der wichtigste funktionelle Teilaspekt das Sprachverständnis. Um die Schallquellen in der Umwelt zu erreichen, wird die interaurale Zeitdifferenz berechnet, d. h., je weiter die Reizquelle vom Ohr entfernt ist, desto länger braucht der Schall zum Erreichen des Ohres. Somit findet in der Hörrinde der eigentliche Hörvorgang statt. Die beschriebenen Funktionen des Außen-, Innen- und Mittelohrs bzw. des Hörnervs und der Hörbahnen dienen lediglich zur Reizaufnahme, Verstärkung und Weiterleitung des Reizes.

2.1.2 Ursachen der Hörschädigung

Eine Hörschädigung im Kleinkindalter kann verschiedene Ursachen haben. Zum einen werden bei 50 % der diagnostizierten frühkindlichen Hörschädigungen genetisch bedingte Hörschädigungen angenommen. Diese ererbte Schwerhörigkeit teilt man in die nonsyndromale und in die syndromale Schwerhörigkeitsform.

Bei der nonsyndromalen Form der Schwerhörigkeit, bei der die Schwerhörigkeit das einzige Krankheitssymptom ist, unterscheidet man verschiedene Formen. Zum einen gibt es die Form der sporadischen Schwerhörigkeit oder Taubheit, die bereits bei der Geburt bestehen kann. Diese findet man häufig bei Verwandtenehen, wo beide Eltern Träger der Erbanlagen sein müssen. Eine weitere Form der Schwerhörigkeit ist die dominante Schwerhörigkeit, die einen progredienten Verlauf hat. Dies bedeutet, dass die Schwerhörigkeit mit fortschreitendem Lebensalter zunimmt und sich jenseits des Kindesalters manifestiert. Auch hier muss ein Elternteil Träger der Erbanlagen sein. Dazu gehört auch die x-chromosomale Schwerhörigkeit.

Eine weitere Schwerhörigkeit ist die mitochondriale Schwerhörigkeit, bei der sich fehlerhafte genetische Informationen in den Mitochondrien befinden.

Bei der syndromalen Schwerhörigkeit ist die Schwerhörigkeit nur ein Symptom unter vielen, wie zum Beispiel beim Waardenburg–Syndrom. Bei diesem Syndrom werden ein partieller Albinismus, eine Lateralverlagerung der inneren Augenwinkel und weitere Dysplasien neben der Schwerhörigkeit diagnostiziert.

Bei den frühkindlich erworbenen Hörstörungen sind folgende pränatal erworben:
- ➢ Schwerhörigkeit durch eine Virusinfektion, z.B. einer Rötelerkrankung der Mutter während des 2. oder 3. Schwangerschaftsmonats
- ➢ Thalidomidschäden, die bei der Einnahme des Medikamentes Contergan zu Beginn des 2. Schwangerschaftsmonats am Anfang der 60er Jahre entstanden sind. Diese waren meist kombiniert mit Mittelohrmissbildungen und Missbildungen des äußeren Ohres.

➢ Erworbene Schwerhörigkeit durch Erkrankung an Toxoplasmose. Diese ist relativ selten.

Weitere pränatal erworbene Schwerhörigkeiten können ihre Ursache in Stoffwechselerkrankungen, wie z.b. Diabetes, Zytomegalie, einer Viruserkrankung oder Alkoholabusus der Mutter haben.

Ursachen für postnatal, d.h. nach der Geburt, erworbene Hörschädigungen können Geburtstraumen wie z.b. mechanische Geburtsschäden sein . Weitere Risikofaktoren einer postnatal erworbenen Schwerhörigkeit können eine Rhesusfaktor-Inkompatibilität, eine Meningitiserkrankung oder Infektions- bzw. Viruserkrankungen, wie Mumps und Masern, sein.

Bei Verlust des Gehörs vor Erreichen des siebten Lebensjahres geht der bis dahin bereits vorhandene Sprachschatz wieder verloren. Man spricht in diesem Fall von einer prälingualen Taubheit. Erfolgt der Verlust des Gehörs nach dem siebten Lebensjahr, bleibt das akustische Gedächtnis für Sprache erhalten.

Zur Ursache angeborener Hörstörungen zählen ebenfalls Hörstörungen im Rahmen klinischer Symptome. Zu dem jeweiligen Behinderungsbild, wie z. B. Waardenburg-Syndrom, gehört dann auch die Hörschädigung.

Als Ursache einer später erworbenen Hörschädigung ist das akustische Trauma zu nennen, das durch Knall, Explosion, Lärm oder ein stumpfes Schädeltrauma hervorgerufen werden kann. Ebenfalls hierbei zu nennen ist das chronische Lärmtrauma, dass durch Lärm am Arbeitsplatz oder Lärmeinwirkung, z.B. beim Hören lauter Musik, zu einer Schwerhörigkeit führen kann.

Mit zunehmendem Alter spielt natürlich die Altersschwerhörigkeit eine wichtige Rolle. Altersphysiologische und pathologisch degenerative Prozesse, vorwiegend im Cortiorgan und weniger in den Hörnerven, durch lebenslange exogene und endogene Einwirkungen (Lärm, Durchblutungsstörungen, ototoxische Einflüsse, Ernährung, Hypertonie, Diabetes) hervorgerufen, kennzeichnen die Altersschwerhörigkeit.

Anführen möchte ich noch den so genannten Hörsturz. Diese typische „Managerkrankheit", die nicht nur bei Erwachsen sondern auch schon bei Jugendlichen auftreten kann, wird vor allem durch Stress ausgelöst. Diese plötzlich auftretende, meist einseitige cochleare Schwerhörigkeit kann auch unbekannte Ursachen haben oder als Symptom einer anderen Grundkrankheit angesehen werden. Die Symptome sind plötzlich auftretende einseitige Schwerhörigkeit oder Taubheit, was sich in einem Gefühl „wie Watte im Ohr" äußert. Außerdem kann ein Druckgefühl im Ohr vorhanden sein und/oder es können Ohrgeräusche auftreten.

Bei hörgeschädigten Jugendlichen kann der Hörsturz zusätzlich zu einer Verschlechterung des Gehöres führen.

2.2 Diagnostik der Hörschädigung

Die Diagnostik der Hörschädigung erfolgt über Funktionsprüfungen. Zu diesen gehören die Hörprüfungen. Durch die Hörprüfungen sollen festgestellt werden:
- Schweregrad
- Art der Hörschädigung, d.h. der Frequenzbereich, der geschädigt ist
- Sitz der Behinderung, d. h. Behinderung der Schallleitung oder der Schallempfindung
- mögliche Ursache einer Hörstörung.

Die Hörschädigung wird in zwei verschiedene Formen aufgeteilt. Die eine Form ist die Schallleitungsschwerhörigkeit, die im äußeren Ohr bzw. im Mittelohr entsteht. Bei der Anderen handelt es sich um eine Schallempfindungsschwerhörigkeit. Diese entsteht entweder im Innenohr (Innenohrschwerhörigkeit) oder im Bereich der Hörnerven (Nervenschwerhörigkeit). Zu der Schallempfindungsschwerhörigkeit gehören auch zentrale Hörstörungen, die sich in den nachfolgenden Abschnitten der Hörbahn befinden und Einfluss auf das Sprachverständnis haben können. Weiter bleiben die neurale und die zentrale Schwerhörigkeit zu erwähnen, die ihren Sitz im Innenohr haben. Beide Formen der Schwerhörigkeit treten ebenfalls kombiniert auf. Man spricht dann von einer so genannten kombinierten Schallleitungs-/Schallempfindungsschwerhörigkeit.

In den nachfolgenden Abschnitten stelle ich verschiedene gängige Hörprüfungsverfahren vor.

2.2.1 Objektive Messverfahren

Das objektive Messverfahren ist nicht angewiesen auf die aktive Unterstützung des Hörgeschädigten. Dies bedeutet, dass mögliche Fehlerquellen durch z. B. Konzentrationsmangel oder Tinnitus, weitgehend ausgeschlossen werden können. Des Weiteren ist durch die verzögerte Rückmeldung von Reizen wie bei der Tonaudiometrie eine Manipulation, aktiv oder passiv, hier nicht möglich.

2.2.1.1 Otoakustische Emissionen (OAE)

Bereits direkt nach der Geburt kann bei einem Säugling eine Hörprüfung erfolgen. Diese erfolgt über die Messung von otoakustischen Emissionen. Die OAE ist ein Messverfahren, welches in der Lage ist, direkt nach der Geburt evtl. Hörschädigungen zu diagnostizieren, so dass sofort Frühfördermaßnahmen und technische Versorgungen eingeleitet werden können.

Nach Gabe eines akustischen Reizes können vom gesunden Ohr aktive otoakustische Emissionen (OAE - akustische Geräuschaussendungen) registriert werden. Diese entstehen durch die Kontraktionen äußerer Haarzellen. Die in ihrer

Intensität meistens unterhalb der Hörschwelle liegenden Schallsignale des Innenohres werden mit hochempfindlichen Messmikrofonen registriert. Sie erlauben eine objektive Funktionsprüfung des Innenohres.

Dieses Instrument wird, wie schon erwähnt, direkt nach der Geburt angewandt, um evtl. Hörschädigungen zu diagnostizieren und bereits zu so einem frühen Zeitpunkt Frühfördermaßnahmen oder die technische Versorgung einzuleiten.

Leider ist diese hochwirksame Methode in vielen Geburtskliniken keine Standardleistung, so dass bis zur durchschnittlichen Erstdiagnose einer Hörschädigung immer noch bis zu 36 Monate vergehen können. Die durch die relativ späte Erstdiagnose der Hörschädigung eintretenden Defizite im Spracherwerb und damit einhergehend der mangelnde Erwerb sozialer Kompetenzen wie auch sozialer Bindungen ziehen weit reichende, beeinträchtigende Spätfolgen nach sich.

2.2.1.2 BERA (Brainstem-Electronic-Response-Audiometrie)

Bei der BERA (Hirnstammaudiometrie) werden über Oberflächenelektroden am Kopf klinisch wichtige, frühe, akustisch evozierte Potentiale aus Hörnerven im Hirnstamm abgeleitet. Dieser objektive Test gibt wieder, welche Reize – in diesem Fall Schallquellen – über das Ohr und Innenohr ans Gehirn weitergeleitet und verarbeitet werden. Dieses Testverfahren ist ein ebenfalls wichtiges Prüfungskriterium bei der Begutachtung und bei Verdacht auf psychogene Schwerhörigkeit.

2.2.2 Subjektive Messverfahren

Zur subjektiven Einschätzung des Grades der Hörschädigung gibt es zwei Meßmethoden. Die eine Methode ist die Ton-Audiometrie, die mit elektroakustischen Mitteln feststellt, in welchem Bereich und in welcher Lautstärke die Töne wahrgenommen werden. Der hörgeschädigte Proband signalisiert den Zeitpunkt, zu dem er den Ton in einer bestimmten Frequenz und Lautstärke zum ersten Mal wahrgenommen hat. Dieser Zeitpunkt wird in einem Tonaudiogramm eingetragen. Mittels dieser Messungen erhält man eine Hörkurve.

Die andere Methode der Messung ist die Sprach-Audiometrie, bei der ein- und mehrsilbige Zahlen bzw. Testworte abgespielt werden. Es wird festgestellt, in welcher Lautstärke es dem hörgeschädigten Probanden möglich ist, die angebotenen Zahlen oder Testwörter wiederzugeben. Anhand des Testblattes wird markiert, welche Anzahl der Hörgeschädigte fehlerfrei wiedergeben konnte. Dann werden in dem Sprachaudiogramm die Kurven für das Zahlenverständnis und für das Wortverständnis eingetragen.

2.2.2.1 Tonaudiometrie

Die Tonaudiometrie dient der Überprüfung des Tongehörs mit elektroakustischen Mitteln. Die früher üblichen Prüfungen mit Stimmgabelreihen werden heute durch tonaudiometrische Untersuchungen ersetzt. Das am meisten verwendete Tonaudiometer (Tongenerator) erzeugt reine Töne, die durch Lautstärkeregler von der Hörschwelle bis zur Unbehaglichkeitsschwelle verstärkt werden können. Die Töne werden für jedes Ohr einzeln mittels Kopfhörer über Luftleitung und anschließend mit einem Knochenleitungshörer über Knochenleitung dargeboten. Das Ziel hierbei ist die Messung der Hörschwelle. Im Tonaudiogramm entspricht die Nulllinie der psychophysischen Hörschwelle eines normal hörenden Jugendlichen. Von hier aus wird jede Frequenz, beginnend mit der meist gut erkennbaren Frequenz 1000 Herz in Stufen von je 1 Dezibel verstärkt, bis sie vom Patienten gehört wird. Die Hörschwellen für die einzelnen Frequenzen werden markiert. Man erhält dann in dieser Relativdarstellung für jedes Ohr getrennt die Hörschwellenkurven für die Luftleitung. Hierbei werden die Hörschwellenpunkte miteinander verbunden

2.2.2.2 Sprachaudiometrie

Bei dieser Form der Sprachgehörprüfung werden über Kopfhörer oder über Lautsprecher Reihen mehrsilbiger Zahlen und anschließend einsilbiger Testwörter abgespielt (Freiburger Sprachtest). Die Lautstärke ist anfangs gering und wird von Testreihe zu Testreihe erhöht. Es wird festgestellt, wie viel Prozent der Zahlen oder Wörter in jeder Testreihe bei den verschiedenen Verstärkungen gehört werden. In das Sprachaudiogramm werden die Kurven für das Zahlenverständnis und für das Wortverständnis eingetragen.

2.3 Einteilung der Hörschädigungsgrade

Um einen Überblick über die verschiedenen Hörschädigungsgrade zu geben, habe ich dargestellt, aus welchem Abstand man bei einer dementsprechenden Hörschädigung noch verstehen kann.

In der Regel besitzen Kinder, die als Hörgeschädigte eine Regelschule besuchen, eine Hörschädigung im Rahmen einer geringgradigen bis hochgradigen Hörschädigung, selten eine an Taubheit grenzende Hörschädigung.

2.3.1 Geringgradige Hörschädigung

Beträgt der Hörverlust 10 – 40 Dezibel, spricht man von einer geringgradigen Hörschädigung. Umgangssprache wird aus einem Abstand von mehr als 4 Metern verstanden. Bei der geringgradigen Schwerhörigkeit kann bei einem Hörverlust von 0 - 20 Dezibel auch von einer vernachlässigbaren Hörschädigung gesprochen werden. In der Regel ist ein Sprachverständnis auch ohne Hörgeräteversorgung möglich.

2.3.2 Mittelgradige Schwerhörigkeit

Beträgt der Hörverlust zwischen 40 – 60 Dezibel, spricht man von einer mittelgradigen Schwerhörigkeit. Hierbei wird Umgangssprache nur noch aus einem Abstand von 1 – 4 Metern verstanden. Da sich der Hörverlust bereits im Sprachbereich befindet, wird von einem Hörgeschädigten, der nicht mit einer Hörhilfe versorgt ist, die Kommunikation und die Aufnahme von Informationen als belastend und anstrengend empfunden. Bereits bei einer nicht optimal versorgten mittelgradigen Hörschädigung führt dies zur schnellen Erschöpfung, Aufnahme von Fehlinformationen und Missverständnissen und damit verbunden zu negativen Erlebnissen.

2.3.3 Hochgradige Schwerhörigkeit

Bei einer hochgradigen Schwerhörigkeit beträgt der Hörverlust zwischen 60 – 80 Dezibel. Umgangsprache wird nur noch aus einer Entfernung zwischen 25 Zentimeter und 1 Meter Abstand zum Ohr verstanden. Normale Umgangssprache wird in einem normalen Abstand nicht mehr verstanden. Ohne ausreichende Kompensierung durch technische Hilfsmittel ist eine Teilnahme an Gesprächen oder einer Aufnahme von Informationen nicht mehr möglich. In diesem Fall ist eine Hörgeräteversorgung unabdingbar.

2.3.4 An Taubheit grenzende Schwerhörigkeit

Von einer an Taubheit grenzenden Schwerhörigkeit spricht man, wenn der Hörverlust größer als 90 Dezibel ist. Selbst die leistungsstärksten Hörgeräte werden nicht mehr in der Lage sein, ein umfassendes Sprachverständnis herbeizuführen. Umgangssprache wird nur noch bei einem Abstand zum Ohr von 25 Zentimetern verstanden. In der Regel liegt hier bereits eine Indikation für eine Cochlea-Implantat-Versorgung vor. Dieser Grad des Hörverlustes geht bereits mit einer Sprachstörung einher, wenn der Hörverlust bis zum siebten Lebensjahr eingetreten ist.

2.3.5 Gehörlosigkeit

Beträgt der Hörverlust deutlich über 95 Dezibel, kann von einer Gehörlosigkeit gesprochen werden. Auch mit technischen Hilfsmitteln wird es nicht mehr möglich sein, überhaupt Sprachverständnis herbeizuführen. Von einer Gehörlosigkeit spricht man, wenn die Hörschädigung vor Abschluss des Spracherwerbs eingetreten ist. In der Regel wird heutzutage diese Form der Hörschädigung mit einer Cochlea-Implantation versorgt.

2.4 Technische Kompensationsmöglichkeiten

Bei einer Diagnostik von einer Hörschädigung erfolgt daraufhin in der Regel der Versuch, diese technisch zu kompensieren. Dazu stehen eine Vielzahl von technischen Möglichkeiten zur Verfügung. In den folgenden Kapiteln möchte ich auf die am häufigsten verwendeten Kompensationsmöglichkeiten eingehen. Diese sollen einen kurzen Überblick verschaffen.

2.4.1 Hörsysteme

Hörsysteme dienen der symptomatischen Behandlung einer Schwerhörigkeit. Sie sollen den Hörverlust so weit kompensieren, dass eine ausreichende Verbesserung des Sprachverstehens erreicht wird. Sie geben das über ein Mikrofon aufgenommene und verstärkte Nutzsignal an das Hörsystem des Patienten, in der Regel in den äußeren Gehörgang, an den Schädelknochen oder direkt mechanisch an die Gehörknöchelchen ab.

2.4.1.1 In-dem-Ohr-Hörgeräte (IdO)

Bei In-dem-Ohr-Hörgeräten sind alle Bauteile in einem individuell geformten Teil integriert. Diese Geräte können entweder in der Ohrmuschel oder trommelfellnah im Gehörgang platziert werden. Sie nutzen die Richtcharakteristik der Ohrmuschel für das Richtungshören aus. Aufgrund der begrenzten Größe steht weniger Raum für Energieversorgung und Elektronik zur Verfügung. Sie sind daher vorwiegend für geringere Schwerhörigkeitsgrade geeignet und werden heute überwiegend verwendet. Dieser Hörgerätetyp gehört zu der Klasse der Luftleitungshörgeräte.

2.4.1.2 CIC – Completely-In-the-Canal-Hörgeräte

Das CIC ist das zu Zeit kleinste In-dem-Ohr-Hörgerät. Es befindet sich vollkommen im Gehörgang, was durch dem Namen signalisiert wird. Es sitzt so tief im

Gehörgang, so dass es von außen nicht sichtbar ist. Auf Grund der Größe des Hörgerätes ist ein Minimum an Größe des Gehörgangs Voraussetzung. Dies bedeutet jedoch auch, dass der Träger eine große Fingerfertigkeit besitzen muss, um es zur Pflege aus dem Ohr herauszuholen.

Für Menschen mit einem leichten bis mittelschweren Hörverlust sind diese Geräte sehr gut geeignet.

2.4.1.3 Hinter-dem-Ohr-Hörgeräte (HdO)

Bei den Hinter-dem-Ohr-Hörgeräten handelt es sich ebenfalls um Luftleitungshörgeräte. Hierbei sind das Energie- und Elektronikmodul sowie das Mikrofon in einem Gehäuse hinter der Ohrmuschel untergebracht. Es ist durch einen Schallschlauch mit einem Ohrpassstück verbunden. Dieses wird an die Ohrmuschel angepasst. Besondere Verwendung findet diese Art des Hörgerätes bei Kindern, die einen hohen Verstärkungsbedarf haben und bei volldigitalen Mehrkanalgeräten mit größerem Platzbedarf. Dieses Hörgerät ist insbesondere für Hörgeschädigte geeignet, die an einer mittelgradigen bis an Taubheit grenzende Schwerhörigkeit leiden. Durch die Größe steht mehr Raum für die Energieersorgung und die Elektronik zur Verfügung, so dass eine hohe Verstärkung der Sprache stattfinden kann.

2.4.1.4 Knochenverankertes Hörgerät (BAHA)

Das knochenverankerte Hörgerät gehört zu den Knochenleitungshörgeräten. Diese übertragen das Nutzsignal direkt auf den Knochen. Hierbei wird der Kontakt zum Knochen direkt mit Hilfe einer Titanschraube hergestellt. Nach dem Einheilen der Schraube kann der Körperschallgeber eingehängt und individuell eingestellt werden.

Ein weiteres Knochenleitungshörgerät ist der Knochenleitungsbügel, der mit Hilfe eines Federbügels den Körperschallgeber an das Mastoid anpresst. Dieses wird hauptsächlich bei Kindern unter zwei Jahren angewandt.

Insbesondere werden Knochenleitungshörgeräte eingesetzt, wenn bei den Hörgeschädigten Missbildungen des Gehörganges und des Mittelohrs vorliegen oder das Ohr bei einer chronischen Sekretabsonderung wie z. B. bei einer chronischen Mittelohrentzündung, nicht mit einem Ohrpassstück versorgt werden kann. Hierbei würde durch ein Luftleitungshörgerät die Sekretabsonderung behindert werden.

2.4.1.5 Implantierbare Hörgeräte

Implantierbare Hörgeräte, wie das Mittelohrimplantat, transformieren das aufgenommene Schallsignal in elektrische Spannungsschwankungen, die einen an der Gehörknöchelkette befestigten elektro-magnetischen Wandler antreiben. Dieser versetzt die Gehörknöchelchen mechanisch in Schwingungen. Der Gehörgang bleibt frei. Dadurch können die wesentlichen Nachteile herkömmlicher Hörgeräte überwunden werden. Diese sind z.B. das Rückkopplungssignal bei mangelndem Abschluss des Gehörganges, der Okklusionseffekt des Gehörganges durch Abschirmung der tiefen Frequenzen oder rezidivierende Gehörgangsentzündungen mit notwendigen Tragepausen.

2.4.2 Cochlea-Implantat

Cochlea-Implantate sind elektronische Hörprothesen zum Ersatz der ausgefallenen Innenohrfunktion. Bei einem funktionstüchtigen Innenohr nutzen sie die Eigenschaft des Hörnervs, so dass bei direkter elektrischer Reizung ein Höreindruck erzeugt wird.

Das Cochlea-Implantat besteht aus zwei Teilen: Zum einen aus dem extern getragenen Sprachprozessor mit dem Mikrofon zur Schallaufnahme und dem Audioprozessor zur Umsetzung der zu übertragenden auditorischen Informationen in eine durch das Programm vorgegebener Abfolge von elektrischen Impulsen, die durch die intakte Haut hindurch auf das Implantat übertragen werden. Weiterhin befindet sich in diesem Teil auch die Batterie zur Energieversorgung. Der zweite Teil ist das eigentliche Implantat mit der Empfangsspule zur Aufnahme der elektrischen Impulse des Sprachprozessors, die dekodiert von den einzelnen Elektroden auf den in der Schnecke eingeschobenen Elektrodenträger zugeleitet werden. Die hierzu vom Implantat benötigte Energie wird per Induktion vom Sprachprozessor ebenfalls übertragen.

2.4.3 Technische Hilfsmittel

Neben der Vorsorgung mit Hörhilfen gibt es weitere technische Hilfsmittel, die einem Hörgeschädigten helfen, die Nachteile einer Hörschädigung im Alltag zu kompensieren. Hierbei zeigen sich zwei Hilfsmittel als besonders hilfreich.

2.4.3.1 Die Lichtklingel

Die Lichtklingel ist ein Gerät, welches mittels eines Steckers in die Steckdose gesteckt wird. Diese Lichtklingel besteht aus einem Sender und verschiedenen Empfängern. Das Gerät differenziert unterschiedliche Auslöser, wie z. B. die Wohnungsklingel an der Tür, Geräte für Telekommunikation, Bewegungsmelder, Babyfone und Rauchmelder, und stellt jedes angeschlossene Gerät in einer bestimmten Signalfolge optisch dar. Wird von einem der Sender ein Signal wahrgenommen, erfolgt entweder ein visuelles Signal über eine Blitzlampe oder ein taktiles Signal über ein Vibrationsgerät. So wird der Hörgeschädigte unabhängig vom Hörschädigungsgrad jederzeit in der Lage sein, das jeweilige Signal wahrzunehmen. Hierbei eignet sich der Bewegungsmelder als Schutz vor evtl. Einbrüchen. Der Rauchmelder erfüllt die Funktion eines Warninstrumentes bei Feuer. Dieses führt zu einer erheblichen Verringerung von Stress und einem Mehr an Sicherheit.

2.4.3.2 Der Vibrationswecker

Der alltägliche Vorgang des Weckens stellt für Hörgeschädigte ein erhebliches Hindernis dar. Nicht hörgeschädigte Menschen greifen in der Regel auf akustische Weckmöglichkeiten zurück. Dies kann ein Wecker sein, wie auch ein Radiogerät oder neuerdings auch das Handy, das auf Alarm eingestellt wird. Da Hörgeschädigte zum Schlafen ihre Hörgeräte ablegen, benötigen sie eine andere Form der Weckmöglichkeit. Hierbei spielt der Vibrationswecker eine große Rolle. Zur eingestellten Uhrzeit erfolgt eine Vibration über das im Kissen liegende Vibrationsgerät. Es gibt ebenfalls die Möglichkeit, ein Vibrationsgerät direkt am Bettenrost anzuschließen, so dass die Vibration komplett über das Bett erfolgt. Vibrationswecker gibt es auch in Kombination mit Blitzlicht, so dass das Wecken taktil und visuell erfolgt.

2.5 Regelbeschulung hörgeschädigter Kinder

In dem nachfolgenden Kapitel stelle ich den derzeitigen Stand der Regelbeschulung hörgeschädigter Schüler dar. Gleichzeitig beschreibe ich die verschiedenen Tätigkeiten und Konzepte in verschiedenen Bundesländern gegenüber dem mir bekannten Konzept in Schleswig-Holstein. Darüber hinaus stelle ich die Konzepte integrativer Beschulung im deutschsprachigen Raum, der Schweiz und Österreich dar.

2.5.1 Historie

In ihrem Buch „Gemeinsames Lernen von hörenden und hörgeschädigten Schülern" stellt Frau Prof. Leonhardt historische Aspekte dar. Frau Prof. Leonhardt beschreibt, dass die ersten Schwerhörigenschulen um die Jahrhundertwende entstanden. Erst zu diesem Zeitpunkt etablierte sich die Schwerhörigenpädagogik als eigenständiges Wissenschaftsgebiet. Die erste private Schule für Schwerhörige und Ertaubte entstand 1894 in Jena und 1902 wurde die erste Schwerhörigenklasse in Berlin gegründet. Aus dieser Klasse ging 1907 die erste staatliche Schwerhörigenschule hervor. Auslöser für diese Entwicklung waren nach Prof. Leonhardt die Erkenntnisse zahlreicher Mediziner, dass die so genannten Taubstummen über Hörreste verfügten, die man nutzen könnte.

1954 führten in den USA Eltern geistig behinderter Kinder einen Prozess gegen die Schulbehörde. Sie forderten die Integration und Bildungsmöglichkeiten für ihre Kinder. Das Gericht gab ihnen Recht. Bis heute hat jedoch die Integrationsdiskussion für behinderte Kinder kein Ende gefunden. Nach dem Richterspruch von 1954 folgten in den USA zahlreiche weitere Schritte zur Integration (Claußen 1989).

In den 70er Jahren entstand in der Bundesrepublik Deutschland eine Diskussion über die Gefahren der schulischen Separierung der behinderten Kinder. Dabei wurde vom Deutschen Bildungsrat gefordert, dass Kindern mit besonderem Lernverhalten die für sie notwendige Förderung in abgestufter Weise unter möglichst geringen institutionellen Aussonderungen angeboten werden sollte. Nach Prof. Leonhardt wird auf der bildungspolitischen Ebene der Bundesrepublik Deutschland angestrebt, möglichst viele behinderte und damit auch schwerhörigen und gehörlose Kinder und Jugendliche in allgemeinen Schulen zu fördern.

Dafür sollten zusätzliche sonderpädagogische Hilfen und sonstige angemessene Betreuung (hierunter ist die Funktion der Beratungslehrer zu sehen) zur Verfügung gestellt werden.

Bemerkenswert ist, dass die gemeinsame Unterrichtung von hörenden und hörgeschädigten Kindern in den einzelnen Bundesländern sehr unterschiedlich verläuft und z. B. abhängig ist von der gesetzlichen Verankerung, den schülerbezogenen Zugangskriterien, der finanziellen Ausstattung, den beteiligten Schulstufen und Schulformen, der quantitativen Verbreitung und dem Einfluss der Erziehungsberechtigten. In einigen Bundesländern, wie in Berlin, Hessen und Schleswig-Holstein, wurde das Recht auf Schulbesuch für Kinder mit Behinderungen mittlerweile um ein Wahlrecht zwischen gemeinsamen Unterricht und Sonderbeschulung ergänzt.

Die am häufigsten angewandte Integrationsform ist die Einzelfallintegration bzw. die individuelle Integration. Dabei wird ein einzelnes hörgeschädigtes Kind in einer Klasse der allgemeinen Schule unterrichtet. Prof. Leonhardt führt dabei an, dass eine Vielzahl dieser Kinder dabei keine sonderpädagogische und hörgeschädigtenspezifische Unterstützung erfährt. Der Auf- und Ausbau eines entsprechenden Begleitsystems muss schrittweise und kontinuierlich erfolgen. Bisher geht es nur langsam voran und ist durch äußere Rahmenbedingungen noch vielen Einschränkungen ausgesetzt.

Bei der Gruppenintegration wird eine Gruppe von hörgeschädigten Schülern gemeinsam mit Hörenden entweder in allen Fächern (integrative Klassen) oder nur in ausgewählten Unterrichtsfächern (kooperative Klassen) unterrichtet wird. Am Lohmühlen-Gymnasium in Hamburg findet diese Unterrichtsform Anwendung.

Eine Sonderform des gemeinsamen Lernens von hörgeschädigten und hörenden Schülern ist die präventive Integration, die von Frau Prof. Leonhardt auch umgekehrte Integration genannt wird. Bei dieser Form werden hörende Kinder und Jugendliche in Einrichtungen für Hörgeschädigte aufgenommen. Als Beispiele sind das Pfalz-Institut für Hör-/Sprachbehinderte in Frankenthal wie auch die

Samuel-Heinicke-Schule für Schwerhörige in München zu nennen. Die Lernbedingungen in den speziellen Einrichtungen für Hörgeschädigte sind optimal aufbereitet und gleichzeitig erfolgt soziales Interagieren und gemeinsames Lernen mit Hörenden. Dies stellt den Vorteil dieses Systems dar.

Frau Prof. Leonhardt fasst zusammen, dass gemeinsames Lernen von hörgeschädigten und hörenden Kindern sich mehr und mehr als gleichberechtigte alternative Form zur Beschulung in Schulen für Gehörlose und Schulen für Schwerhörige durchsetzen wird. Zu den unterschiedlichen Formen der integrativen Beschulung zählt hierbei die Einzelintegration, die am häufigsten zu beobachten ist. Ebenfalls parallel dazu etablieren sich sonderpädagogische Förderzentren, von denen aus Sonderschullehrer behinderte und damit auch hörgeschädigte Kinder in allgemeinen Schulen betreuen, wie dies z. B. in Schleswig durch die Betreuungslehrer der Fall ist. Als Kriterien für eine integrative Beschulung sieht Frau Prof. Leonhardt eine Abhängigkeit von den jeweiligen Gegebenheiten. Dazu gehören die spezifischen Bedingungen des einzelnen Kindes, die Wünsche und Zielvorstellungen seiner Eltern sowie die schulischen und therapeutischen Angebote in Wohnortnähe. Frau Prof. Leonhardt führt an, dass als Kriterium für die Aufnahme eines hörgeschädigten Kindes in die allgemeine Schule personelle und sachliche Rahmenbedingungen geschaffen werden müssen, die dem hörgeschädigten Kind in der Gemeinschaft der hörenden Schüler eine sinnvolle Entwicklung ermöglichen ohne dieses in seiner Persönlichkeitsentwicklung zu benachteiligen (BM für Arbeit und Sozialordnung 1998).

2.5.2 Integrative Beschulung

Vergleicht man die Beschulungssituation hörgeschädigter Schüler nach Gottfried Diller (2006) aus den Jahren 1994 und 2004 zeigt sich, dass sich in den letzten 10 Jahren eine Veränderung vollzogen hat.

1994 waren in Deutschland 20,5% aller hörgeschädigten Schüler in Regelschulen eingeschult, 2004 waren es schon 37,6%. Dies bedeutet eine Zunahme von 83,4%. Dadurch wird deutlich, dass die integrative Beschulung immer mehr an Bedeutung gewinnt.

Betrachtet man hierbei das Bundesland Schleswig-Holstein, so nimmt dieses in der Beschulung hörgeschädigter Schüler in der Regelschule einen herausragenden Platz ein, da die Regelbeschulung hörgeschädigter Schüler in diesem Bundesland 69% beträgt.

Auf die Frage, warum hörgeschädigte Schüler regelbeschult werden sollten, gibt es verschiedene Antworten. Frau Hartmann, Vorsitzende der Bundesgemeinschaft der Eltern und Freunde hörgeschädigter Kinder e. V., erklärt, dass die Gründe für eine Regelbeschulung in der Erwartungshaltung der Eltern zu finden sind. Eltern wünschen, dass ihr Kind ihnen in ihrer eigenen Lebensbahn folgen möge. Es möge die gleichen Entwicklungsmöglichkeiten, wenn nicht so gar bessere, erhalten wie sie. Die notwendigen Hilfestellungen sollten dann gegeben werden, wenn sie benötigen werden (Tagungsbericht 2004 der Bundesarbeitsgemeinschaft der Eltern und Freunde hörgeschädigte Kinder e.V.). Gleichzeitig räumt Frau Hartmann ein, dass die Integration des hörgeschädigten Kindes nur gelingen kann, wenn die Hörmöglichkeiten und Hörschwierigkeiten des Kindes erkannt und berücksichtigt werden. So fordert sie, dass das Kind

- ➢ aufmerksam von den Eltern begleitet wird,
- ➢ gezielte Hilfestellung erhält,
- ➢ nicht nur Zutrauen in seine Helfer gewinnt, sondern auch in seine eigentlichen Möglichkeiten und
- ➢ sich mit seiner Hörbehinderung und mit den sich daraus ergebenen Möglichkeiten und Grenzen annimmt.

Die Dezentralisierung der Schulen für Hörgeschädigte führt oft dazu, dass die große Entfernung zwischen Wohnort und der Schule eine Internatsunterbringung des Kindes erfordert. Dies bedeutet, dass spätestens mit der Einschulung das hörgeschädigte Kind aus der Familie herausgenommen wird. Dadurch beschränkt sich der familiäre Kontakt auf die Wochenenden und die Ferienzeiten.

Die Schüler und Eltern aus meinem Training gaben dies auch als Argument für ihre Entscheidung zur Regelbeschulung an.

Ich möchte an dieser Stelle darauf verweisen, dass in zahlreichen Fachbüchern, aber auch auf Internetseiten von Interessenverbänden, Grundlagen erfolgreicher integrativer Beschulung von hörgeschädigten Schülern beschrieben werden.

In einem Merkblatt führt Axel Cornelius (Tagungsbericht 2004 – Schulische Integration Hörgeschädigter an Regelschulen in Nord-West-Niedersachsen) auf, welche Aspekte bei der Regelbeschulung hörgeschädigter Kinder zu berücksichtigen sind. Vor allem werden dort räumliche Bedingungen genannt. Da zu gehören eine gute Ausleuchtung und schalldämpfende Maßnahmen im Decken- und Wandbereich, sowie im Bereich der Fenster und des Fußbodens. Ein weiterer Aspekt sind die technischen Hilfsmittel, hier zu gehören die optimal angepassten und gewarteten Hörgeräte, sowie auch der Einsatz drahtloser Sendeempfangsanlagen und Tageslichtprojektoren mit geräuscharmen Ventilatoren zur Minimierung der Nebengeräusche. Ebenso ist ein geeigneter Sitzplatz mit dem Rücken zum Tageslicht, damit von den anderen Gesichtern abgesehen werden kann, von großer Bedeutung. Ebenfalls wichtig sind der Blickkontakt sowie das langsame, deutliche und normal laute Sprechen der Lehrer bei Ansagen und Vorträge. Als allgemeine didaktisch-methodische Hinweise werden genannt: eine klare Stundengliederung, deutlich gesetzter Unterrichtsbeginn, Ankündigung von Themenwechsel, Wechsel der Lehrmethoden und Hörpausen, Wiederholung und Teilzusammenfassung von Schülerbeiträgen, Sprech-, Sprach- und Gesprächsdisziplin einüben mit dem Lehrpersonal und den Mitschülern, häufige Visualisierung und Konkretisierung der Unterrichtsinhalte, Schrift als ergänzend visueller Informationskanal einsetzen und Hausaufgaben schriftlich fixieren. Anhand der detaillierten Merkliste wird deutlich, dass eine große Anzahl von Faktoren berücksichtigt werden muss, um ein optimales Verstehen und somit eine gelungene Integration zu ermöglichen.

Die zuvor aufgeführten Punkte der Merkliste werden überwiegend in der übrigen Fachliteratur ebenfalls für eine integrative Beschulung hörgeschädigter Schüler genannt.

Die zentrale Frage in der Beschulung hörgeschädigter Kinder in der Regelschule ist die der Motivation des Klassenlehrers. Vor allem trägt der Klassenlehrer die Verantwortung für das Zustandekommen eines adäquaten hörgeschädigtengerechten Unterrichts. Von daher benötigt der Klassenlehrer, der in der Regel vorher wenig oder gar keinen Kontakt zu hörgeschädigten Schülern hatte, eine umfangreiche Einführung in die Thematik der Hörschädigung und damit verbunden in die Bedingungen eines erfolgreichen hörgeschädigtengerechten Unterrichts.

Es wurde angeführt, dass Lehrkräfte dazu neigen, beim Anschreiben an der Tafel den mündlichen Unterricht fortzusetzen. Dies bedeutet, dass während des Anschreibens der Hörgeschädigte nicht in der Lage ist, vom Mund abzusehen. Die Lehrkraft muss also beim Unterricht mit Hörgeschädigten sehr diszipliniert arbeiten und darf diese Schüler nicht aus dem Bewusstsein verlieren. Zu diesem enormen disziplinierten Verhalten gehört ebenfalls, dass der Lehrer immer die Aussagen der anderen Schüler zum besseren Verständnis zusammenfassend wiederholt.

Aus den Darstellungen der Konzepte, sowohl in Deutschland als auch im Übrigen deutschsprachigen Raum, wurde nicht ersichtlich, welcher Stundenumfang für die Einführung des Klassenlehrers in die Thematik der Hörschädigung zur Verfügung gestellt wird. Die Rückmeldungen der Schüler zeigten, dass die Klassenlehrer zwar bemüht sind, für einen hörgeschädigtengerechten Unterricht zu sorgen, aber dies auch stark abhängig ist von den äußeren Umständen. Die Situation war oft so gestaltet, dass zwar ein gutes Blickfeld auf den Lehrer bestand, die anderen Schüler aber vom Mundbild her nicht einsehbar waren. Des Weiteren wurde von den an dem Training teilnehmenden hörgeschädigten Regelschülern rückgemeldet, dass ein permanenter Lärmpegel aufgrund der Größe der Klasse vorhanden ist. Die Informationen seitens der Beratungslehrer für die hörenden Mitschüler beschränkten sich auf das Erklären der Kommunikationstaktik sowie die Funktion des Ohres, wobei die hörgeschädigtengerechte Kommunikation von den hörenden Mitschülern nicht verinnerlicht wurde.

Die beschränkten Ressourcen bzw. Veränderungsmöglichkeiten im Klassenraum, insbesondere baulicher Art, lassen die Umsetzung der Theorie in die Praxis nur ansatzweise zu. So beschreibt Axel Cornelius ebenfalls, dass den Beratungslehrern oft bewusst sei, dass die fachpädagogische Betreuung der hörgeschädigten Kinder gelegentlich nur im Sinne einer Mangelverwaltung zu leisten ist. Dennoch meint er, dass bereits viele Ideen und Vorstellungen existieren, die z. B. im Bereich der Persönlichkeitsentwicklung und Identitätsförderung jugendlicher Hörgeschädigter liegen, noch gar nicht oder nicht ausreichend von den Beratungslehrer in die Praxis eingebracht werden konnten (Tagungsbericht 2004 der Bundesarbeitsgemeinschaft der Eltern und Freunde hörgeschädigter Kinder). Der Austausch mit erwachsenen Hörgeschädigten und deren Erlebniswelt und Erfahrungen wurden in keinem Konzept der Hörgeschädigtenpädagogen oder der Beratungslehrer erwähnt. Viel mehr sollte der Austausch mit Gleichbetroffenen bei der Integration hörgeschädigter Schüler in der Regelschule einen hohen Stellenwert einnehmen.

Während meiner bisherigen Arbeit im Berufsbildungswerk wurde ich oft mit hörgeschädigten Jugendlichen konfrontiert, die in der Regelschule gescheitert waren und im Verlauf ihres Schulbesuchs auf die Hörgeschädigtenschule wechseln mussten. Der Wechsel wurde von den hörgeschädigten Schülern sehr unterschiedlich erlebt. Von einem Teil der Schüler wurde der Wechsel als etwas Traumatisierendes in ihrer Biografie erlebt. Sie hatten das Gefühl, versagt bzw. die Erwartungen ihrer Eltern („ein normaler Schulbesuch") nicht erfüllt zu haben. Auf der anderen Seite gab es hörgeschädigte Regelschüler, die nach jahrelangem Nichtverstehen und Kämpfen auf der Regelschule den Besuch der Hörgeschädigtenschule als enorme Entlastung empfanden.

Diese Erfahrungen zeigen mir, dass bei jeder Planung einer evtl. Regelbeschulung von hörgeschädigten Schülern jeder Fall individuell zu betrachten ist.

Wichtig ist mir hierbei, dass die Eltern schon Trauerarbeit über die Hörschädigung ihres Kindes geleistet haben, damit das Kind nicht in der Regelschule durch die überhöhten Erwartungen der Eltern überfordert, sondern aufgrund des Grades seiner Hörschädigung die für ihn richtige Schulart gewählt wird. Nicht die Schulart sondern die Hörschädigung sollte für die Eltern im Vordergrund stehen.

In der Diskussion mit hörgeschädigten Regelschülern, die den späteren Wechsel auf eine Hörgeschädigtenschule als traumatisierend erlebt haben, werden oft die Argumente der Eltern zitiert. Die eigene Hörschädigung wird häufig nicht als so schwerwiegend angesehen, dass ein Wechsel damit gerechtfertigt gewesen wäre. In diesen Fällen wird das Unvermögen der unmittelbaren Umgebung, also der Mitschüler und der Klassenlehrer, angeführt, die zu einem Scheitern in dieser Schulform geführt haben. Selbstkritisch werden teilweise nur mangelnde Motivation oder ein geringer Fleiß genannt. Dass die eigene Hörschädigung der Grund des Scheiterns sein könnte, wurde nur von einem geringen Teil dieser Schüler eingeräumt.

Dies zeigt ganz deutlich, dass eine Trauerarbeit bzw. ein adäquater Umgang mit der Behinderung in der Form, dass eigene Grenzen erkannt wurden und werden, nicht stattgefunden hat. Von daher bedarf eine Integration hörgeschädigter Schüler in die Regelschule einer ausführlichen Beratung der Eltern über die Hörschädigung des Kindes mit den sich daraus evtl. ergebenen Konsequenzen. Gerade im Hinblick darauf, dass die Integration hörgeschädigter Schüler in der Regelschule zunehmen wird, sollte meiner Meinung nach verstärkt darauf geachtet werden, in welchem Umfang und in welcher Form die Voraussetzung eines hörgeschädigtengerechten Unterrichts bei einer Klassengröße von ca. 25 Schülern in begrenzten Räumlichkeiten möglich ist.

Von den Teilnehmern meines Trainings wurde von einem Arrangement mit dem derzeitigen Zustand berichtet. Insbesondere unter dem Gesichtspunkt, dass viele Kommunikationstaktiken bzw. eine Kompetenz im Umgang mit der eigenen

Hörschädigung nicht ausreichend vorhanden waren, zeigt sich, dass dem Training des hörgeschädigten Jugendlichen mehr Raum zugestanden werden sollte.

2.5.3 Tätigkeiten und Konzepte der Beratungslehrer in Schleswig-Holstein

In der Zeitschrift „Hörgeschädigtenpädadogik" 4/2001 stellte Herr Mangold die integrative Beschulung von hörgeschädigten Schülerinnen und Schüler in Schleswig-Holstein dar. Diese wird von der Staatlichen Internatsschule für Hörgeschädigte in Schleswig geleistet, die sich aus folgenden Abteilungen zusammensetzt:

- Pädaudiologische Beratungsstelle,
- Schwerhörigenschule,
- Gehörlosenschule,
- Abteilung für integrative Beschulung,
- Cochleaimplantatzentrum und
- Schulinternat.

Zum Zeitpunkt des Artikels wurden 408 hörgeschädigte Schüler aller Schularten in der Regelschule betreut. Dafür standen im Jahre 2001 20 Lehrerkräfte mit 405 Unterrichtsstunden pro Woche für die integrative Arbeit zur Verfügung. Pro Jahr werden ca. 10 – 12 hörgeschädigte Schüler und Schülerinnen aus integrativen Maßnahmen in die Hörgeschädigtenschulen umgeschult.

Der Tätigkeitsbereich der Abteilung für integrative Beschulung wird folgendermaßen beschrieben:

- Unterstützung von schulischen Integrationsmaßnahmen für Hörgeschädigte
- Beratung von hörgeschädigten Schülern und Schülerinnen, Eltern und Lehrkräften u.a.
- Hördiagnostik
- Ton- und Sprachaudiometrie, Überprüfung der auditiven Wahrnehmung

- gemeinsamer Unterricht, Hilfen bei der Aufbereitung des Unterrichts
- behinderungsspezifische Einzel- und Gruppenförderung
- Bereitstellung von Hilfsmitteln
- Erstellung von Gutachten im Rahmen der Feststellung des sonderpädagogischen Förderbedarfs
- Hilfestellung in Hörbehindertenangelegenheiten
- Hilfen bei der Berufsfindung
- Durchführung von Seminaren für Schüler/Schülerinnen, Eltern und Lehrkräfte sowie Förderintensivkurse für Schüler
- Vernetzung der Unterstützungsangebote für Hörgeschädigte
- Mentorentätigkeit für Lehramtsanwärter
- Öffentlichkeitsarbeit.

Bei hörgeschädigten Schülern, bei denen die integrative Beschulung trotz aller Unterstützung zu scheitern droht, können mehrwöchige Hör- und Sprachtrainingskurse in der Schule für Hörgeschädigte angeboten werden.

Laut Herrn Mangold ist die Beratung nach wie vor ein Schwerpunkt der Tätigkeit der Fachpädagogen. Hierbei kommt der Vermittlung behinderungsspezifischer Unterrichtsstrukturen eine besondere Bedeutung zu. Angeführt werden:

- die Strukturierung, z. B. deutlich gesetzter Unterrichtsbeginn,
- Themenwechsel ankündigen
- Wiederholungen und Teilzusammenfassungen
- Methodenwechsel
- Stichworte mitschreiben
- die Visualisierung
- Thema der Stunde auf Tafel oder Folie schreiben
- klare, schriftlich fixierte Stundengliederung
- überschaubares, anschauliches Tafelbild
- Fremdwörter mit Erklärung schriftlich fixieren
- Hausaufgaben schriftlich fixieren und die Sicherung der Informationsaufnahme
- im Sitzen unterrichten

- Mundbild des Sprechers muss immer sichtbar sein
- Langsam, deutlich und normal laut sprechen
- Konsequent auf verständliches Antwortverhalten aller Mitschüler achten
- Schüler-/Lehrerecho
- Hinweise auf Schulbuch, Literatur, etc. für häusliche Nacharbeiten
- Stundenprotokoll anfertigen

Lehrerzentrierter Unterricht in einer disziplinierten Klasse erleichtert Hörgeschädigten die Perzeption von lautsprachlichen Äußerungen, daneben ist offener Unterricht, der sich an unterschiedlichen Möglichkeiten und Fähigkeiten der Schüler orientiert, zu empfehlen. Hier können individuelle Hilfen wie z. B. Hörpausen einlegen, gegeben werden.

Die hier aufgeführten Punkte decken sich zum größten Teil mit den in der Fachliteratur angeführten Punkten für einen hörgeschädigtengerechten Unterricht in der Regelschule (vergleiche Löwe 1987).

Mangold berichtet weiter, dass im Rahmen einer Erhebung zur integrativen Beschulung Eltern, Schüler und Lehrkräfte befragt wurden. Ein Ergebnis war, dass die hörgeschädigten Schüler überwiegend der Meinung waren, dass der Beratungslehrer bei Problemen helfen könnte. So empfanden sie die Arbeit des Beratungslehrers insbesondere dann hilfreich, wenn es darum ging, Verständnis für die Hörgeschädigtenprobleme bei den Schulkollegen zu erreichen. Auch nahezu alle Eltern sahen in der Beratungstätigkeit eine Hilfe, um Verständnis für die Situation ihres hörgeschädigten Kindes in der Schule zu wecken. Die Beratungslehrer werden als kompetent angesehen. Die Unterstützung durch die Schule für Hörgeschädigte wird fast durchgängig als gute Unterrichtshilfe betrachtet. Die überwiegende Mehrheit hält den Beratungsumfang für angemessen und hat großes Vertrauen zum Beratungslehrer. Fast alle befragten Altersgruppen sind mit der Arbeit der Beratungslehrkräfte insgesamt sehr zufrieden.

Die Lehrkräfte an Regelschulen äußerten sich ebenfalls positiv über die Arbeit der Beratungslehrer: Sie fühlen sich gut unterstützt und erleben den Beratungslehrer als kompetent und erhalten wertvolle Informationen für den Unterricht. Sie loben die kooperativen Beratungsform und das Seminarangebot der Hörgeschädigtenschulen. Fast alle Regelschullehrer sehen die Situation des Hörgeschädigten durch die Beratung deutlich verbessert.

Herr Mangold merkt kritisch an, dass die Lehrkräfte der Schule für Hörgeschädigte für die neuen Anforderungen besser aus- und fortgebildet werden müssen. Eine Beratungskompetenz muss erworben und weiterentwickelt werden.

Die oben aufgeführten Ergebnisse decken sich mit den Aussagen der Teilnehmer aus meinem Seminar. Jedoch merkten sie nach dem Abschluss an, dass die Trainingswochenenden in der erlebten Zusammensetzung eine optimaler Ansatz zur Informationsverarbeitung waren.

2.5.4 Exemplarische Darstellung der Konzepte aus anderen Bundesländern

Exemplarisch habe ich vier Bundesländer herangezogen, deren Konzepte in der Zeitschrift „Hörgeschädigtenpädagogik" veröffentlicht wurden. Hierbei handelt es sich um die Bundesländer Hessen, vertreten durch die Sprachheilschule Darmstadt, dem Bundesland Niedersachsen, vertreten durch das Landesbildungszentrum Oldenburg, dem Bundesland Baden-Württemberg, vertreten durch das Bildungs- und Beratungszentrum für Hörgeschädigte in Stegen und das Bundesland Rheinland-Pfalz, vertreten durch das Pfalzinstitut für Hör-/Sprachbehinderte Frankenthal (PIH).

Ich werde die verschiedenen Konzepte darstellen und sie miteinander vergleichen. Des Weiteren stelle ich sie auch dem Konzept der Förderung hörgeschädigter Regelschüler in Schleswig-Holstein gegenüber.

In dem Artikel von Frau Jacobsen „Förderung integrativ beschulter Hörgeschädigter am Beispiel des Bildungs- und Beratungszentrum für Hörgeschädigte Stegen", der in der Zeitschrift „Hörgeschädigtenpädagogik" 2/2006 erschienen ist, berichtet sie, dass der § 15 des Schulgesetzes von Baden-Württemberg vorschreibt, dass die Förderung behinderter Schüler Aufgabe aller Schularten sei. Hierbei werden die allgemeinen Schulen verpflichtet, mit den Sonderschulen zusammen zu arbeiten. Dies hatte zur Folge, dass an Hörgeschädigtenschulen in Baden-Württemberg Sonderpädagogische Dienste eingerichtet wurden. Der Sonderpädagogische Dienst ist zuständig für die Begleitung und Unterstützung hörgeschädigter Kinder und Jugendlicher, die allgemeine Schulen und andere Sonderschulen besuchen. Sie sind zumeist die einzigen hörgeschädigten Schüler in ihren Klassen. In anderen Bundesländern wird dieser Dienst als mobiler Dienst, ambulante Förderung, integrative Beschulung u. a. bezeichnet.

Frau Jacobsen stellt dar, dass in der Gesellschaft und Schulpolitik diese Form der Begleitung als Inklusion beschrieben wird. Neu sei der Begriff, jedoch habe es die gemeinsame Beschulung von hörgeschädigten und hörenden Kindern in der Form der Einzelintegration schon immer gegeben, wobei jetzt die Veränderung darin bestehe, dass diese Schüler sonderpädagogische Unterstützung erhalten.

Seit dem Schuljahr 1996/97 werden hörgeschädigte Schüler durch den Sonderpädagogischen Dienst des Beratungs- und Bildungszentrums Stegen beraten und gefördert. In dem Schuljahr 2000/01 beauftragte der Schulleiter ein neues Team mit dieser Aufgabe und stellte dafür 58 Lehrerwochenstunden zur Verfügung. Sechs Kollegen begannen mit der Beratung und Begleitung von 67 integriert beschulten hörgeschädigten Kindern und Jugendlichen nach dem Grundsatz: „Alle hörgeschädigten Kindern haben Anspruch auf sonderpädagogische Förderung, egal, welche Schule sie besuchen." Dafür standen den Lehrern 6 – 16 Unterrichtsstunden, verteilt auf ein bis zwei Fahrtage, zur Verfügung. Aufgrund der gestiegenen Schülerzahl und der positiven Rückmeldung von Eltern und Lehrkräften erhöhte die Schulleitung die Stundenzahl für den sonderpädagogischen Dienst auf 71 Wochenstunden. Von daher konnte Frau Jacobsen mit der Koordinierung der Arbeit beauftragt und an drei Fahrtagen wöchentlich flexibeler und intensiver tätig werden. In dem Team des Sonderpädagogischen Dienstes seien

Kollegen mit unterschiedlichen Kompetenzen im Bereich der allgemeinen Pädagogik und der Sonderpädagogik tätig, wie z. B. CI-Experten, Experten in der Schulaudiometrie, Fachkräfte für andere sonderpädagogische Fachrichtungen, wie z. B. Geistig-Behinderten-Pädagogik, Lehrkräfte mit den Schwerpunkten Grundschule, Hauptschule, Realschule und Gymnasium. Der Austausch untereinander wird als sehr hilfreich empfunden und unterstützt die qualifizierte Beratung. Wichtig hierbei ist die Fortbildung des Sonderpädagogischen Dienstes in den Bereichen medizinische Entwicklung und medizinischer, diagnostischer und therapeutischer Fragestellungen, Hörgerätetechnik, CI-Technik, Hilfsmittelversorgung, Akustik in Räumen, Maßnahmen zur Verbesserung der Raumakustik, Fragen zur Sozialgesetzgebung, sozialarbeiterische Tätigkeit, Fragen zu psychosozialen Entwicklung (Identitätsentwicklung), Hörtaktik, Verhaltenstraining, Netzwerkarbeit und Öffentlichkeitsarbeit.

Als Besonderheit wird herausgestellt, dass sich in dem Team eine hörgeschädigte Lehrkraft befindet, die als CI-Trägerin sehr überzeugend die Lehrer anderer Schulen, die Eltern und Mitschüler der hörgeschädigten Kinder und Jugendliche auf die besonderen Schwierigkeiten in der Kommunikation aufmerksam machen kann. Auch stellt sie eine Identifikationsfigur für die schwerhörigen Schüler dar, die von ihr viel leichter Hinweise zur Hörtaktik und adäquatem Verhalten annehmen können als von hörenden Kollegen.

Ein herausragendes Ergebnis meiner Untersuchung ist, dass es zu einer Identifikation mit einem hörgeschädigten Seminarleiter kam, der nicht zu dem Personenkreis der Lehrer zugeordnet wird. Dies muss ich besonders hervorheben, da auch hörgeschädigte Lehrkräfte immer in einen Rollenkonflikt kommen werden. Von daher sei nochmals darauf hingewiesen, dass zwar der Ansatz, hörgeschädigte Lehrer in diese Arbeit mit einzubeziehen, ein sehr wichtiger ist, es jedoch sinnvoller ist, hörgeschädigte Personen von außerhalb mit einzubeziehen.

Die Leitzielsetzung des BBZ Stegen lautet: die Unterstützung, Begleitung und Förderung hörgeschädigter Kinder und Jugendliche an allgemeinen Schulen, beruflichen Schulen und anderen Sonderschulen wird als Dienstleistung für hörgeschädigte Schüler, deren Eltern und Lehrkräfte betrachtet.

Ziel ist es vor allem, ein Unterstützungsnetzwerk für hörgeschädigte Kinder und Jugendliche an ihrem Schul- und Wohnort zu schaffen.

Zu diesem Netzwerk gehören neben den Eltern, Schulen und Schulämtern auch Hörgeräteakustiker, Logopäden und andere Therapeuten, Kinder- und HNO-Ärzte, Gesundheitsämter, Servicestellen, Sozialämter und Betreuungseinrichtungen.

Leider wird nicht näher aufgeführt, ob mit anderen Therapeuten auch Psychologen und Psychotherapeuten gemeint sind. Es fehlt auch der Hinweis, welche Stelle die Trauerarbeit insbesondere bei den Eltern begleiten kann.

Für die Schüler finden Beratungen zu Arbeitstechniken, Verhalten im Unterricht, Lernverhalten, Hörtaktik, Bereitstellung von Fördermaterial, Einzel- und Gruppenförderung, Unterstützung bei der Auseinandersetzung mit der Hörschädigung und Freizeiten für Kinder und Jugendliche statt.

Für die Eltern besteht ein Angebot für Beratungsbesuche im Elternhaus wie auch Beratungen zur Versorgung mit Hörhilfen und anderen technische Hilfsmittel, Schullaufbahn, Persönlichkeitsentwicklung, Erziehungsfragen, Behindertenrecht, Unterstützung bei der Erschließung zusätzlicher Hilfen, Elternabende und Eltern- und Kindfreizeiten.

Für Lehrkräfte wird Folgendes geboten: Informationsgespräche über Hörschädigungen, Unterrichtshospitationen, Unterrichtseinheiten zu den Themen Hörschädigung/Schall/Lärm, Kommunikationsprobleme, technische Versorgung, Hörtaktik, Mitarbeit in Projektwochen, Bereitstellung von Fördermaterial, Unterstützung bei der Erstellung von Förderplänen und Gutachten, Vorträge und Präsentationen bei Klassen- und Lehrerkonferenzen, Lärmpegelmessungen und Fortbildungsveranstaltungen.

Es wird darauf hingewiesen, dass die Angebote unter personellen und sachlichen Ressourcen als limitierte Faktoren gelten. Frau Jacobsen beschreibt weiter, dass die 128 zur Verfügung stehenden Lehrerwochenstunden auf 267 integriert beschulte, hörgeschädigte Schüler verteilt werden müssen und somit im Durchschnitt 0,47 Lehrerwochenstunden pro Kind vorhanden sind. Weiter stellt Frau Jacobsen dar, dass sich der zeitliche Umfang einer Standardbetreuung folgendermaßen aufschlüsselt: Zwei Schulbesuche mit Unterrichtshospitation im Schuljahr, zwei Elterngespräche/Hausbesuche pro Schuljahr im 1., 3., 5. und 7. Schuljahr, ggf. Unterrichtseinheiten zum Thema Hörschädigung, telefonische und E-Mail-Beratung nach Bedarf.

Dazu gehören zusätzlich jährlich wiederkehrende Seminar- und Fortbildungsangebote für hörgeschädigte Schüler, Eltern und Lehrer in Form von Familienwochenenden, ein zentraler Elternabend in Stegen, regionale Elternstammtische in Freiburg und Offenburg, regionale Elterntreffen in allen Landkreisen, Jugendfahrten, Jugendwochenende in Stegen und Lehrerfortbildung in Stegen.

Betrachtet man die oben angeführten Angebote genauer, so muss die Frage erlaubt sein, wie bei 0,47 Lehrerwochenstunden pro Kind all die Inhalte geleistet werden können.

Die Rückmeldungen der hörgeschädigten Schüler bestärken das Team in seiner Vorgehensweise. Frau Jacobsen führt dabei an, dass die Schüler die Unterstützung schätzen, weil u. a. eine Unterrichtseinheit über Hörschädigungen von ihr und den Schülern als Abwechslung zum üblichen Stundenplan angesehen wird, Spaß macht und sie auf mehr Verständnis hoffen, wenn die Mitschüler von ihr über die Hörschädigung informiert werden.

Ich bewerte den Aspekt der Information über das Thema Hörschädigung und Kommunikationstaktik durch externe Leute in einer Schulklasse als kritisch. Es besteht die Gefahr, dass der Hörgeschädigte in seinem defensiven Verhalten, keine Kommunikationstaktik einzufordern, eher bestärkt wird. So werden zwar die Schüler durch Externe informiert, der Hörgeschädigte selbst aber nicht be-

fähigt, im späteren Leben, wie z. B. am Arbeitsplatz, selber adäquat auf die eigene Hörschädigung aufmerksam zu machen und mit der Kommunikationstaktik, insbesondere mit dem Konzept der 5 Sätze, zu agieren.

Frau Jacobsen macht deutlich, dass sie aufgrund ihrer knappen Zeit den hörgeschädigten Kindern in ihren Familien nicht immer in der Weise gerecht werden kann, wie es bei einer besseren Stundenzuweisung, wie dies z. B. in anderen Bundesländern der Fall ist, sein könnte. Notwendig ist die Darbietung von regelmäßigen Einzel- und Gruppenförderung. Für die Professionalisierung des Teams fehlt, nach Frau Jacobsen, die Zeit für ausführliche Fallbesprechungen, Weiterbildung in Gesprächsführung und Beratungskompetenz sowie Supervision. In Zeiten knapper Kassen und eines hohen Kostendruckes müssen jedoch die Ressourcen gebündelt und optimal eingesetzt werden.

Frau Jacobsen äußert drei Wünsche, die folgendermaßen lauten:
- Mehr Zeit, das bedeutet, dass eine Stundenzuweisung von einer Lehrerwochenstunde pro hörgeschädigtes Kind mit sonderpädagogischen Förderbedarf für sie eine angemessene Zeit wäre.
- Mehr Spezialisierung in der Ausbildung von Hörgeschädigtenpädagogen, so dass diese sich vorstellen können, im Sonderpädagogischen Dienst zu arbeiten.
- Mehr Aus- und Weiterbildung ab der zweiten Ausbildungsphase für zukünftige Hörgeschädigtenpädagogen auf die Tätigkeitsfelder des Beratungslehrers; Fortbildung auf dem Gebiet der Beratung und Supervision sollten selbstverständlich sein.

Bemerkenswert ist bei Frau Jacobsen, dass sie sich sehr kritisch mit ihrer Tätigkeit als Beratungslehrerin auseinandersetzt und realistisch die Grenzen ihrer Tätigkeit erkennen kann. Von daher fühle ich mich in meiner Arbeit bestätigt, da meine Arbeit Anreize und neue Ideen für die tätigen Beratungslehrer geben kann.

In dem Artikel „Ergebnisse einer Untersuchung zur Situation ambulant betreuter Hörgeschädigter in Regelschulen" aus der Zeitschrift „Hörgeschädigtenpädagogik" 4/1999 von Herrn Ulrich Vaeth-Bödecker, Hessen, lassen sich einige Parallelen zu den Ergebnissen meiner Arbeit feststellen.

Der Autor führte 1997 im Rahmen seiner Examensarbeit eine Untersuchung mit 13 Hörgeschädigten durch, die in hessischen Regelschulen beschult und durch Lehrer der Schule für Hörgeschädigte in Frankfurt/Main ambulant betreut wurden. Zu diesem Zweck wurden Interviews mit hörgeschädigten Jugendlichen im Alter von 11 bis 21 Jahren durchgeführt. Ihre Eltern, Klassen- und Fachlehrer in der Regelschule sowie die Betreuungspersonen der Hörgeschädigten wurden durch umfangreiche Fragebögen interviewt.

Nachdem der sonderpädagogische Förderbedarf festgestellt ist, entscheiden in Hessen grundsätzlich die Eltern darüber, ob dieser in der allgemeinen Schule, im gemeinsamen Unterricht oder in einer entsprechenden Sonderschule erfüllt wird. Einschränkend muss gesagt werden, dass das Kind in die Sonderschule für Hörgeschädigte überwiesen werden kann, falls im Einzelfall die notwendigen personellen, finanziellen und sachlichen Mittel für die Integration nicht zur Verfügung stehen. Gemeinsamer Unterricht würde beinhalten, dass im Wesentlichen ein Sonderschullehrer für eine festgelegte Anzahl von Stunden am Unterricht der Regelschulklasse beteiligt ist, in der sich ein behindertes Kind befindet. Für ein hörgeschädigtes Kind sind dies immerhin 6 Lehrerstunden pro Wochen, es können aber bis zu drei Behinderte in einer Integrationsklasse gemeinsam mit nicht behinderten Kindern unterrichtet werden. Für alle Integrationsklassen gelten niedrigere Schülerhöchstzahlen als für normale Klassen. Die beschulten Hörgeschädigten werden nach dem Modell der ambulanten Förderung betreut. Hierbei führt der Autor aus, dass die Kinder und Jugendlichen keine anerkannten Sonderschüler seien und somit das Stigma der offiziellen Feststellung ihrer Behinderung ihnen erspart bleiben würde.

Meiner Meinung nach kann die offizielle Feststellung der Behinderung in dem Sinne hilfreich sein, dass dadurch die Auseinandersetzung mit der eigenen Hörschädigung angestoßen wird. Auffällig war bei vielen hörgeschädigten Schü-

lern, die sich mit der Hörschädigung nicht auseinander setzen, dass sie oft ein Problem hatten, mit ihrer Hörschädigung nach außen zu gehen. Eine Anerkennung als Sonderschüler kann der erste Schritt sein, dem Schüler zu verdeutlichen, dass er eine Behinderung hat und er lernen muss, mit dieser Behinderung zu leben und zu einer besseren Lebensqualität zu kommen. Für Hörgeschädigte bedeutet das, an der Kommunikation durch Kommunikationstaktik und Hörtaktik offensiv mitzuwirken und dafür zu sorgen, ihre eigenen Bedürfnisse durchzusetzen. Wird an dieser Stelle bereits die Hörschädigung in dem Sinne relativiert, indem man ihnen das Stigma der offiziellen Feststellung ihrer Behinderung erspart, kann dies der Verdrängung der Behinderung bzw. des defensiven Umgangs mit der Behinderung Vorschub leisten. Der Begriff Stigma ist meiner Meinung nach in dem oben beschriebenen Zusammenhang nicht der richtige, da das Wort gesellschaftliche Benachteiligung bedeutet, es jedoch von Vorteil ist, wenn die Umwelt von der Hörschädigung Kenntnis hat und sich dementsprechend verhalten kann.

1999 wurden von den Beratungslehrern immer schwierigere Rahmenbedingungen für ihre Tätigkeit genannt. Durch den dramatischen Anstieg der zu betreuenden Schülerzahl bei nur geringfügig gestiegener Personalkapazität standen nur noch durchschnittlich 26 Wochenstunden einer Lehrkraft für 19 Schüler zur Verfügung (Vergleiche Jacobs 1996). In dieser Zeit müssen sämtliche Aufgaben der Ambulanz bewältigt werden, die von dem Autor folgendermaßen aufgeführt werden:

- ➢ Hilfe im Unterricht,
- ➢ technische Information und Raumgestaltung,
- ➢ Lehrerberatung,
- ➢ Schülerberatung,
- ➢ Elternberatung,
- ➢ Zusammenarbeit mit öffentlichen Beratungsstellen,
- ➢ Öffentlichkeitsarbeit
- ➢ und vieles andere mehr.

An den Regelschulen fehlen häufig wesentliche Voraussetzungen für eine erfolgreiche Regelbeschulung. Dies sind unter anderem:
- konstante Lehrkräfte,
- kleine Klassen,
- schallgedämpfte Räume und
- Förderstunden durch die Lehrer der Kernfächer.

Die oben geschilderte Erfahrungen, dass an den Regelschulen häufig wesentliche Voraussetzungen fehlen, zeigt umso mehr die Notwendigkeit, den Hörgeschädigten selber zu befähigen, für sich kommunikationstaktische und hörgeschädigtengerechte Voraussetzungen in der Kommunikation und damit auch in den Beziehungen zu Schülern und Lehrern zu schaffen.

Es wurden jugendliche Hörgeschädigten zu der Qualität der eigenen Auseinandersetzung mit der Hörbehinderung und über das Bewusstsein der eigenen spezifischen Bedingungen befragt.

Unter anderem wurden folgende Fragen gestellt:
- Findest du es manchmal schwer, nur mit Hörenden zusammen zu sein?
- Was kannst du tun, um andere auf deine Situation aufmerksam zu machen?
- Was wäre für dich anders, wenn du an einer Schule für Hörgeschädigte wärst?
- Bist du anders als andere Kinder?
- Würdest du selbst von dir sagen, dass du behindert bist?
- Kennst du andere Kinder mit einem Hörgerät?
- Was weißt du über deinen Hörverlust?

Zu den Ergebnissen lässt sich feststellen, dass generalisierende Aussagen über die soziale Situation von Hörgeschädigten in der Regelschule nicht sinnvoll sind, da sie das in jedem individuellen Fall anders gelagerte Zusammenspiel der Variablen und Faktoren nicht erfassen und erklären können. Da in vielen Fällen Unzufriedenheit mit der sozialen Situation innerhalb der Klasse und mit der

Quantität und Qualität der eigenen sozialen Beziehungen besteht und dass in den Fällen, in denen eine eher isolierte soziale Stellung der hörgeschädigten Jugendlichen in ihrem Klassenverband und auch im außerschulischen Bereich vorliegt, kann nicht zwangsweise nur die Hörschädigung herangezogen werden, sondern auch andere Faktoren für die Entstehung dieser Situation müssen in Rechnung gestellt werden: So nannten einige der Befragten z. B Unsportlichkeit, überdurchschnittliche Intelligenz oder Frühreife dafür

Im Bereich der Selbstwahrnehmung wurden folgende Ergebnisse festgehalten: Die hörgeschädigten Schüler und Schülerinnen versuchen in den meisten Fällen nach außen als „normal" zu gelten. Die Frage: Würdest du sagen, dass du behindert bist, wurde mit zwei Ausnahmen von allen Befragten verneint. Auffallend war vor allem die bejahende Aussage eines Hörgeschädigten mit Mehrfachbehinderung, der sich durch die offensichtliche Behinderung intensiver mit sich selbst auseinandersetzen musste als die anderen hörgeschädigten Schüler.

Ähnliches konnte ich in meinem Training beobachten. Die Teilnehmerin mit dem schlechtesten Hörstatus ging am offensivsten mit ihrer Behinderung um.

Interessant ist hierbei der Grad der Informiertheit der Hörgeschädigten. Von zwei Ausnahmen abgesehen, konnte keiner der Hörgeschädigten das Audiogramm analysieren. Die Hörgeschädigten beschäftigten sich erstaunlich wenig mit Hörprüfverfahren, grafischen Darstellungen und den Einzelheiten der apparativen Versorgung der Hörschädigung. 10 der 13 Befragten gaben an, derzeit keinen näheren Kontakt zu gleichaltrigen Hörgeschädigten zu haben. Anfangs wurde der positive Aspekt eines Kontakts mit anderen gleichaltrigen Hörgeschädigten eher negativ beurteilt, nach längerem Überlegen stellten sie jedoch fest, dass möglicherweise durch so einen Kontakt mit anderen Hörgeschädigten Vorteile entstehen könnten.

In meiner Gruppe war der Kontakt mit Gleichbetroffenen eine Grundlage des Erfolgs des Trainings, der gleich zu Beginn von den Teilnehmern eingefordert und gewünscht wurde.

Herr Vaeth-Bödecker führt an, dass einige Aussagen der Eltern, Schüler und Schülerinnen darauf hindeuten, dass der Kontakt zu anderen Hörgeschädigten mit zunehmendem Alter an Bedeutung gewinnt. Ein zentraler Punkt, der von den meisten Hörgeschädigten beschrieben wurde, ist die Schwierigkeit, die wiederum mit dem unangenehmen Empfinden verbunden ist, die gut hörenden Mitschüler immer wieder daran erinnern zu müssen, sich in hörgeschädigtengerechter Art und Weise zu verhalten, um eine gute Verständigung zu erhalten. Fast alle berichteten von frustrierenden Erlebnissen mit hörenden Mitschülern. Nur in vereinzelten Fällen ist während des Unterrichts das gesamte Gesprächsverhalten innerhalb der Klasse auf die Bedingungen der Hörgeschädigten abgestimmt. Es überwiegt bei weitem die Anzahl der Fälle, in denen dies nicht gelingt. Unter anderem verzichteten die Hörgeschädigten häufig darauf, ihre besonderen Kommunikationsbedingungen nach außen deutlich zu machen.

Diese Ergebnisse zeigen noch einmal deutlich die Notwendigkeit auf, das von mir entwickelte Training frühzeitig mit den hörgeschädigten Schülern durchzuführen. Es sei auch noch mal an dieser Stelle hervorgehoben, dass die Regelschule in dem Sinne einen geschützten Rahmen darstellt, in dem alle Beteiligten über die Hörschädigung informiert sind. Weitaus schwieriger wird es für den Hörgeschädigte, im späteren Arbeitsleben bzw. in der betrieblichen Berufsausbildung, diese Verantwortung der Information gegenüber den hörenden Arbeitskollegen selbst zu übernehmen und für optimale Kommunikationsbedingungen und Beziehungsaufnahme zu sorgen.

An die Lehrkräfte der Regelschule stellte der Autor die Forderung, immer wieder auf die eingeschränkten Hörmöglichkeiten der Schüler hinzuweisen und sie in die Verantwortung zu nehmen, selbst für optimale Bedingungen zu sorgen. Sollte dies nicht geschehen, neigen die Schüler zur Verleugnung ihrer Behinderung.

Aus meinem Fragebogen an die Klassenlehrer wurde deutlich, dass es eine erhebliche Diskrepanz zwischen der Einschätzung der Probleme des hörgeschä-

digten Schülers in der Klasse und seiner eigenen Einschätzung der Probleme nach dem Training gibt. Die Lehrer sahen vorher wie auch nachher keine Schwierigkeiten des hörgeschädigten Schülers. Die Schüler selbst gaben vorab an, dass sie gut zu Recht kommen in ihren Klassen. Jedoch kamen sie nach Beendigung des Trainings zu einer differenzierten Einschätzung. Sie konnten Probleme schneller wahrnehmen und diese nach dem Modell von Cohn lösungsorientiert einbringen, so dass alle davon profitieren konnten. Des Weiteren wird auch deutlich, dass es einen großen Weiterbildungsbedarf bei den Lehrkräften gibt.

Abschließend stellt Vaeth-Bödecker dar, das den integriert beschulten Hörgeschädigten Kontakte zu anderen Hörgeschädigten prinzipiell zu ermöglichen sind, da diese für die psychosoziale Entwicklung von schwerhörigen Jugendlichen unabdingbar sind.

Leider fehlt in seinen Aufführungen die Darstellung der Methode.

In dem Artikel „Aspekte der integrierten Förderung" (I. F. Hörgeschädigte Schüler in der Regelschule durch das PIH Frankenthal von Knut Mangold in der Ausgabe „Hörgeschädigtenpädagogik" 5/2001) stellt K. Mangold das Konzept der integrierten Förderung hörgeschädigter Schüler in seiner Einrichtung vor. Zum Zeitpunkt der Veröffentlichung wurden 162 Kinder mit einer Wochenstundenzahl von insgesamt 92,5 Stunden durch 13 verschiedene Kollegen betreut. Der maximale wöchentliche Betreuungsaufwand entspricht 2 Unterrichtsstunden pro Schüler. Sehr viele Kinder müssen sich aber mit einem wesentlich geringeren Maß begnügen. Zwar sei der Bedarf von durchschnittlich einer Wochenstunde pro Kind von der Schulbehörde anerkannt, die Personalzuweisung dazu ist jedoch nicht ausreichend. Herr Mangold beschreibt die Inhalte der Maßnahmen der integrativen Förderung (I.F.) folgendermaßen:

> ➢ I.F. sei keine Mustervorführung von Klassenunterricht unter Beachtung aller hörgeschädigtenpädagogischen Prinzipien, dennoch müsste auch diese hin und wieder erfolgen.

- I.F. kann sich nicht in der Belehrung der Regelschullehrer erschöpfen, sondern muss auch den Lehrkräften in den Regelschulen gelegentlich hilfreiche Tipps geben. Der kollegiale Erfahrungsaustausch sei für beide Seiten hilfreich und nütze dem Kind.
- Zum Standardprogramm der I.F.- Lehrkraft gehört die Information der mit dem hörgeschädigten Kind befassten Lehrkräfte z. B. im Rahmen einer Klassenkonferenz.
- I.F. ist kein Nachhilfeunterricht, übernimmt jedoch auch Einzelförderung
- I.F. muss sich an den Erfordernissen des Kindes orientieren

Jeder, der den Ablauf von Klassenkonferenzen aus eigener Erfahrung kennt, wird bestätigen können, dass diese Konferenzen in der Regel sehr themenlastig sind und in einem engen Zeitrahmen stattfinden. Hierbei muss die kritische Frage erlaubt sein, ob und in wie weit die Hörschädigung eines Schülers in diesem Rahmen eine Platz findet.

I. F. muss sich an den Erfordernissen, den Wünschen und Fragen der Regelschüler und an den Erwartungen der Eltern orientieren. Die I.F. muss fachkompetent über den Einsatz der individuellen Hörhilfen in den verschiedenen Unterrichtssituationen beraten, die Funktion der Hörhilfen überprüfen können und den Kontakt zu Klinik und Hörakustiker halten. Ebenfalls muss mit der Pädagogischen Audiologie kooperiert und ggf. mit anderen Beratungsstellen und Fördereinrichtungen zusammengearbeitet werden. Der hörgeschädigte Schüler steht bei allen Interaktionen immer im Vordergrund.

I. F. bedeutet auch, durch Hausbesuche das Familienumfeld kennen zu lernen, beratend zur Seite zu stehen und für das Kind die besten Möglichkeiten zu finden. I. F. kann sogar bedeuten, dem hörgeschädigten Kind bei der Aufnahme in den Fußballverein zu helfen.

In der Darstellung dieses Artikels vermisse ich die detaillierte Aufstellung von Hilfestellungen, wie sie in dem Überblick von Frau Jacobsen vorhanden waren. Ebenso fehlen leider detaillierte Konzepte und mögliche Vorgehensweisen.

Herr Mangold merkt kritisch an, dass das im Vordergrund stehende Problem der Diskrepanz zwischen Gesellschaft und politischem Anspruch auf Integration (und den sich daraus ergebenden personellen, räumlichen, organisatorischen und schulrechtlichen Erfordernissen) dringend angegangen werden muss. Wichtig sei, dass die Erfüllung des Anspruches einer Unterrichtsstunde pro Woche und Kind an vorderster Stelle stehen muss. Ebenso muss in der Ausbildung der Sonderschullehrer der Schwerpunkt Integrative Förderung ebenso angeboten werden wie der der Früherziehung. So merkt er ebenfalls kritisch an, dass bei der Beachtung raumakustischer Maßnahmen oft die Bereitstellung der dazu erforderlichen Finanzmittel nicht vorhanden ist. Auch Räume zur Durchführung von Einzelfördermaßnahmen waren häufig nicht vorhanden oder nicht geeignet.

In „Hörgeschädigtenpädagogik" 2/1999 erschien der Artikel „Vertrauensarbeit mit Lehrkräften in Regelschulen und mit Eltern hörgeschädigter Kinder im Rahmen eines ganzheitlichen Konzeptes integrativer Betreuung hörgeschädigter Regelschüler" von Manfred Flöther, der im Landesbildungszentrum für Hörgeschädigte (LBZ) in Oldenburg tätig war. Er stellt das dort entwickelte Konzept unter dem Motto: „Mobiler Dienst für Hörgeschädigte an Regelschulen am Landesbildungszentrum für Hörgeschädigte" vor. Das Konzept setzt sich aus folgenden Punkten zusammen:

- Begutachtungen und Förderplanung,
- Beratung von Lehrkräften und Eltern von hörgeschädigten Kindern und Jugendlichen,
- Fortbildung für Regelschullehrkräfte,
- Einzelförderung,
- mobiler Dienst für Hörgeschädigte,
- Kontaktseminare für hörgeschädigte Regelschüler und deren Eltern,
- Unterricht zum Thema Hörschädigung,
- Organisationsarbeit,
- regelmäßige Fallbesprechungen und Öffentlichkeitsarbeit,
- regelmäßige eigene Fortbildungen und Teamarbeit.

Aufgrund der begrenzten Ressourcen, mit denen der Mobile Dienst für Hörgeschädigte an Regelschulen am LBZ Oldenburg aufgebaut werden musste, musste also ein Konzept entwickelt werden, das aus dieser gegebenen Begrenzung noch etwas Effektives macht. Beim ersten Hinsehen könnte man dieses Konzept als Mangelverwaltung kritisieren, bei genauerer Prüfung jedoch kann man es als eine effektive Mangelverwaltung begreifen. Dazu gehört:
- die gezielte Beratung der einzelnen Lehrkraft bezüglich des zu betreuenden Kindes,
- die gezielte fachliche Beratung an der jeweiligen Schule, evtl. unter Einbeziehung anderer Lehrkräfte der Schule,
- die rechtzeitige Kontaktierung und Beratung weiterführender Schulen im Sinne einer optimalen Schullaufbahn,
- Begleitung für das einzelne hörgeschädigte Kind,
- die allgemeine Fortbildung vieler Regelschulkräfte zu Themen aus dem Bereich der Hörgeschädigtenpädagogik.

Weiterhin wird in dem Artikel näher auf die Kooperation und Beratung von Eltern durch Kontaktseminare eingegangen. Die positive Wirkung auf Kinder und Eltern begründet sich in der Tatsache, dass die sonst weit voneinander entfernt wohnenden und damit auch isolierten Betroffenen Kontakt zueinander bekommen und ein Forum finden, in dem ein Erfahrungsaustausch stattfinden kann und Informationen ausgetauscht werden können. Bei den Kindern entsteht dadurch das Gefühl von Ebenbürtigkeit und Gleichwertigkeit aufgrund der gleichen Behinderung, damit einher geht ein Gefühl von Entspannung und Glück.

Die gleiche Beobachtung konnte ich ebenfalls unter den hörgeschädigten jugendlichen Teilnehmern meines Trainings machen. Durch den Kontakt mit anderen Hörgeschädigten entstand eine entspannte und fast euphorische Atmosphäre.

Die Kontaktseminare fanden bislang als eintägige Veranstaltung von 08.30 bzw. 09.00 Uhr bis ca. 16.00 Uhr im überregionalen Förderzentrum, dem LBZ in Oldenburg, statt. Vormittags nehmen die Kinder nach der allgemeinen Vorstellungsrunde am Unterricht der Schule für Schwerhörige in ihrer Altersstufe teil, während die Eltern Erfahrungen, Sorgen und Gedanken austauschen können.

Hier stellt sich für mich die Frage, inwieweit dieser Rahmen Raum für die Trauerarbeit der Eltern zulässt. Leider wird auch nicht angeführt, wer die Moderation dieser Zusammenkünfte der Eltern übernimmt.

Die positiven Aspekte dieser Kontaktseminare werden in diesem Artikel sehr deutlich hervorgehoben.

Jedoch wird in dem Artikel nicht darauf eingegangen, inwieweit die hörgeschädigten Schüler selbst befähigt werden, selbstbewusst und offensiv mit ihrer Behinderung umzugehen.

2.5.5 Exemplarische Darstellung einiger Konzepte integrativer Beschulung im deutschsprachigen Raum

Um einen Überblick über die Grenzen Deutschlands hinaus geben zu können, habe ich mich entschlossen, die Konzepte der Beschulung Hörgeschädigter in der Regelschule in anderen Ländern zum Vergleich heranzuziehen. Ich habe daher die beiden Länder Schweiz und Österreich ausgewählt.

Zu diesem Zwecke habe ich alle Schulen in der Schweiz und Österreich angeschrieben, welche die Beschulung Hörgeschädigter in der Regelschule begleiten. Aus dem Rücklauf habe ich dann einige Konzepte ausgewählt, wobei gesagt werden muss, dass der Rücklauf aus dem österreichischen Raum sehr gering war.

2.5.5.1 Schweiz

Für die Darstellung der Konzepte integrativer Beschulung in der Schweiz habe ich zwei Schulen ausgewählt. Die eine ist der Landenhof, Zentrum und Schule für Schwerhörige in Unterfelden. Die andere Schule nennt sich Kantonale Beratungsstelle für hörgeschädigte Kinder und Jugendliche und befindet sich in Zürich.

Die Aufgabe des Landenhofes ist die Therapie und Beratung hörbehinderter Kinder im Vorschulbereich sowie hörbehinderter Kinder in der Regelschule. Des Weiteren beinhaltet das Konzept auch die Beschulung von Hörgeschädigten in der Sonderschulform.

Für die Betreuung hörbehinderter Regelschüler ist der Audio-Pädagogische Dienst (APD) der Schule zuständig. Das Einzugsgebiet umfasst dabei den Kanton Aargau sowie die angrenzenden Gebiete des Kantons Solothurn. Insgesamt betreute der APD zum Zeitpunkt der Drucklegung des Prospektes über 100 Kinder vom Zeitpunkt der Erfassung der Hörschädigung bis zum Abschluss der Erstausbildung.

Die Betreuung der Kinder erfolgt in ein bis zwei Lektionen pro Woche, durchgeführt im Eltern- oder im Schulhaus, in seltenen Fällen werden sie auch auf dem Landenhof erteilt. Die Betreuung hörgeschädigter Regelschüler fängt bereits mit der Betreuung und Begleitung der hörbehinderten Kinder in ihrer Familie vom Zeitpunkt der Erfassung an. Hierbei werden die Kinder ganzheitlich gefördert, wobei alle Sinnesgebiete beachtet werden. Vorlieben, Begabungen und Schwächen werden in das Therapiekonzept mit einbezogen.

Durch intensive Hörerziehung wird versucht, das Kind zur Lautsprache zu führen. In der Regel wird den Eltern vom Gebrauch der Gebärdensprache abgeraten.

Laut Prospekt des Audi-Pädagogischen-Dienstes befinden sich in der Schweiz mehr als 80% der schwerhörigen Kinder in der Regelschule. Die Vor- und Nachteile der integrativen Beschulung werden regelmäßig mit den Kindern und Eltern besprochen. Es wird besonders darauf geachtet, dass es dem Kind gut geht, es nicht den Mut verliert und vor allem dem Schulstoff seiner Klasse folgen kann. Dabei werden folgende Hilfsmittel als erleichternd empfohlen:
➤ eine FM-Schulanlage (Frequenzmodulationsanlage)
➤ ein optimaler Sitzplatz
➤ die Abgabe von schriftlichen Unterlagen

Persönliche und kommunikative Probleme der Schüler werden ebenso mit den Lehrkräften der Regelschule besprochen wie auch die Probleme der Lehrer im Unterricht mit den Hörgeschädigten.

Ziel ist es, dass die Kinder lernen müssen, nach außen zu ihrer Hörstörung zu stehen. Der Audio-Pädagogische Dienst unterstützt sie dabei, z. B. wird mit der ganzen Klasse über die Hörstörung gesprochen. Hörbehinderte Kinder, Eltern, Lehrpersonal und Mitschüler werden während der ganzen Volksschulzeit beraten. Somit werden vom Audio-Pädagogischen Dienst die Bedingungen für eine optimale Teilnahme am Unterricht gefördert. Das hörbehinderte Kind soll sich in der Regelklasse möglichst geborgen fühlen. Es soll sich selber helfen können, wenn es darum geht, seine spezifischen Bedürfnisse gegenüber der Umgebung zu erklären und zu manifestieren.

Behinderungsspezifische Maßnahmen umfassen Hörschulung, Absehen und Artikulation. Über die Schulung dieser kommunikativen Fähigkeiten wird der Schulstoff vertieft. All dies geschieht in Zusammenarbeit mit den Therapiestellen der Schule sowie mit den Inspektorats- und Schulbehörden.

Schließlich begleitet und berät der Audio-Pädagogische Dienst die Schüler beim Übergang in die weiterführende Schulen oder andere Institutionen. In den Berufs- und Mittelschulen erfolgt eine Nachbetreuung. In den öffentlichen Berufs- und Mittelschulen sollen die hörgeschädigten Schüler ihren Fähigkeiten entsprechend das Klassenziel erreichen. Es wird in einer gelösten Lernatmosphäre mit gutem Kontakt zu Ausbildern und Lehrern gearbeitet.

Nach dem Grundsatz „Hilfe zur Selbsthilfe" (Empowerment) werden alle Maßnahmen mit den Betroffenen besprochen und nur mit ihrem Einverständnis und unter ihrer Mitwirkung realisiert. Eine der größten Schwierigkeiten sei der Einbezug von Hörbehinderung in die Gruppenarbeit. Es erfordert spezielle und stationsbezogene Anstrengungen. Die Erfahrung zeigt, dass die vertiefte Auseinandersetzung mit der Hörbehinderung im Klassenzimmer von den Beteiligten als nötig und positiv empfunden wird. Alle Beteiligten lernen, die spezifischen Bedürfnisse hörbehinderter Schüler besser wahrzunehmen, nicht zuletzt diese selbst.

Insgesamt lässt sich erkennen, dass die Ziele des Audio-Pädagogischen Dienstes sich mit meinem Konzept decken. Ziel ist es vor allem, den Hörgeschädigten selber zu befähigen, gut für sich zu sorgen und optimale Bedingungen zu schaffen. Leider wird in dieser Beschreibung des schweizerischen Modells nicht detailliert angegeben, in welcher Form und in welchem Umfang dies geschieht.

Ein großer Unterschied zwischen dem Konzept des Landenhofes und meinem Trainingsseminars ist der Umgang mit der Gebärdensprache. Der Landenhof empfiehlt schon in der Frühförderung die Gebärdensprache nicht anzuwenden. Jedoch zeigt meine Erfahrung, auch durch mein Training bestätigt, dass es wichtig ist, hörgeschädigte Schüler mit lautsprachunterstützenden Gebärden zu konfrontieren, um durch dieses Hilfsmittel zu einer entspannten Kommunikation zu gelangen. Insbesondere und gerade für das Training sozialer Kompetenzen und zum Aufbau der Beziehungen zu den Eltern ist eine funktionierende Kommunikationsbasis unerlässlich – siehe dazu auch Kapitel „Training sozialer Kompetenz". Bei stark hörgeschädigten Kindern, bei denen der Lautspracherwerb nur schleppend vorangeht, ist es bereits in frühen Jahren wichtig, über die Kommunikation eine Beziehung zu den Eltern aufzubauen. Unbestritten ist, dass die Gebärdensprache zumindest in dieser frühen Zeit der Beziehungsaufnahme eine Grundlage und Basis bildet, um eine funktionierende Beziehung zu den Eltern herzustellen. Wird in dieser Phase die lautsprachliche Fähigkeit gefördert und dabei die Gebärdensprache in der Kommunikation zwischen Eltern und Kind unterbunden wird, wird es dem Aspekt der Beziehungsaufnahme nicht mehr gerecht. Eine Folge könnte sein, dass das Kind zwar zu einer guten Lautsprachentwicklung kommt, dafür aber erhebliche Defizite im Beziehungsaufbau und im Erlernen sozialer Kompetenzen hat. Von daher kann diese Empfehlung nach meiner Erfahrung nicht mitgetragen werden. Nicht außer Acht lassen darf man die frühkindliche Bindung an die Eltern. Ist diese von Anfang an gestört, so kann keine Vertrauensbasis entstehen und dies wirkt sich im späteren Leben auf alle weiteren Beziehungen aus. Gebärden und Sprache sollten sich meiner Meinung nach in der Erziehung des hörgeschädigten Kindes bedingen.

Das Konzept der Kantonalen Beratungsstelle für hörgeschädigte Kinder und Jugendliche in Zürich ist weitaus ausführlicher als das vorher beschriebene Konzept.

Die Beratungslehrer besuchen die hörgeschädigten Vorschulkinder im Kindergarten, bereiten die Familie bei einem Hausbesuch auf die Einschulung vor und sind dann auch für die Schulkinder zuständig. Eine Beurteilung ihres sozialen und schulischen Umfeldes erfolgt durch Schulbesuche, regelmäßige Gespräche mit Eltern, Lehrpersonen und Therapeuten. In Standortgesprächen wird eine Abklärung der Klassenraumsituation bezüglich Akustik und Beleuchtung besprochen und alternative Wege aufgezeigt, wie z. B. Teilintegrationsklassen, Privatschulen, Sonderschulen oder Berufsschule für Hörgeschädigte. Eine ganzheitliche Förderung steht dabei im Mittelpunkt der Betreuung. Darunter versteht man die Beachtung aller Sinnesgebiete mit den jeweiligen Vorlieben, Begabungen und Schwächen der Schüler.

Ein weiterer Bestandteil der Begleitung ist die Organisation von Therapien, indem Therapeuten im Hinblick auf die Hörbehinderung beraten werden, die Richtigkeit der Therapiemaßnahmen eingeschätzt wird, sowie die Organisation und die Übernahme zusätzlicher Maßnahmen. Es werden technische Hilfsmittel abgeklärt, so z. B. der Einsatz einer FM-Anlage in der Schule oder ob weitere technische Hilfsmittel in der Schule und zu Hause eingeführt werden sollten. Somit werden Eltern und die Schüler über die verschiedenen Hilfsmittel informiert und aufgeklärt.

Einen weiteren wichtigen Bestandteil der Begleitung der eingeschulten Kinder und Jugendlichen bilden die Maßnahmen zur Förderung der Identität. Hierbei stehen Gespräche mit dem Hörgeschädigten bezüglich der Behinderung im Vordergrund. In Schülerkursen werden die Schüler über die Hörbehinderung informiert. Es erfolgen Klassenlektionen, in denen der Jugendliche befähigt werden soll, über seine Behinderung und den daraus entstehenden individuellen Bedürfnisse zu informieren. Weiter sieht das Konzept die Zusammenführung von integrierten Kindern und Jugendlichen an Nachmittagen oder für ein Wochenende vor.

Bezüglich der Beratung der Eltern, Lehrern, Therapeuten und Behördenmitgliedern erfolgen

- Standortgespräche,
- Kursorganisationen, so z. B. die Organisation und Durchführung von Elternkursen zum Thema Hörbehinderung,
- Organisation und Durchführung von Lehrerkursen zum Thema Hörbehinderung und
- Vorträge in öffentlichen Institutionen und Behörden.

Von Seiten der betreuenden Kräfte werden ebenfalls administrative Aufgaben übernommen. Um die eigene Arbeit zu sichern und zu verbessern, werden Fortbildungen, Hörschädigung und Beratung betreffend, besucht. Weiterhin sind regelmäßige Lektüren von Fachzeitschriften und Büchern Pflicht. In dem Bereich audio-pädagogische Therapie wird das Wissen und das Verständnis um die Auswirkungen einer Hörbehinderung auf die kognitive, emotionale und soziale Entwicklung vorausgesetzt. Wichtig ist auch, dass das Wissen um technische Hilfsmittel und dem Umgang mit ihnen weitervermittelt werden kann.

Eigenverantwortung und Selbständigkeit im Umgang mit der Technik ist zu fördern, ebenso wie Kommunikationskompetenzen, Hörtrainings, Hörtaktiken und

Hörstrategien. Das Wissen um Neuentwicklungen sowie die Kooperation mit Akustikern und Krankenhäusern sind ebenfalls in der audio-pädagogischen Therapie integriert.

In der schulischen Integration steht die Beratung, Information und positive Unterstützung der Lehrkräfte bezüglich neuer Aufgabenfelder („Förderung des hörbehinderten Kindes") im Mittelpunkt. Die kooperative Zusammenarbeit soll durch regelmäßigen Austausch mindestens einmal in der Woche gepflegt werden. Je nach Bedürfnislage soll in einem Teamteaching zusammengearbeitet werden. So sollen die optimalen Voraussetzungen für das hörgeschädigte Kind geschaffen werden, wobei die Bedingungen regelmäßig überprüft werden müssen.

Ein weiterer Bestandteil des Konzeptes ist die Aufarbeitung, Vertiefung und die Vor- und Nachbereitung des Schulstoffes. Es sollen Arbeitstechniken und Lernstrategien erarbeitet und vermittelt werden. Ebenfalls soll die Hör-Sprach-Entwicklung gefördert und überwacht werden. Eine Förderplanung und Absprache mit allen tätigen Pädagogen ist zwingend erforderlich. Bei dem Punkt sozial-emotionale Integration soll die sozial-emotionale Situation des Kindes beobachtet werden. Dazu gehören die Auseinandersetzung mit der eigenen Hörbehinderung sowie den dazu zur Hilfe herangezogenen Bewältigungsstrategien. Es sollen Kommunikationstaktiken erarbeitet, Konfliktlösungen gesucht und besprochen, sowie informative Klassenlektionen zur Sensibilisierung gestaltet werden. Kontakte zu anderen Hörgeschädigten sind zu vermitteln in Form von Lagern, Wochenendfreizeiten und Spielnachmittagen.

Unter dem Punkt Elternunterstützung beschreibt das Konzept die Koordination der Zusammenarbeit zwischen Schule und Elternhaus. Dazu sollten einmal wöchentlich kurze Besprechungen stattfinden. Die Eltern sollen ebenfalls befähigt werden, Probleme und Konflikte zu thematisieren und anzugehen. Der Prozess der Behinderungsverarbeitung soll in der Familie begleitet werden. Der letzte Punkt ist die interdisziplinäre Zusammenarbeit. Hier stehen die Informationsbeschaffung und der Erfahrungsaustausch über neue Technik und Medizin im Vordergrund. Regelmäßige Weiterbildung ganzheitlicher Art werden in diesem Konzept ebenfalls großgeschrieben.

In dem Konzept wird dargestellt, dass im Kanton Zürich die meisten schwerhörigen Kinder die Regelschule besuchen. Aufgrund des Wohnortes werden audiopädagogische Berater zugeteilt, die die Kinder während der ganzen Schul- und eventuell auch Lehrzeit begleitet.

Das Konzept der Kantonalen Beratungsstelle für hörgeschädigte Kinder und Jugendliche in Zürich entspricht weitgehend den Inhalten meines Trainingsseminars. Leider wird der Stundenumfang zur Realisierung der oben aufgeführten Ziele, welche sehr umfassend und aus meiner Sicht auch sehr zeitintensiv sind, nicht beschrieben, ebenso welcher Stundenumfang für die Betreuung letztendlich zur Verfügung steht.

In dem Konzept fehlt eine Beschreibung des Kontaktes mit hörgeschädigten Erwachsenen. Zwar wird der Austausch mit hörgeschädigten Regelschülern untereinander gefördert, aber auch hier werden der zeitliche Umfang und die Häufigkeit weitgehend offen gelassen.

Was ich besonders bemerkenswert finde ist, dass in dem Konzept eine Form der Trauerarbeit in der Elternunterstützung vorgesehen ist. So findet sich unter dem Aspekt der Elternunterstützung der Bereich „Prozess der Behinderungsverarbeitung bei entwicklungsbedingten schulischen und familiären Veränderungen" wieder. Bezeichnet man den Prozess der Behinderungserarbeitung evtl. als eine Form der Trauerarbeit, so ist dies ein Ansatzpunkt, der im Konzept des Landenhofes nicht berücksichtigt wurde.

In beiden Konzepten sind die Informationen über den Bereich Schwerbehinderung so wie rechtliche Ansprüche und Nachteilsausgleiche nicht erwähnt. Es geht nicht daraus hervor, ob sie überhaupt berücksichtigt werden.

2.5.5.2 Österreich

Für das Land Österreich möchte ich ein besonderes Konzept integrativer Beschulung vorstellen.

Frau Strohmeier, Frau Nowak und Herr Schmidt haben in einem Artikel in der Zeitschrift „Hörgeschädigtenpädagogik" (2/2006) das integrativ geführte Oberstufenrealgymnasium für Hörbeeinträchtigte in Wien vorgestellt. Im Schuljahr 2005/06 startete das integrativ geführte Oberstufenrealgymnasium mit 2/3 hörenden und 1/3 hörbeeinträchtigten Schülerinnen und Schülern.

Laut der Autoren war es die Intension des Projekts, vielen begabten, aber hörbeeinträchtigten Schülern zu ermöglichen, die Reifeprüfung abzulegen. Dies gelang vorher nur wenig hochgradig hörbeeinträchtigten Schülern über die Einzelintegration. Durch die nun gezielte Betreuung auch in der Oberstufe werden voraussichtlich viel mehr hörbeeinträchtigte Jugendliche dieses Ziel erreichen.

Die Autoren verweisen auf vergleichbare Projekte im Ausland, bei denen Jugendliche mit ähnlichen Behinderungen bei der Bewältigung von Problemen, die aus dieser Behinderung entstanden, wesentlich erfolgreicher gewesen seien, sobald sie als Gruppe auftreten konnten. Durch die Orientierungsmöglichkeit an der eigenen Gruppe (Integrationsschüler) sei die Entwicklung eines positiven Selbstverständnisses und eines höheren Selbstbewusstseins begünstigt gewesen. Die gleichen Erfahrungen wurden auch am Gisela-Gymnasium in München gemacht. Dabei wird angeführt, dass die ursprünglichen, zur Unterstützung der Integrationsschüler gedachten Maßnahmen auch den hörenden Schülern viele Vorteile gebracht haben. So führt natürlich die verstärkte Visualisierung und klare Strukturierung des Unterrichtsstoffes sowie das frühere Nachfragen der Integrationskinder bei Unklarheiten für alle Schüler zu einem Vorteil.

Die Rahmenbedingungen werden folgendermaßen ausgeführt:
   Für die Betreuung der beeinträchtigten Schüler stehen
   ➢ in der 5. Klasse 32 Stunden,

- in der 6. Klasse 34 Stunden,
- in der 7. Klasse 35 Stunden und
- in der 8. Klasse 36 Stunden zur Verfügung.

Die Klassen bestehen aus 18 hörenden und max. 5 – 6 hörbeeinträchtigten und/oder gehörlosen Schülern. Dabei kommen die hörenden und hörbeeinträchtigten bzw. gehörlosen Schüler aus ganz Österreich. Für die Betreuung der Jugendlichen aus anderen Bundesländern steht ein Internat zur Verfügung. Die spezielle Betreuung der hörbeeinträchtigten bzw. gehörlosen Schüler erfolgt durch das Internat in der Maigasse (BIG). Dort sind Hörgeschädigtenpädagogen angestellt, die durch ihr fachliches und sonderpädagogisches Wissen in der Lage sind, die Schüler vor allem im naturwissenschaftlichen und sprachlichen Bereich zu unterstützen.

Die räumliche Ausstattung der Klassenzimmer ist hörgeschädigtengerecht, insbesondere wurden zur notwendigen Visualisierung des Gesprochenen ein Beamer und eine Spracherkennungssoftware eingesetzt. Hinzu kommt die obligatorische FM-Anlage. Für die Lehrer werden gezielte Fortbildungen ermöglicht.

Laut den Autoren werden folgende Maßnahmen und Hilfsmittel eingesetzt:
- Verstärkte Visualisierung des Unterrichts (Beamer, Overhead-Projektor, Spracherkennungssoftware, etc.)
- akustische Unterstützung durch eine Funkanlage
- zusätzliches Zeitangebot in Prüfungssituationen
- verstärkter Einsatz moderner Medien bei der Präsentation von Arbeitsergebnissen durch die Schüler.

Die Vorteile für die Gruppenintegration Hörbeeinträchtigter im Vergleich zur Einzelintegration lassen sich unter drei Aspekten darstellen.

Einer ist der pädagogische Aspekt. Bei der Einzelintegration sei es immer schwierig, zu unterscheiden, ob ein auftretendes Problem als individuelles Problem des Schülers zu betrachten sei oder ob es sich dabei um ein für diese Beeinträchtigung typisches Problem handelt, das eine spezifische Vorgehensweise erfordert. Bei der Gruppenintegration kann man hingegen zur Problemlösung auf die gesamte von der Beeinträchtigung betroffene Gruppe abstellen und sie eigenverantwortlich Lösungsansätze erarbeiten lassen. Dies findet meist eine größere Akzeptanz bei den Betroffenen.

Der zweite Aspekt ist der psycho-soziale, wobei angeführt wird, dass er den Integrationsschülern Sicherheit gibt, wenn sie sich bewusst sind, dass es auch anderen so geht wie ihnen und dass diese die selben Probleme haben und eine gemeinsame Lösung dieser Probleme produktiver und effektiver ist. Ebenfalls wird von den Autoren angeführt, dass sich durch die gemeinsam erarbeiteten Lösungsansätze die einzelnen Schüler besser identifizieren können. Es wird angeführt, dass die Möglichkeit des Rückzugs in die Gruppe der Gleichbetroffenen oft vor psychisch belastenden Situationen schützen kann. Besonders sei zu beachten, dass die Probleme, die bei der Identitätsfindung auftreten, größtenteils durch die eigene Gruppe aufgefangen oder gelöst werden.

Als dritter Aspekt wird der wirtschaftliche Faktor genannt, bei dem angegeben wird, dass für die Einzelintegration in Wien lediglich pro Schüler 4 Stunden zur Verfügung stehen. Bei einer Gruppenintegration könnten die gleichen Ressourcen gebündelt eingesetzt werden, da sich durch die Zahl der Schüler eine höhere Stundenzahl ergibt.

Insbesondere ist bei diesem Modell der Gruppenintegration der Kontakt mit Gleichbetroffenen im Klassenverband ein wichtiger Aspekt. Vor meinem Training wurde der Aspekt des Kontakts der Hörgeschädigten untereinander als wichtiger Bestandteil von den Teilnehmern genannt. Gerade in der Einzelintegration von hörgeschädigten Regelschülern ist der Kontakt zu anderen Hörgeschädigten oft beeinträchtigt oder unzureichend. Dem gegenüber liegt der Vorteil der Gruppenintegration in dem ständigen Kontakt zu anderen hörgeschädigten Schüler. Auch in meiner Trainingsgruppe zeigte sich, dass in der Gemeinschaft die hörgeschädigten Regelschüler untereinander durch den Austausch von Erfahrungen und auch durch Zusammenarbeit, kreative Lösungsan-

sätze für verschiedene Problematiken hörgeschädigter Menschen im Alltag erarbeiten konnten. Ebenso konnte durch das Feedback der Hörgeschädigten untereinander die Identitätsfindung gefördert und erleichtert werden. Von daher ist die Gruppenintegration hörgeschädigter Schüler ein Lösungsansatz, um einen Kontakt zu Gleichbetroffenen zu fördern. In meinem Training ist dies auch eine Forderung von den Teilnehmern gewesen.

2.6 Kommunikationsformen

Hörgeschädigte Menschen benutzen in der Regel neben der Lautsprache bis zu zwei verschiedene Kommunikationsformen. Dieses ist zum einen die „Lautsprachbegleitende Gebärdensprache" zum anderen die „Deutsche Gebärdensprache".

2.6.1 LBG – Lautsprachbegleitende Gebärden

Die Lautsprachbegleitenden Gebärden werden hauptsächlich von Schwerhörigen und Ertaubten angewandt. Hierbei handelt es sich um Gebärden, die die Lautsprache begleiten bzw. unterstützen. Sie sind an die Lautsprache vollkommen angepasst und haben keine eigenständige Grammatik. Von daher bilden sie keine eigenständige Sprache.

2.6.2   DGS Deutsche Gebärdensprache

Die Deutsche Gebärdensprache wird hauptsächlich von Gehörlosen angewandt und hat eine eigenständige Grammatik, die auf visueller Wahrnehmung beruht. Mimik und Körpersprache sind wesentliche Bestandteile der Grammatik. Die

Deutsche Gebärdensprache ist somit eine eigenständige, vollwertige und ausbaufähige Sprache. Wie die Lautsprache so hat auch die Gebärdensprache ihre Dialekte und länderbedingten Eigentümlichkeiten. Die Gebärdensprache ist nicht international.

Die Gebärden unterscheiden sich durch Handform, Handstellung, Ausführungsstelle und Bewegung voneinander. Der größte Unterschied zur Lautsprache ist die räumliche Darstellung der Gebärdensprache: Personen und Orte können in einem Gespräch sozusagen in der Luft platziert werden und je nach der Bewegungsrichtung von Gebärden zwischen diesen Raumpunkten ändert sich die Bedeutung.

Als Hilfsmittel zum Buchstabieren von Eigennamen oder Vokabeln, deren Gebärden einer oder beide der Gesprächspartner nicht kennen, dient das Fingeralphabet. Hier wird jeder Buchstabe des Alphabets durch die Stellung der Finger dargestellt.

2.7. Psychosoziale Probleme hörgeschädigter Menschen

Zum Aufbau zwischenmenschlicher Beziehungen benötigen Menschen eine gut funktionierende Kommunikation. Dies beinhaltet zum einen ein optimales Funktionieren des Sendens, d.h. des Sprechens, bzw. der Weitergabe von Informationen wie auch des Empfangs, des Hörens von Informationen. Ist die Fähigkeit des Empfangs von Informationen über die Sprache wie beim Schwerhörigen gestört, kann es zu erheblichen Irritationen oder Problemen in der Kommunikation und somit auch beim Aufbau zwischenmenschlicher Beziehungen kommen. Was dem normal hörenden Gesprächspartner oft nicht bewusst ist, ist die Tatsache, dass das Hören und Verstehen, bzw. das Speichern von Informationen und auch deren Verarbeitung, ein komplexer Vorgang ist. Der Hörende nimmt Informationen ganz nebenbei auf und kann diese verarbeiten und im richtigen Kontext darstellen.

Diese Leistung absolviert der normal Hörende im Alltag nebenbei, ohne sich dessen Komplexität bewusst zu sein. Für einen schwerhörigen Menschen gestaltet sich dieses weitaus schwieriger. Das Hören und Verstehen von Wörtern bzw. Informationen ist bei einem Schwerhörigen mit einem wesentlich erhöhten Energieaufwand verbunden. Von daher erschöpfen Schwerhöriger schneller, so dass die Folge ein enormer Abbau der Konzentrationsfähigkeit ist. So lässt sich auch erklären, warum Schwerhörige zu Beginn eines Gespräches oder einer Diskussion leistungs- und aufnahmefähig sind, diese Fähigkeit jedoch im Verlauf des Gesprächs enorm nachlässt. Dies führt bei normal hörenden Menschen zu Irritationen, da diese nicht nachvollziehen können, warum der Schwerhörige auf einmal schlechter versteht. Aussagen wie „Du hast doch bisher alles gut verstanden" oder „Das, was du nicht hören sollst, hörst du, aber das, was du hören sollst, hörst du plötzlich nicht", sind immer wiederkehrende bekannte Aussagen, die jedem Schwerhörigen geläufig sind. Dem hörenden Gesprächspartner bzw. Kommunikationspartner ist oft nicht bewusst, dass zahlreiche Variable bei dem Verstehen von Kommunikationsinhalten eine wichtige Rolle spielen. Folgende Variable wirken sich nach Wolfgang Wirth in der Kommunikation von Hörgeschädigten mit Hörenden wie auch mit Hörgeschädigten aus:

- Nebengeräusche, z.B. Straßenlärm
- Beleuchtung (eine optimale Beleuchtung führt dazu, dass das Mundbild in der Kommunikation mit den Kommunikationspartnern miteinbezogen werden kann)
- Tagesform und Tageszeit (je später am Tag eine Kommunikation stattfindet, desto größer ist die Wahrscheinlichkeit, dass der Hörgeschädigte bereits zu erschöpft ist, um das Gesprochene adäquat aufzunehmen und verarbeiten zu können)
- Sprechgewohnheiten des Kommunikationspartners (Dialekte oder/und nicht hörgeschädigtengerechtes Kommunikationsverhalten, wie z. B. das Nichtanschauen, das nuschelige Sprechen, lange Sätze mit vielen Nebensätzen und eine undeutliche Aussprache, erschweren das Verstehen)

Faktoren bei den Hörgeschädigten:

- ➢ Absehfähigkeit des Hörgeschädigten
- ➢ Kombinationsfähigkeit des Hörgeschädigten (bei Missverständnissen oder missverstandenen Begriffen kann durch die Kombinationsfähigkeit des Hörgeschädigten diese aufgeklärt werden. Ist das Thema z.B. Schule, der Hörgeschädigte versteht jedoch immer Schuhe, gelingt es ihm, durch das Wissen um das Thema den richtigen Begriff einzuordnen)
- ➢ Kontextwissen (für einen Hörgeschädigten ist es immer wichtig zu wissen, über welches Thema gerade gesprochen wird)
- ➢ Psychologische Aspekte in der Kommunikation
- ➢ Sympathie und Antipathie (natürlich spielt für die Effektivität einer Kommunikation auch die Gefühlsbeziehung zu dem Gegenüber eine wichtige Rolle. So kann Antipathie dazu führen, dass bestimmte Inhalte nicht im richtigen Kontext verstanden werden)
- ➢ Selbstsicherheit (ist der Hörgeschädigte unsicher in der Kommunikation, treten in der Regel vermehrt Missverständnisse auf, da die Ressourcen zur Aufnahme und der Verarbeitung von Informationen bei selbstunsicheren Menschen relativ schnell erschöpft sind)
- ➢ Frustrationstoleranz (bei Hörgeschädigten, die eine geringe Frustrationstoleranz aufweisen, führen Probleme in der Kommunikation und/oder Misserfolge rasch zu einer Resignation oder zu einem aggressiven Verhalten. Diese beiden Variablen erschweren die Kommunikation erheblich)

Betrachtet man die Fülle der oben aufgezählten Variablen, so ist es nicht verwunderlich, dass Hörgeschädigte in der Kommunikation mit normal hörenden, aber auch mit hörgeschädigten Menschen, einem enormen Stress ausgesetzt sind. Die Unkenntnis des hörenden Gesprächspartners über die besondere Problematik von Hörgeschädigten bzw. das Nichtvermögen von Hörgeschädigten, eine adäquate Kommunikationstaktik anzuwenden, d.h. den Hörenden über seine Hörschädigung und Bedürfnisse aufzuklären, führt dazu, dass die Kommunikation von beiden Seiten oft als belastend und unangenehm empfunden wird. Dies hat natürlich erhebliche Auswirkungen sowohl auf den Schwerhörigen als auch auf den normal hörenden Gesprächspartner und somit auf den zwischenmenschlichen Bereich, was ich in den nächsten Kapiteln detaillierter darstellen werde.

Der pathogene Einfluss einer erworbenen Hörschädigung auf die psychische Stabilität und die Gesundheit bei einem Hörgeschädigten werden durch Ergebnisse von Weinstein et. al. (1982) und Eastwood et. al. (1985) belegt. Richtberg (1980) stellt in seiner Arbeit „Hörbehinderung als psychosoziales Leiden" beeindruckend dar, inwieweit die Hörschädigung auch ein enormer Leidensfaktor ist.

2.7.1 Aufmerksamkeitsfocus

Der Aufmerksamkeitsfocus stellt dar, mit welchen Fragen sich Menschen in realen oder phantasierten sozialen Interaktionen vorrangig beschäftigen (Vergleiche Woody et. al. 1997).

So gibt es einen Aufmerksamkeitsfocus, der sich nach innen bzw. auf das Selbst richtet. Dabei spielen Fragen wie: Werde ich versagen? Was soll ich als Nächstes sagen oder tun? Was für einen Endruck mache ich auf andere Personen? Wie aufgeregt bin ich? Was mache ich, wenn ich versage? etc. eine große Rolle. Übertragen auf hörgeschädigte Menschen ergeben sich Fragen wie: Habe ich alles richtig verstanden? Gebe ich die richtige Antwort? Was denkt der Gesprächspartner von mir, wenn ich nicht richtig verstehe? Hält er mich evtl. für dumm? Wie kann ich in einer peinlichen Situation reagieren? Soll ich ihm sagen, dass ich schwerhörig bin? etc..

Diese für Schwerhörige typischen Fragen werde ich später anhand des Modells „Das innere Team" von Schulz von Thun nochmals auflisten. Diese Fragen zeigen aber auch, unter welchem Druck hörgeschädigte Menschen während einer Kommunikation stehen.

Betrachten wir den Aufmerksamkeitsfocus, der sich nach außen richtet, ergeben sich z. B. Fragen wie: Wie sieht die andere Person aus? Wie ist sie gekleidet? Wie fühlt sich die andere Person? Was denke ich gerade über die andere Person? Was sagt oder tut die andere Person? etc.. In der der Wahrnehmung des Hörgeschädigten wird deutlich, dass der normal hörende Gesprächspartner als der überlegene Gesprächspartner erlebt wird. Oft haben Hörgeschädigte in der Kommunikation mit normal Hörenden ein latentes Gefühl von Minderwertigkeit, da sie nicht dieselbe Kommunikationsleistung wie der normal Hörende erbringen können. Kommen zudem missverständliche Situationen in der Kommunikation zustande, verstärkt sich dieses Gefühl enorm. Das Gefühl der Hilflosigkeit, in einem Gespräch die Kontrolle zu verlieren oder sie nicht zu haben, führt dazu, dass man sich gegenüber dem Gesprächspartner oft als ungleichgewichtig bzw. minderwertig empfindet. Dieses Gefühl der Komplementarität wird natürlich durch Reaktionen des Gegenübers verstärkt. So werden von Hörgeschädigten oft Situationen geschildert, in denen die Kommunikationspartner bei einer falsch gegebenen Antwort in ein heiteres Gelächter ausbrechen. Dies führt in der Regel zu Schamgefühlen und verstärkt somit auch zu beobachtende Rückzugstendenzen.

So habe ich z. B. bei einem „Tag der offenen Tür" in der Schule meines Bruders seine Klasse besucht. Bei einem Frage-Antwort-Spiel, an dem ich mich beteiligen wollte, hatte ich nicht mitbekommen, dass die Frage schon beantwortet worden war. Als ich mich mit großer Überwindung dazu entschlossen hatte, eine Antwort zu geben, gab ich die Antwort auf die falsche Frage. Heiteres Gelächter (auslachen kann man es auch nennen) in der Klasse war die Folge. Den restlichen Verlauf dieses Spiels verharrte ich schwer gekränkt und still an meinem Platz.

2.7.2 Umgang und Akzeptanz mit der Behinderung Hörschädigung

Der Umgang und die Akzeptanz mit der Behinderung Hörschädigung sind von vielen Faktoren abhängig. Zum einen bildet der Grad der Hörbehinderung einen wichtigen Aspekt. Sollte ich an einer geringfügigen Hörbehinderung leiden, so dass es mir mit einer adäquaten Hörhilfe möglich ist, Gesprächen gut zu folgen, wird es mir die Annahme der Behinderung natürlich erleichtern. Ist die Hörbehinderung bis zum Grad der an Taubheit grenzenden Schwerhörigkeit stärker ausgeprägt, so erfahren Hörgeschädigte in Kommunikationssituationen erheblich mehr Grenzen und dementsprechend auch mehr Misserfolgserlebnisse. Die Gefahr, dass der Hörgeschädigte dabei sozial unsicher wird, ist mit einer hochgradigen Hörschädigung größer. Weitere Variablen sind z. B. die von dem Hörgeschädigten angewandte Kommunikationstaktik, der Umgang mit der Hörbehinderung in der Familie, sowie bisherige Erlebnisse in der Kommunikation mit Kommunikationspartnern. Ein wichtiger Aspekt ist hierbei die familiäre Situation. So habe ich häufig erlebt, dass die Hörschädigung von den übrigen Familienmitgliedern oft als nicht so gravierend wie von dem Betroffenen selbst eingeschätzt wurde. Die Auswertung der Fragebögen an die Eltern und Lehrer bestätigte diesen Aspekt.

Dies ist wiederum darauf zurückzuführen, dass für die Familienmitglieder objektiv nicht ersichtlich ist, warum der Hörgeschädigte in unterschiedlichen Situationen unterschiedlich „gut" hört. Ein weiterer Aspekt ist auch die Begleitung die Familie in der Verarbeitung der Traumatisierung. In der Bundesrepublik Deutschland besteht z. Zt. kein Konzept, das für die psychosoziale Versorgung traumatisierter Eltern bei der Erstdiagnose Hörschädigung bei ihrem Kind zur Verfügung steht. In der Regel wird bei der Erstdiagnose nur der Aspekt der Frühförderung bzw. der technischen Kompensierung der Hörschädigung thematisiert.

In einer Untersuchung von Professor Löhle mit dem Thema „ Familien von Kindern mit einem Hörgerät – Krankheitsverarbeitung und Psychosozialer Betreuungsbedarf" stellt dieser dar, wie wichtig die Haltung der Eltern gegenüber dem hörbehinderten Kind und die Auswirkung der Hörbehinderung auf die gesamte Familie ist. Bei dieser Untersuchung wurden 186 Eltern angeschrieben, wobei der Rücklauf 41,4 % betrug. Die Ergebnisse liefern Hinweise für eine deutliche psychische Belastung von Müttern und Vätern hörgeschädigter Kinder. Eine hohe Belastung wurde von nahezu allen Eltern zum Zeitpunkt der Mitteilung der Diagnose beschrieben. 15 % der Mütter und 5 % der Väter wünschten sich direkt eine psychotherapeutische Betreuung in der Anfangsphase, ein Drittel der Mütter und ein Sechstel der Väter hätten einen Gesprächspartner zum Verständnis für ihre Probleme gebraucht. Die Untersuchung legt dar, dass es neben der bisherigen Versorgung der Schwerhörigkeit des Kindes durch Frühförderung und technische Versorgung auch ein erheblicher Förderbedarf für die Verarbeitung des Traumas der Eltern gibt. So wird durch diese, sich manifestierende Lebenskrise nach Manfred Hintermair (2003) die Wahrnehmung der Eltern in Bezug auf ihr Kind stark verändert. Den Signalen des behinderten Kindes kann von den Eltern möglicherweise nicht mit der erforderlichen Feinfühligkeit begegnet werden. Dies kann zum einen an den Signalen selbst liegen und zum anderen daran, dass die Diagnose der Hörschädigung sehr viel Energie von den Eltern verbraucht (siehe auch Satir). Verunsicherungen schleichen sich in die Beziehung ein und erschweren eine sichere Beziehungsentwicklung, die auf eine emotional warme und verständnisvolle Beziehung durch die engsten Bezugspersonen, in der Regel sind dies die Eltern, beruht. Eine frühzeitig eingeleitete Trauerarbeit kann der eben beschriebenen Entwicklung positiv entgegen wirken.

In meinem Artikel „Trauerarbeit von Eltern bei der Diagnose „Hörschädigung"" (2005) stelle ich, analog zu der Trauerarbeit der hörgeschädigten Kinder, ein 4-stufiges Modell dar.

Trauerarbeit bei den Eltern wird in der Regel nicht behandelt. So habe ich oft erlebt, dass viele Eltern die Hörschädigung ihres Kindes entweder relativieren oder deutlich überschätzen. In den seltensten Fällen erlebte ich eine angemessene Beurteilung der Hörschädigung des eigenen Kindes. So wird ein Kind, das in seiner Hörschädigung von seiner Familie nicht dem Schwerhörigkeitsgrad entsprechend eingeschätzt wird, immer wieder mit überfordernden Situationen konfrontiert. Viele Familien neigen dazu, in vielen Situationen nicht die angemessene Rücksicht in der Kommunikation mit ihrem Kind zu zeigen. Eine typische Situation sind Familienfeste, bei denen im größeren Kreis in einer geräuschvollen Umgebung Kommunikation querbeet durch den Raum stattfindet. Aus eigener

Erfahrung, aber auch durch Rückmeldungen in meiner Arbeit mit Hörgeschädigten sowie den fünf Jugendlichen meiner Dissertation, wurde mir bestätigt, dass derartige Situationen als sehr verletzend empfunden wurden.

Sich in einem Raum voller interaktiver und kommunikativer Menschen einsam zu fühlen und ausgeschlossen zu sein, ist ein psychisch sehr schwer kompensierbares Gefühl. Dies führt oft dazu, dass man zum einen sich gekränkt und verletzt fühlt, aber dennoch seine Kommunikationstaktik bzw. seine Bedürfnisse nicht einfordert, um die familiäre Umgebung nicht zu belasten. So ist das Nicken oder Bejahen auf Fragen oder Aussagen von Familienmitgliedern, die nicht verstanden wurden, ein gängiges Mittel der Kommunikationstaktik. Dass dies zu weiteren Missverständnissen und Irritationen führen kann, wird oft in Kauf genommen. Ein adäquater Umgang mit der Behinderung ist somit praktisch nicht möglich. Zur Akzeptanz der Behinderung gehört es, mit dieser offensiv umzugehen. Der offensive Umgang mit der Behinderung beinhaltet das Tragen von Hörhilfen - wenn möglich sichtbar - sowie das Anwenden von aktiver Kommunikationstaktik. Von daher nimmt die Kommunikationstaktik einen zentralen Punkt in der Arbeit mit hörgeschädigten Jugendlichen ein. Hinzu kommt, dass das hörgeschädigte Kind oder der hörgeschädigte Jugendliche bereits in seiner Vergangenheit zahlreiche Situationen erlebt hat, in denen die eigene Behinderung als belastend empfunden wurde. Insbesondere spielt hierbei die vermeintliche negative Beurteilung durch andere eine zentrale Rolle. Betrachtet man die negative Konsequenz von Antizipationen sozial unsicherer Patienten, so erkennt man viele Parallelen im inneren Aufmerksamkeitsfocus hörgeschädigter Menschen.

Hier die Aufzählung für negative Konsequenzantizipationen sozial unsicherer Menschen nach Hinsch und Pfingsten (2002):

- ➢ Ich werde etwas Falsches tun oder sagen.
- ➢ Ich werde einen schlechten Eindruck machen.
- ➢ Die anderen werden merken, wie unsicher und ängstlich ich bin.
- ➢ Die anderen werden sich eine ungünstige Meinung über mich bilden.
- ➢ Sie bekommen ein ganz falsches Bild von mir.

➢ Sie werden mich unsympathisch oder unattraktiv finden.
➢ Sie haben etwas an mir auszusetzen oder zu kritisieren.
➢ Sie halten mich für albern oder lächerlich.
➢ Sie halten mich für langweilig, unbedeutend oder wertlos.
➢ Sie finden etwas Abstoßendes oder Unangenehmes an mir.
➢ Sie denken etwas über mich, was ich nicht kontrollieren kann.
➢ Sie bekommen einen Eindruck von mir, den ich nie wieder rückgängig machen kann.

In zahlreichen Gesprächen mit hörgeschädigten Klienten in der Therapie sowie auch im Freundeskreis wurden diese negativen Konsequenzantizipationen als Empfindungen in Kommunikationen häufig von Hörgeschädigten geäußert.

So ein innerer Aufmerksamkeitsfocus führt dazu, dass die Behinderung als etwas Belastendes und für andere Gesprächspartner als etwas Negatives empfunden werden könnte. Von daher werden diese Hörgeschädigten alles tun, um ihre Behinderung nicht offensiv zu zeigen. Die Akzeptanz der Behinderung bzw. der Umgang mit der eigenen Behinderung im produktiven Sinne beinhaltet das Nutzen aller technischen Möglichkeiten, wie ein sichtbares Tragen von Hörgeräten und eine aktiv angewandte Kommunikationstaktik. Bei zahlreichen Trainings in Schulen für Hörgeschädigte in Bremen, Hamburg, Potsdam und Schleswig wurde deutlich, dass diese von Geburt an hörgeschädigten Jugendlichen diese Kommunikationstaktik zum einen nicht kennen, zum anderen bei Kenntnis nicht anwenden. Die zentrale Aussage dabei ist, den Gesprächspartnern nicht mitzuteilen, dass man hörbehindert sei. Unter den Jugendlichen, die an meinem Training teilnahmen, befand sich nur eine Person, die im positiven Sinne offensiv mit ihrer Hörschädigung umgeht, sowohl eine ausreichende Technik benutzt als auch die Kommunikationstaktik anwendet. Auffällig war hierbei, dass die an Taubheit grenzende Hörschädigung bei ihr andere Vermeidungsformen oder Taktiken nicht mehr zuließen.

2.7.3 Stigma-Identitäts-These

Nachfolgende Kapitel 2.7.3 und 2.7.3.1 entstammen der Zeitschrift „hk" 1/07.

Die Hörschädigung eines Menschen ist in unserer Gesellschaft immer noch ein Stigma. Goffman beschreibt mit Stigma eine Eigenschaft einer Person, "die zutiefst diskreditierend ist"(Goffman, 1967). Betrachtet man die Aussagen hörgeschädigter Menschen bzgl. ihrer Empfindungen im Zusammenhang mit ihrer Hörschädigung, bestätigt sich die oben genannte Definition. So wird der defensive Umgang mit der Hörbehinderung oft darin begründet, das der Gesprächspartner bei Kenntnis der Hörbehinderung diese im Focus seiner Wahrnehmung stellen und daraufhin sein Gegenüber nur noch ausschließlich unter diesem Defizit negativ wahrnehmen würde. Goffman nennt diesen defensiven, verheimlichenden Umgang mit der Hörschädigung täuschen. Solange der Hörgeschädigte sich nicht selbst outet, also auch keine äußeren Zeichen seiner Behinderung trägt, gilt er als normal und ist nicht diskreditiert, jedoch leicht diskreditierbar. Damit bewegt er sich immer in einem emotionalen Spannungsfeld. Auch wird der Hörgeschädigte einige Ambivalenzen sich selbst gegenüber empfinden, da er z. B. der Umwelt eine andere Person vorspielt als er selbst eigentlich ist. Vergleicht er sich selbst mit anderen Stigmatisierten, so z. B. dem Gehörlosen, ist er ja hörend.

Die Grundannahme der Stigma-Identitäts-These nach Cloerkes lautet, das stigmatisierende Zuschreibungen zwangsläufig zu einer massiven Gefährdung bzw. Veränderung der Identität von Menschen führt.

Geht man von der Grundannahme aus, dass Menschen danach streben, positive Erfahrungen zu maximieren und negative Selbsterfahrungen zu minimieren, wird deutlich, unter welchem Druck hörgeschädigte Menschen stehen.

So weist die Stigma-Identitäts-These daraufhin, dass Stigmatisierungen zu einer Bedrohung des Selbst führen. Da jedoch jeder vorrangig bemüht ist, zu einer positiv geprägten Identität zu kommen (So wie ich bin, bin ich okay und mag ich mich), führt die Bedrohung des Selbst durch das Stigma zu Identitätsproblemen. Um dem zu entgegen zu wirken, entwickelt der Mensch Identitätsstrategien. Dazu führt Cloerke die folgenden Strategien auf. In den Klammern habe ich häufig geäußerte Aussagen hörgeschädigter Menschen aufgeführt.

- Zuschreibungen selektiv, verzehrt wahrnehmen (Er hat gesagt, ich höre noch ganz gut)
- Zuschreibungen überspielen (Trotz der Schwerhörigkeit verstehe ich alles)
- Zuschreibungen herunterspielen (Auch wenn ich nicht alles verstehe, bin ich zufrieden)
- Zuschreibungen widersprechen, Kompetenz der Zuschreibenden anzweifeln (Der kennt mich gar nicht, der hat keine Ahnung über meine Hörschädigung / Der ist hörend, der kann sich nicht einfühlen)
- Zuschreibungen leugnen, für unwahr/oder unwichtig erklären (Ich weiß nicht, warum ich auf der Schwerhörigenschule bin)
- Mängel durch Überbetonung anderer Qualitäten kompensieren (ein schwerhöriger Schüler : „Ich werde Profifußballer, da spielt meine Hörschädigung keine Rolle")
- Entschuldigung für das „Versagen" und/oder das „abweichende" Verhalten anführen (Das hat mit der Schwerhörigkeit nichts zu tun, ich bin nur müde und kann mich nicht konzentrieren)
- Unangenehme Interaktionen abbrechen (Der hörende Kollege mag mich nicht, mit dem rede ich nicht mehr)
- Andere Bezugsgruppen suchen und in sie hineinwechseln (Im Schwerhörigenverein höre ich noch am besten von allen)

Das Versagen dieser Strategien führt zu einer beschädigten Identität. Dies kann dann einen Rückzug in der Gruppe der „Seinesgleichen" zur Folge haben oder die Fügung in die Randgruppenexistenz. Weitere Folgen können Isolation, Ausgliederung, Kontaktverlust und Desintegration sein.

Betrachtet man das häufig zu beobachtende Streben hörgeschädigter Menschen nach der Integration in die „hörenden Welt" (Aussage eines schwerhörigen Schülers: „Ich möchte doch nicht anders als normal sein, wie ein Hörender), wird deutlich, wie bedrohend die oben genannten Folgen einer beschädigten Identität sind.

Die Stigma-Identitäts-These, insbesondere die Darstellung der Identitätsstrategien, machen deutlich, warum hörgeschädigte Menschen oft nicht in der Lage sind, offensiv mit ihrer Hörschädigung umzugehen bzw. Kommunikationstaktik im Sinne der „ 5 Sätze „anzuwenden. Dies wäre ihrer Meinung nach konträr zu den Identitätsstrategien. Problematisch ist, dass die Anwendung dieser Identitätsstrategien im ersten Augenblick als entlastend empfunden wird. Aber gerade bei einer Hörbehinderung werden die Probleme im zwischenmenschlichen Kontakt durch das Vermeiden von Kommunikationstaktik potenziert und das Stigma durch evtl. weitere Zuschreibungen („man, ist der doof") verstärkt.

2.7.3.1 Lösungsansätze

Nach den oben dargestellten Gesichtspunkten stellt das Training von Kommunikationstaktik und damit verbunden der offensiver Umgang mit der Hörschädigung eine Bedrohung für den hörgeschädigten Menschen bzw. seiner Identität dar. Jetzt kommt das Konzept des Empowerment zum Tragen. Im Sinne der so genannten Stärken-Perspektive (Saleebey 1997), die davon ausgeht, das es fruchtbarer ist, an dem anzusetzen, was einer kann, als ihm ständig sein Defizit bzw. sein Versagen vor Auge zu führen, wird Kommunikationstaktik in Form von Empowerment vermittelt. Hierzu führte ich verschiedene Übungen durch, welche die Interdependenz in der Kommunikation zwischen dem gut hörenden Gesprächspartner und dem hörgeschädigten Gesprächspartnern verdeutlichen soll. Ist dem hörgeschädigten Teilnehmer die Interdependenz bewusst, findet in einer weiteren Übung ein Rolltausch statt. In dieser Übung erhält der hörgeschädigte Teilnehmer die Aufgabe, einen blinden Menschen über die Straße zu führen. Hierbei lassen sich bei fehlender Hilfestellung des Sehbehinderten erhebliche Verunsicherungen bei dem hörgeschädigten Teilnehmer beobachten. Die Verunsicherung zeigt sich in den Fragen: „Wo soll ich anfassen?", „ Soll ich ziehen?", „Wann sage ich die Stufe an und wie" etc. Analog zu den Verunsicherungen gut hörender Gesprächspartner im Gespräch mit Hörgeschädigten (Wie kann ich so sprechen, das er mich versteht; Er hat mir eine unsinnige Antwort gegeben, wie soll ich reagieren.) erziele ich eine Nachfühlbarkeit. Dies führt zu der Erkenntnis, dass es hilfreich ist, wenn der Sehbehinderte mich einweist (Bitte haken Sie sich ein und bleiben zu im normalen Schritttempo auf gleicher Höhe). Dies wird in einem anschließenden Rollenspiel nochmals dargestellt und dann auf die Kommunikationssituation zwischen Guthörenden und Hörgeschädigte übertragen. Im reflexiven Sinne von Empowerment erlangt der Hörgeschädigte durch die Anwendung der Kommunikationstaktik nun eine Handlungskompetenz, die es ihm ermöglicht, aktiv und positiv das Gespräch zu gestalten. Zwar wird durch den offensiven Umgang mit der Hörschädigung die stigmatisierende Eigenschaft deutlich, aber nun ist das Stigma reframt. Eine weitere Definition von Stigma macht den Prozess des Reframing deutlich. Die Gesellschaft legt die Kategorien und die Attribute fest, die als Stigma gelten. Wenn also eine diskreditierende Eigenschaft in einem anderen Rahmen bzw. Licht erscheinen kann, kann sie wieder der Norm entsprechen und verliert ihre negative Zuschreibung.

Dies wäre bei der Anwendung von Kommunikationstaktik der Fall. So erfährt der hörgeschädigte Teilnehmer von dem gut hörenden Gesprächspartner Wertschätzung und Dankbarkeit, da dieser nun durch die Informationen des Hörgeschädigten sicher und entspannt an der Kommunikation teilnehmen kann. Er wird die Kommunikationstaktik als Kompetenz des Hörgeschädigten bewerten und anerkennen. Hörgeschädigte, die in einem Bewerbungsgespräch oder am Arbeitsplatz und im Alltag Kommunikationstaktik anwandten, haben mir dies bestätigt.

2.7.4. Probleme in der Kommunikation

Nach dem Brückenmodell von Joachim Müller (2006), der die Kommunikation als eine Brücke beschreibt, lässt sich folgendes Bild darstellen:

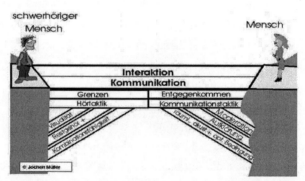

Abb. 2 Kommunikationsbrücke nach J. Müller (2006)

Eine Kommunikationsbrücke wird immer von zwei Seiten gebaut. Auf der einen Seite steht der Hörgeschädigte, der zum einen adäquat technisch versorgt ist, zum anderen den hörenden Gesprächspartner aufklärt, was seine Bedürfnisse sind. So wird er in der Regel nach kommunikationstaktischen Prinzipien optimale Gesprächsbedingungen schaffen. Dies bedeutet, dass er Lärmquellen, soweit sie ausschaltbar sind, beseitigt oder schon vor Beginn des Gespräches an vermeidet. Dies fängt bei der Ortsauswahl des Gespräches an. So ist es z. B. günstiger, ein Gespräch in einem ruhigen Raum zu führen, anstatt mit dem Gesprächspartner in eine Kneipe oder in ein Restaurant zu gehen. Des Weiteren wird der Schwerhörige dafür sorgen, dass optimale Lichtverhältnisse vorhanden sind. Sobald er einen Raum betritt, wird er sämtliche Lichtquellen nutzen, indem er sie einschaltet. Er hat dafür Sorge zu tragen, dass sein Gesprächspartner nicht am Fenster sitzt, so dass sein Mundbild nicht im Schatten liegt. Selbstverständlich trägt er Hörgeräte und hat Batterien dabei, falls die Leistung der alten Batterie nachlassen sollte. Er wird seinen Gesprächspartner bitten, ihn beim Sprechen anzuschauen, damit er vom Mund absehen kann. Des Weiteren wird er ihn bitten, langsam und deutlich zu sprechen und kurze Sätze zu verwenden. Somit hat der Hörgeschädigte seinen Teil der Brücke gebaut.

Der normal Hörende sieht sich jetzt in der Position, die von dem Hörgeschädigten an ihn herangetragenen kommunikationstaktischen Bedingungen umzusetzen. Das heißt, dass sein Teil des Brückenbaus damit beginnt, dass er den Hörgeschädigten beim Gespräch anschaut. Des Weiteren sollte er langsam und deutlich sprechen und wenn möglich nur kurze Sätze verwenden. Sollte der hörende Gesprächspartner diese Aspekte der Kommunikation umsetzen, so ist die Kommunikationsbrücke vollständig errichtet. Somit kann eine funktionierende Kommunikation stattfinden, d.h. der Schwerhörige kann der Kommunikation folgen, sie verstehen und sich aktiv an ihr beteiligen. Die Hauptvariablen beim Funktionieren der Kommunikationsbrücke sind zum einen die angewandte Hör- und Kommunikationstaktik des Hörgeschädigten, zum anderen die Bereitschaft des Gesprächspartners, sich auf die Kommunikationsbedingungen und Bedürfnisse des Hörgeschädigten einzulassen. Ist eine der beiden Variablen nicht vorhanden, findet eine Störung in der Kommunikation zwischen den beiden Gesprächspartnern statt.

Dabei ist zum einen die Unkenntnis vieler Hörgeschädigter über die kommunikationstaktischen Möglichkeiten zu beobachten, zum anderen aber auch die mangelnde Fähigkeit des hörenden Gesprächspartners, die Bedürfnisse des Hörgeschädigten umzusetzen. Dies geschieht in der Regel nicht boshaft, sondern kommt aus einer Situation des Ungewohnten heraus. Normal hörende Menschen können sich miteinander unterhalten, ohne dass sie sich dabei anschauen müssen. Auch ist es in der Regel so, dass unter dem Wirtschaftlichkeitsprinzip möglichst viel Information in kurzer Zeit weitergegeben werden muss. Dies führt dazu, dass schnell gesprochen wird und in der Regel viele Nebensätze benutzt werden. Die für Hörende neue Situation, den Gesprächspartner anzuschauen und die Bedürfnisse des hörgeschädigten Gesprächspartners zu erfüllen, führt oft zu einer tiefen Verunsicherung bei den normal hörenden Gesprächspartnern. Ähnliches ist aber auch bei anderen zwischenmenschlichen Kontakten von Behinderten und Nichtbehinderten zu beobachten.

Die gleiche Verunsicherung lässt sich beobachten, wenn ein blinder Mensch einen sehenden Menschen bittet, ihn über die Straße zu führen. Der sehende, nicht behinderte Mensch ist zutiefst verunsichert, da er nicht weiß, wo und wie er den sehbehinderten Menschen führen bzw. anfassen soll. Auch hier zeigt das Beispiel, dass durch eine gute Information seitens des Behinderten Unsicherheiten und Ängste abgebaut werden. In der Regel wird ein Sehbehinderter den Sehenden aufklären, wie und wo er ihn anzufassen bzw. einzuhaken hat. Mit dieser Information erlangt der nicht behinderte Mensch Sicherheit und wird diese Situation gut managen können.

Dies lässt sich auch in Rollenspielen gut darstellen, indem man zwei Hörgeschädigte bittet, dass der eine den Part des Blinden übernimmt und der andere den Part des normal Sehenden. Die daraus entstehende Verunsicherung auf beiden Seiten lässt sich somit fühlbar machen und im Anschluss in der Diskussion auf die Situation von Hörgeschädigten und normal Hörenden übertragen. Es wird deutlich, dass gute Kommunikationstaktik bzw. gute Information über die Behinderung Sicherheit in der Kommunikation zwischen Hörgeschädigten und nicht hörgeschädigten Kommunikationspartnern schafft.

Wie schon bereits erwähnt, sind meine Erfahrungen in dem Training hörgeschädigter Jugendlicher in Kommunikationstaktik und sozialer Kompetenz sehr ernüchternd, da ich immer wieder feststellte, dass hörgeschädigte Jugendliche Defizite in dem Bereich Kommunikationstaktik/Hörtaktik und soziale Kompetenz aufweisen. Von daher werden sie später Probleme haben, aktiv für eine gut funktionierende Kommunikation im Sinne der Kommunikationsbrücke zu sorgen.

2.7.5. Probleme im zwischenmenschlichen Bereich

Wie bereits erwähnt, fühlen sich viele Hörgeschädigte in der Kommunikation mit Hörenden nicht gleichwertig. Bestimmte Kommunikationssituationen führten in der Vergangenheit oft zu unangenehmen Erfahrungen, wobei Gefühle wie Scham, Schuld oder psychischer Schmerz ausgelöst wurden. Diese Gefühle werden dann mit der betreffenden Situation verknüpft und geraten so in einen Kreislauf. Solche klassischen Konditionierungsprozesse spielen bei der Entstehung sozialer Ängste eine wesentliche Rolle. Zu beachten dabei ist, dass sich die Konditionierungstheorie weiter entwickelt hat (Vergleich Merckelbach et. al.1996, Mineka und Zinbarg 1995). Die vorher erlebten Kommunikationssituationen hatten oft eine Traumatisierung zur Folge. Endres und Moisl (1998) sprechen hierbei auch von kumulativen Mikrotraumatisierungen, die sich zunehmend im Leben anhäufen und zu pathologischen Krankheitsbildern führen. Butollo (1998) bezeichnet traumatisierende Erfahrungen, welche länger andauern oder sich immer wieder wiederholen, als Traumata des Typs II. Es treten anhaltende und wiederholt schwere Stressoren auf. Von Butollo (2003) wird weiterhin aufgeführt, dass das Trauma des Typs II zu Gefühlen wie Wertlosigkeit und Scham führen kann. Ebenso können Interaktionsschwierigkeiten die Folge sein des Trauma Typs II sein. In der Regel folgt einer Traumatisierung die Angst, dass sich diese Situationen wiederholen könnten. Von daher folgt jedem Misserfolg in der Kommunikation eine größere Angst vor der nächsten kommunikativen Situation. In der Regel neigen Hörgeschädigte dann dazu, in kommunikativen Situationen, sofern sie sich nicht vermeiden lassen, entweder die Kontrolle durch Gesprächsführung zu übernehmen oder die Fassade aufrecht zu erhalten, sie hätten alles verstanden. Auch hier lassen sich konform zur Selbstpräsentationstheorie sozialer Ängste (vergleiche Larry und Kowalski 1995) ähnliche Empfindungen bei hörgeschädigten Menschen finden. Nach der Selbstpräsentationstheorie entstehen soziale Angst immer, wenn jemand einen ganz bestimmten Eindruck auf andere machen möchte, d.h., wenn er sich anderen in einer ganz bestimmten Weise präsentieren möchte und Zweifel hat, ob dies gelingen wird. Dieses oben beschriebene Gefühl findet sich bei Hörgeschädigten genauso wieder. Vor jedem Gespräch erhoffen sie sich, dass die Kommunikation trotz der Hörbeeinträchtigung gelingen wird und bei dem Gesprächspartner ein guter Eindruck entsteht. Daraus resultierend kommt es natürlich immer wieder zu einer Überforderung. Zum einen, weil der eigene Anspruch bzw. die eigene Grenze der Behinderung nicht adäquat erkannt wird und zum anderen, weil es immer wieder zu Misserfolgserlebnissen kommt.

Insbesondere wird ein Aspekt in der zwischenmenschlichen Kommunikation zwischen dem Hörgeschädigten und dem normal hörenden Gesprächspartner vergessen. Der hörende Gesprächspartner reagiert ebenfalls mit Verunsicherung und Ängsten auf die für ihn ungewohnte Situation. Er hat es nicht gelernt, sich auf sein hörgeschädigtes Gegenüber einzustellen. Der normal Hörende ist daran gewöhnt, dass das, was er sagt, aufgenommen und verarbeitet wird. In einer Situation, wo der Hörgeschädigte äußert, dass er ihn nicht verstanden habe oder er den Eindruck bekommt, dass der Hörgeschädigte ihn nicht versteht, gerät der normal hörenden Gesprächspartner in Stress. Erschwert wird die Situation durch die nicht angewandte Kommunikationstaktik des Hörgeschädigten. Es wird ein Gefühl der Angst und der Verunsicherung ausgelöst, so dass solche Gesprächssituationen zukünftig gemieden bzw. reduziert werden. Die Folge ist, dass der normal Hörende nicht das Gespräch mit Hörgeschädigten sucht, sondern den Kontakt eher vermeiden wird, um den Gefühlen der Unsicherheit und der Angst nicht wieder ausgesetzt zu sein. Der hörgeschädigte Gesprächspartner wundert sich wiederum, warum der normal hörende Gesprächspartner sich zurückzieht und Gesprächssituationen vermeidet. In der Regel wird der hörgeschädigte Gesprächspartner in seinem Defizit und insbesondere in seinem Bild, ein unattraktiver Gesprächspartner bzw. als Behinderter eine Last und an seiner Problematik Schuld zu sein, verstärkt.

Ein von mir konzipiertes Rollenspiel verdeutlicht hörgeschädigten Teilnehmern diese Problematik. Ich suggeriere der Gruppe, dass ein unbekanntes Wesen mit drei Augen, vier Hörnern und einem großen Maul den Raum betritt. Dabei frage ich nach den Empfindungen und gewünschten Reaktionen der hörgeschädigten Jugendlichen. Das dabei am meisten genannte Gefühl ist die Angst, darauf folgt meistens eine Fluchttendenz bzw. das Vermeiden des Kontaktes. In der Diskussion danach wird deutlich, dass das Angstgefühl aus der Unkenntnis über das Verhalten des Wesens heraus entstanden ist. Das Fazit dieses Rollenspiels ist die Aussage: „Was ich nicht kenne, macht mir Angst."

Übertragen auf die Kommunikationssituation von Hörgeschädigten und normal Hörenden ergibt sich folgendes Bild: der unbekannte „fremde" Part in der Kommunikation ist der Hörgeschädigte. Er ist somit der Faktor, der die Unsicherheit und Angst bei dem normal hörenden Kommunikationspartner auslöst. Der normal hörende Kommunikationspartner ist in der Regel in so einer Gesprächssituation überfordert. Auch hier zeigt sich, dass durch ein offensives kommunikationstaktisches Verhalten Ängste und Unsicherheiten bei den Kommunikationspartnern abgebaut werden können.

2.7.5 Kommunikationspsychologische Aspekte der Schwerhörigkeit

Kommunikation kann auf vielfältige Weise gestört werden. Allein auf Grund eines gestörten Empfangs einer Mitteilung ergeben sich zahlreiche Situationen, in denen es zu Missverständnissen kommen kann. Diese Störungen der zwischenmenschlichen Kommunikation werden durch eine Schwerhörigkeit noch verstärkt. Zur näheren Erklärung ziehe ich, wie auch schon Werner Seithe 1996, das psychologische Modell der zwischenmenschlichen Kommunikation nach Schulz von Thun heran.

Nach Schulz von Thun wird zwischenmenschliche Kommunikation als Mitteilung einer Nachricht von einem Sender zu einem Empfänger verstanden. Hierbei wird unterschieden zwischen einer sprachlichen und einer nichtsprachlichen Form. Die nichtsprachliche Form stellt sich in Gestik, Mimik, in Blicken, Körperberührungen sowie schriftliche Mitteilungen dar. Die sprachliche Form ist natürlich die Lautsprache bzw. die Gebärdensprache. Somit ergeben sich zahlreiche Empfangsmöglichkeiten einer Nachricht. Eine Nachricht wird über unsere Sinnesorgane den Ohren, den Augen und der Haut aufgenommen. Nach Schulz von Thun kommt es in der zwischenmenschlichen Kommunikation nicht zu einer rein sprachlich-sachlichen Übermittlung von Nachrichten, sondern sie beinhaltet mehrere Botschaften gleichzeitig, da der nonverbale und der Beziehungsaspekt eine wesentliche Rolle spielen, ebenso der Appellaspekt, die ich im Folgenden beschreiben werde.

Schulz von Thun hat das Kommunikationsquadrat zur Erklärung vom zwischenmenschlichen Miteinander entwickelt.

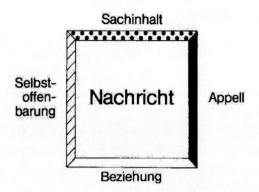

Abb. 3   Kommunikationsquadrat nach Schulz von Thun (1991)

Bekannt ist es auch als das vier Ohren- und vier Schnäbel-Modell.

Diese vier Ebenen der Kommunikation spielen nicht nur im privaten Bereich eine große Rolle, sondern auch im Berufsleben und bei jeder anderen Kommunikation. Bei jeder Nachricht werden mehrere Seiten mitgesandt. Genauso verhält es sich beim Empfang einer Nachricht.

Auf der Sachebene geht es um die Vermittlung von Daten, Fakten und Sachverhalten. Der Sender muss sich klar und verständlich ausdrücken. Der Empfänger hat die Möglichkeit, an verschiedenen Stellen dieser Sachinformation einzuhaken.

Die Selbstoffenbarung oder auch Selbstkundgabe ist in jeder Äußerung von mir enthalten. Dabei ist ausschlaggebend, wie ich etwas sage und welche Worte ich wähle. Meistens erfolgt dies jedoch nicht bewusst. Jedoch kann der Empfänger etwas von meiner Persönlichkeit erkennen.

Auf der Beziehungsseite kann man erkennen, wie ich zu meinem Gegenüber stehe. Tonfall, Formulierungen und Mimik/Gestik werden vom Kommunikationspartner aufgenommen und sehr sensibel verarbeitet. Die Beziehungsebene nimmt einen hohen Stellenwert ein, da sie das Empfangene filtert und dadurch die Reaktion bedingt.

Mit jeder Äußerung wollen wir etwas bewirken. Dies ist die Appellseite der Nachricht. Offen oder verdeckt geht es hier um das Erreichen von Wünschen oder Handlungsratschlägen. Der Empfänger ist auch hier sehr sensibilisiert und versucht den Appell herauszuhören (was will mein Gegenüber jetzt von mir).

Ein Beispiel:
Der Ehemann fragt am Mittagstisch seine Frau: „Was ist das Grüne in der Suppe?" Die Sachaussage ist hierbei, dass er nicht weiß, was es ist und es gerne wüsste. Die Selbstoffenbarung könnte hierbei sein, dass er es nicht erkennt. Auf der Beziehungsebene meint er: Ich vertraue deinen Kochkünsten. Der Appellaspekt der Nachricht ist: Bitte, erklär mir, was das Grüne in der Suppe ist.

Jedoch versteht die Ehefrau Folgendes: Er kann das Grüne nicht erkennen, er mag das Grüne nicht, sie sei eine schlechte Köchin und soll so etwas nicht mehr kochen. Also sagt sie laut zu ihm: „Dann koch doch selbst!"

Bei der Übertragung auf Hörgeschädigten kommt erschwerend hinzu: wurde die Nachricht inhaltlich adäquat verstanden, hat der Hörgeschädigte noch Ressourcen, die Nachricht adäquat zu verarbeiten? Besonders wichtig in diesem Fall ist dann auch der Beziehungsaspekt dieser Nachricht. Wie bereits dargelegt, fühlen sich Hörgeschädigte in der Beziehung oft ungleichgewichtig, so dass zumindest bei dem Beziehungsohr des Hörgeschädigten oft schon eine negative Grundhaltung vorhanden ist. Dies führt dann zu einer massiven Kommunikationsstörung, was dann Gesprächssituationen belasten wird und zu weiteren Traumatisierungen führen kann. Somit lässt sich sagen, dass bei Hörgeschädigten das Beziehungsohr noch dominanter ausgebildet ist als bei Hörenden. Oft fühlen sich Hörgeschädigte bei einer eigentlich harmlosen Aussage betroffen. Sollten sich solche Situationen häufen, kann es dazu führen, dass der Hörgeschädigte ein negatives Selbstbild entwickelt bzw. sein negative Selbstbild bestätigt wird. Das im Aufmerksamkeitsfocus dargestellte innere Erleben, wie man von anderen empfunden wird bzw. wie man bei anderen wirken möchte, kann bei negativer Erfahrung oder Bestätigung zu einem negativen Selbstbild führen. Typische Aussagen von Hörgeschädigten sind: Ich bin eine Last in den Gesprächen, mit mir möchte sich keiner unterhalten bzw. ich bin nicht interessant als Gesprächspartner. Dies führt dazu, dass man sich zunehmend zurückzieht. Diese Erfahrungen sind natürlich wieder Traumatisierungen, welche das negative Selbstbild zunehmend bestätigen. Das Erleben dieser Situationen führt dann längerfristig auch zu dem Aspekt der selbsterfüllenden Prophezeiungen, indem man immer wieder von neuem bestätigt wird, dass die Kommunikation nicht funktioniert. Hörgeschädigte mit einem negativen Selbstbild werden die Schuld am Scheitern der Kommunikation häufig bei sich suchen.

Hinzu kommt, dass hörgeschädigte Menschen visuell orientiert sind. Hierbei können inkongruente Nachrichten eine tiefe Verunsicherung auslösen. Diese finden wir oft bei Hörgeschädigten, wenn diese den Inhalt eines Gespräches bzw.

Fragen nicht verstanden haben. Ihre Mimik stimmt dann oftmals nicht mit den Antworten überein. Oft zu beobachten ist dabei ein nach innen gerichteter Blick, bei dem der Hörgeschädigte angestrengt nachdenkt und versucht zu kombinieren, was sein Gegenüber nun lautsprachlich von ihm möchte. Erschwerend kommt dort die Selbstoffenbarungsangst bei Hörgeschädigten zum Tragen. Hörgeschädigte möchten in der Regel nicht dem Gesprächspartner signalisieren, welche Probleme sie in der Kommunikation haben. Als Beispiel gilt hier wieder das Nicken bzw. Bejahen während einer Gesprächssituation, obwohl man nicht verstanden hat. Er signalisiert damit genau das Gegenteil von dem, was er eigentlich meint. Oft führt diese Selbstoffenbarungsangst dazu, dass Kommunikationstaktik nicht angewandt wird. Dieses verunsichert den Gesprächspartner enorm. Und es führt wiederum, wie vorherig beschrieben, zur Vermeidung bzw. zur Ablehnung von Kommunikationssituationen mit Hörgeschädigten, was sich dann wieder als Problem im zwischenmenschlichen Bereich niederschlägt.

Besonders in zwei Bereichen, dem Arbeitsbereich und dem Familien- oder Freundschaftsbereich kann sich eine fehlgeschlagene Kommunikation negativ auswirken.

Wenn ich als Hörgeschädigter nicht alle Informationen bekomme, die ich benötige, um meine Arbeit optimal und gut zu leisten, kann das dazu führen, dass mein Arbeitsplatz gefährdet ist. Kollegen, die etwas erklären, darauf ein Nicken erhalten, dann jedoch erleben, dass der Hörgeschädigte es anders macht, werden schnell die Beziehungsebene in den Vordergrund stellen und sich dementsprechend unfreundlich verhalten.

Im Familien- und Freundschaftsbereich erwartet der Hörgeschädigte besonders viel Verständnis.

Da die Familienmitglieder und Freunde in der Regel nicht gut über die Hörschädigung aufgeklärt sind, können sie diese Erwartungen nicht erfüllen. Somit wird von den Familienmitgliedern auch wenig Verständnis bezüglich des enormen

Energieaufwandes einer Kommunikation zwischen Hörgeschädigten und dem normal hörenden Kommunikationspartner aufgebracht. Es wird nicht verstanden, warum der Hörgeschädigte in vielen Situationen gut verstehen kann und in ebenso vielen Situationen nicht. Hier bedarf es einer besseren Aufklärung.

Um nach dem Modell von Schulz von Thun eine optimale Kommunikation auch für Hörgeschädigte zu leisten, ist es notwendig, dass viele Informationen mitgegeben werden. An die oberen Beispiele angelehnt, könnte eine Aussage des Ehemannes folgendermaßen lauten: „Die Suppe schmeckt mir gut. Ich bin nur neugierig, was das Grüne in der Suppe ist. Sei doch bitte so lieb und erkläre mir das." Dadurch, dass ich die Sachinformation über die Information bezüglich der Beziehungsebene und der Selbstoffenbarungsebene erweitert habe und den Appell deutlich herausformuliere, kann ich sicherstellen, dass die Nachrichten die dementsprechenden Ohren des Empfängers erreichen. Auch als Hörgeschädigter habe ich nun die Möglichkeit, alle Informationen adäquat zu verarbeiten, ohne dass es zu Fehlinterpretationen kommen kann.

3. Empirischer Teil

Im empirischen Teil möchte ich zum einen die Zielsetzung, die Sinngebung und die Forschungsperspektiven aufzeigen, zum anderen aber auch die Forschungsmethoden darstellen, die zur Anwendung gekommen sind.

3.1 Fragestellungen

Folgende Fragen habe ich mir gestellt: Wie können die Kompetenzen für hörgeschädigte Regelschüler neben dem bereits bestehendem Angebot der Beratungslehrer gefördert und so verinnerlicht werden, so dass diese ihre erworbenen

Kompetenzen in der alltäglichen Kommunikation und in der Beziehungsaufnahme einsetzen können.

Von daher basiert meine Dissertation auf zwei Säulen. Zum einen war es für mich wichtig, den hörgeschädigten Jugendlichen in seiner Kompetenz im Umgang mit seiner eigenen Behinderung zu stärken. Hierfür entwarf ich die im praktischen Teil aufgeführten Module. Die Frage war für mich, wie neben der Begleitung durch die Beratungslehrer ein weiteres Angebot die Kompetenz des hörgeschädigten Jugendlichen in dem Maße steigern könnte, so dass er mit seiner Hörschädigung, aber auch mit damit verbundenen Themen wie Technik, Schwerbehindertenausweis, Psychologie der Hörschädigung, optimal seinen Alltag und insbesondere seinen zukünftigen Arbeitsplatz gestalten kann. Es ist mir wichtig, dass die im praktischen Teil aufgeführten Module eine sinnvolle Ergänzung der bereits bestehenden Tätigkeit der Beratungslehrer sind.

Zum anderen ist die Durchführungsform des Trainings von besonderer Bedeutung. Hierbei stellte sich für mich die Frage, in wieweit ich bereits bestehende Konzepte, die nicht speziell für Hörgeschädigte konzipiert wurden, mit einbeziehen kann. Meine Dissertation soll für die bereits tätigen Fachleute auch eine Anregung und Ergänzung sein, diese in der Praxis in Anwendung zu bringen. Darüber hinaus wären diese Module auch geeignet, an Hörgeschädigtenschulen fester Bestandteil des Unterrichtes zu werden.

Bei den bereits bestehenden Konzepten handelt es sich um das TZI-Modell nach Ruth Cohn, das Innere Team von Schultz von Thun und das Konzept des Inneren Dialogs von Virginia Satir.

Ich stelle mit dieser Dissertation dar, dass z. B. durch die Handhabung des TZI-Modells optimale Bedingungen für einen hörgeschädigtengerechten Unterricht geschaffen werden können. Somit muss der Lehrer keine neuen Konzepte erstellen, sondern kann auf bereits Erfolgreiches und Bewährtes zurückgreifen. Ebenso verhält es sich mit dem Konzept des Inneren Teams nach Schulz von Thun und dem Inneren Dialog aus dem Buch „Meine vielen Gesichter" von Virginia

Satir. Es stellte sich mir die Frage, ob die hörgeschädigten Jugendlichen mit diesen Konzepten in der Lage sein würden, die in jeder Kommunikationssituation ablaufenden inneren Konflikte bezüglich des Versteckens und/oder des Outens der eigenen Hörschädigung zu bearbeiten. Somit war für mich die Fragestellung, ob sich die Module und die oben angeführten drei bereits bewährten theoretischen Ansätzen in der Arbeit mit den hörgeschädigten Regelschülern in Anwendung bringen lassen und somit auch von ihnen erfolgreich bewertet werden. Ergänzend zu den bereits bestehenden Konzepten nach Ruth Cohn, Schulz von Thun und Virginia Satir habe ich zwei eigene Konzepte hinzugefügt. Zum einen sind dies das Konzept des Trainings sozialer Kompetenz und das Konzept der Trauerarbeit im Bereich Hörschädigung.

Wie bereits in dem Kapitel 2.5 dargestellt, ähneln sich die Konzepte in der Tätigkeit der Beratungslehrer in den Bundesländern aber auch im deutschsprachigen Raum sehr. In der Regel beinhaltet die Tätigkeit der Beratungslehrer das Management der Klassensituation. So wurden zum einem der Klassenlehrer und auch die übrigen Schüler im Umgang mit der Hörschädigung trainiert und geübt. Zum anderen wurden kommunikationstaktische Aspekte, die technischen Ausstattungen und das Wissen über Schwerbehindertenausweis zwar vermittelt, wurden aber von den Jugendlichen nicht in dem Maße bewertet, dass diese umgesetzt werden konnten.

Auch hier war es mir wichtig, mit Hilfe der Dissertation darzulegen, dass neben der Tätigkeit der Beratungslehrer auch Konzepte und das Setting, welches speziell auf den jeweiligen hörgeschädigten Regelschüler zugeschnitten sein sollte, notwendig sind, um dessen Persönlichkeit insbesondere im Umgang mit der Hörschädigung zu stärken und dieses als Kompetenz erkennen zu lassen. Im optimalen Fall sollte der Beratungslehrer, der meine Dissertation zur Hand nimmt, sich einzelne Teile bzw. Konzepte aus der Arbeit herauspicken können, um diese in seinen eigenen Unterricht bzw. in die Betreuung von Hörgeschädigten mit einfließen zu lassen. Dazu könnte dann auch das Heranziehen von erwachsenen hörgeschädigten Fachleuten gehören.

Auf der beigefügten CD-Rom erhält der Pädagoge nochmals einen Überblick über das verwendete Material, das als Kompendium den Schülern zur Verfügung gestellt wurde.

3.2 Zielsetzung, Sinngebung und Forschungsperspektive

In meiner langjährigen Tätigkeit als Therapeut in der Klinik „Am Stiftsberg" habe ich von hörgeschädigten Menschen in der Anamnese und in der Therapie oft die Aussage erhalten, dass die begleitenden Hilfen während der Schulzeit im Nachhinein betrachtet unzureichend waren. In meiner jetzigen Tätigkeit im Berufsbildungswerk Husum erfahre ich in den Gesprächen und in den Trainingsseminaren von den hörgeschädigten Schülern, dass gerade im Regelschulbereich die angebotenen Hilfestellungen nicht internalisiert wurden, weil die erlernten Techniken nicht zur Anwendung kamen. Die Hilfestellungen der Beratungslehrer können von den einzelnen Schülern nicht geübt werden, weil unter anderem die dazugehörige Gruppe fehlt. Zudem kann in dem Dialog zwischen Beratungslehrer und Schüler keine lebendige Wissensvermittlung stattfinden, da hierzu wiederum die Gruppe mit ihren zwischenmenschlichen Interaktionen notwendig ist. Von daher ist das TZI-Modell von Ruth Cohn (1975) für mich Grundlage meines Kompetenztrainings geworden. Lernen Schüler nach diesem Modell von Cohn miteinander, kann man von einem lebendigen Lernen und einem dynamischen Prozess sprechen. Ich habe die Hypothese aufgestellt, dass mein an das TZI-Modell angelehntes Training entwicklungsfördernd ist. Die hörgeschädigten Jugendlichen werden in die Lage versetzt, soziale Kompetenzen zu internalisieren, die es ihnen wiederum ermöglichen, in der „hörenden Welt", wie in der Schule oder am späteren Arbeitsplatz, ein für sie selbst befriedigendes Kommunikationsverhalten zu zeigen.

3.2.1. Das TZI-Modell

Ruth Cohn hat die Themenzentrierte Interaktion (TZI) mit dem Ziel entwickelt, über den Verstand so wie auch über das emotionale Erleben Zusammenhänge besser begreifen zu können und sich besserer Verständigungsmöglichkeiten zu erschließen. Die drei Faktoren, Person (ICH), Gruppe (WIR) und Thema/Aufgabe (ES) sind gleichwertig und von einander abhängig, wobei das Umfeld (GLOBE) stets berücksichtigt werden muss. Das dynamische Gleichgewicht der Faktoren ermöglicht ein lebendiges Lernen wie auch eine lebendige Kommunikation. Damit einher geht eine Förderung der Persönlichkeit.

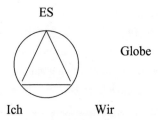

Abb. 4
TZI-Modell nach R. Cohn (1975)

Betrachtet man nun unter den eben beschriebenen Gesichtspunkten die hörgeschädigten Schüler in der Regelschule, muss festgestellt werden, dass das Selbstbewusstsein wie auch die Selbstverantwortung der Schüler nicht ausreichend gefördert wird, da keine ausgewogene Balance der Faktoren vorhanden ist. Zum anderen beruht der Schulbesuch der hörgeschädigten Schüler nicht auf Freiwilligkeit und wird erschwert durch eine starke Selektion. Auch regelmäßige Termine der Beratungslehrer können da keinen Ausgleich schaffen.

Die Nichtfreiwilligkeit des Schulbesuchs stellt oft einen typischen Konflikt bei hörgeschädigten Schülern in der Regelschule dar. Da für hörgeschädigte Schüler der Besuch einer Regelschule vermehrt mit Stress und auch mit Mikrotraumatisierungen und Misserfolgen verbunden ist, kann dies dazu führen, dass sich die

Schüler jeden Tag aufs Neue motivieren müssen, die Schule zu besuchen und sich den nachteiligen Auswirkungen ihrer Hörschädigung im Klassenverband auszusetzen. Von daher sollten die Trainingswochenenden (GLOBE) ein positives Setting haben. Das Thema, die Gruppe, die Person und das Umfeld müssen dazu in einer annehmbaren Ausgewogenheit stehen. Somit wird ein aufmerksames Wahrnehmen wie auch mehr Eigenverantwortlichkeit gefördert. Ein kooperatives Miteinander fördert eine lebendige Wissensvermittlung. Die lautsprachbegleitende Gebärde ist von daher ebenfalls wichtiger Bestandteil der Trainingseinheiten. Das Vermitteln, das Auseinandersetzen und das Umsetzten der zehn Regeln von der TZI soll den Gruppenprozess unter dem Aspekt fördern, dass jeder seine inneren und äußeren Grenzen spürt, wie auch die unterschiedlichen Bedürfnisse.

Die von Ruth Cohn formulierten Postulate stellen eine optimale Grundlage für eine adäquate Hörgeschädigtenkommunikation dar. Das Postulat Nr. 1 lautet „Sei deine eigene Chairperson". Darunter versteht man, dass die Person üben soll, sich selbst und andere wahrzunehmen, sich und anderen die gleiche menschliche Achtung zu schenken und alle Tatsachen so zu akzeptieren bzw. zu respektieren, dass sich der Freiheitsrahmen seiner Entscheidungen vergrößert. Dazu soll man sich selbst, seine Umgebung und seine Aufgabe ernst nehmen. Gerade bei Hörgeschädigten ist die Selbstwahrnehmung bezüglich des Umgangs mit der eigenen Hörschädigung defizitär zu betrachten. Die eigene Wahrnehmung beschränkt sich oft auf den engen Rahmen, trotz des Defizits und der Hörschädigung zu funktionieren. Dieses geschieht nicht im offensiven Umgang bzw. unter kommunikations-taktischen Aspekten, sondern in der Regel durch die Darstellung einer Person, die man nicht ist und Kompetenzen, die man nicht hat (Ich kann alles verstehen. Ich habe das verstanden. Sprich normal mit mir.). Somit schenkt man sich selber und den anderen nicht die Achtung, darauf zu vertrauen, dass der hörende Gesprächspartner auf die eigenen Kommunikationsbedürfnisse bzw. auf das Outen der eigenen Hörschädigung eingehen würde. Gerade der defensive Umgang mit der Hörschädigung bzw. die negative Wahrnehmung seiner selbst führt dazu, dass sich der Freiheitsrahmen eigener Entscheidungen verringert. Mit anderen Worten ausgedrückt, jede Person soll ihre eigenen Grenzen wie auch die Grenzen ihres Gegenübers wahrnehmen können.

Betrachtet man das Postulat Nr. 2 „Störungen und Betroffenheiten haben Vorrang", so versteht man darunter, dass wir die Wirklichkeit des Menschen mit all seinen Gefühlen anerkennen und diese wiederum Träger seines Denkens und Handelns ist.

Störungen und Betroffenheiten bei Hörgeschädigten finden wir oft in Kommunikationssituationen, in denen die Kommunikation als nicht funktionierend von den Hörgeschädigten empfunden wird. Anstatt durch Kommunikationstaktik und offensiven Umgang mit der Hörschädigung dieser Störung und auch der eigenen Betroffenheit Vorrang zu geben, neigen Hörgeschädigte dazu, die Störungen zu ignorieren oder in dem Sinne entgegenzuwirken, indem sie versuchen, die eigene Störungen nicht zu zeigen. Gerade diese Probleme in der Kommunikation, aber auch in der Beziehung zu anderen, führen dazu, dass ein wertvoller und auch notwendiger Austausch in der Beziehung nicht stattfindet. Werden diese Hindernisse in der Kommunikation bzw. in der Beziehung nicht beachtet, wird das Wachstum des Hörgeschädigten verhindert und erschwert.

Durch Betrachtung des Kugeldreiecks mit seiner dynamischen Balance wird deutlich, dass an Regelschulen diese Balance nicht vorhanden sein kann. Zum einen sind die Lehrer nicht geschult in TZI und zum anderen ist bekannt, dass Störungen in der Schule keinen Vorrang haben. In der Regel geht esda um Disziplin und Wissensvermittlung. Jedoch ist nach meiner Erfahrung mittlerweile ein Umdenken durch eine verbesserte Schulung der jüngeren Lehrkräfte zu verzeichnen.

Die Grundwerte der TZI hat Ruth Cohn in drei Axiomen formuliert:

> Der Mensch ist eine psychobiologische Einheit. Er ist auch Teil des Universums. Darum ist er autonom und interdependent. Autonomie (Eigen-

ständigkeit) wächst mit dem Bewusstsein der Interdependenz (Allverbundenheit).

Übertragen wir dies auf die spezielle Situation eines hörgeschädigten Menschen, so empfindet er sich in der Kommunikation und in der Beziehung mit den um sich herum kommunizierenden Menschen ausgeschlossen. Dies führt zu Störungen der Interdependenz und damit zu einer mangelnden Autonomie.

Ehrfurcht gebührt allem Lebendigem und seinem Wachstum. Respekt vor dem Wachstum bedingt bewertende Entscheidungen. Das Humane ist wertvoll, Unhumanes ist wertbedrohend. Um Ehrfurcht vor dem Lebendigen und seinem Wachstum zu empfinden, bedarf es insbesondere auch des Gefühls der Ehrfurcht vor sich selbst.

Gerade die Sichtweise der eigenen Persönlichkeit des Hörgeschädigten ist nicht von Ehrfurcht oder Liebe geprägt. Oft empfinden sich hörgeschädigte Menschen als defizitär, störend, aufdringlich und belastend. Hierbei heißt der oft zitierte Satz, mit dem Hörgeschädigte bei Nichtverstehen ein Gespräch beginnen, „Entschuldigen Sie bitte, das habe ich nicht verstanden." In der Regel kann das so weit gehen, dass der hörende Gesprächspartner oft als nicht verständnisvoll bzw. als feindlich betrachtet wird, da dieser den Hörgeschädigten oft in für ihn bedrohliche Kommunikationssituationen bringt, die bei ihm zu Mikrotraumatisierungen führen können.

Freie Entscheidung geschieht innerhalb bedingender inneren und äußeren Grenzen. Eine Erweiterung dieser Grenzen ist möglich.

Das zentrale Anliegen des Trainings ist die Erweiterung dieser Grenzen. Hörgeschädigte sollen mit den in den Modulen erworbenen Informationen in die Lage versetzt werden, ihre eigenen inneren und äußeren Grenzen zu erweitern und damit zu mehr Eigenständigkeit zugelangen. Durch den offensiven Umgang mit der eigenen Hörschädigung und durch das Anwenden von Technik und das Wissen über Ansprüche wird dies gefördert. Kommunikation soll positiv erlebt werden und den Hörgeschädigten somit nicht mehr einschränken.

Es wurde zu Beginn des Trainings vor allem darauf geachtet, dass die Kommunikation in der Gruppe lebendig und themenzentriert verläuft und Störungen offen angesprochen werden konnten. Von daher bildeten die von Ruth Cohn empfohlenen Hilfsregeln die Grundlagen für die Trainingseinheiten:

- Vertritt dich selbst in deinen Aussagen.
- Sprich per „ich" und nicht per „wir" oder „man".
- Wenn du eine Frage stellst, sage warum du fragst und was deine Frage für dich bedeutet.
- Sage dich selbst aus und vermeide das Interview.
- Halte dich mit Verallgemeinerungen und Interpretationen von anderen so lange wie möglich zurück. Sprich stattdessen deine persönliche Reaktion aus.
- Wenn mehr als einer gleichzeitig sprechen will, verständigt euch mit Stichworten, über was ihr zu sprechen beabsichtigt.
- Sei identisch in deinen Äußerungen, aber sage nicht alles was du denkst. Alles was du sagst, soll echt sein, aber sage nicht alles hier und jetzt (Prinzip der selektiven Authentizität).
- Hierzu sagte Ruth Cohn: „Hilfsregeln helfen, wenn sie helfen".

Das Interessante bei diesen Hilfsregeln ist, dass sie bei Einhaltung dazu führen, dass eine bessere Kommunikation unter Hörgeschädigten möglich wird und somit diese Hilfsregeln zu einer optimalen Kommunikation unter Hörgeschädigten beitragen. Für Hörgeschädigte ist es wichtig, dass immer nur einer spricht und das nicht durcheinander gesprochen wird. Hörgeschädigte reagieren sensibel auf Aussagen, deren Inhalt nicht mit der Körpersprache und der Mimik übereinstimmen. Von daher ist hier auch das Prinzip der selektiven Authentizität ein Beitrag, Verunsicherungen der eben genannten Diskrepanz zwischen Aussage und visueller Wahrnehmung des Sprechers zu vermeiden. Durch die Tatsache, dass man bei einer Frage darstellen soll, warum die Frage wichtig ist und was die Frage bedeutet, ermöglicht man dem hörgeschädigten Teilnehmer das Thema zu erfassen. Bei Hörgeschädigten ist die Kenntnis des Themas ein wichtiger Bestandteil, um bei Nichtverstehen durch Kombinieren die Lücken zu füllen.

Es war mir wichtig, mit diesem Training und der Aufteilung in Module, aber auch in der Vorauswahl der Modulthemen, die dynamische Balance im Bereich des Themas, des „Es" herzustellen.

Durch das Globe, das Training fand außerhalb der Schule statt, sollte auch hier eine Balance hergestellt werden, die zu einer Ausgewogenheit beitragen sollte. Ebenfalls zum Globe gehörten die stetigen Wechsel von Modulen, Gesprächen und der Austausch der hörgeschädigten Jugendlichen untereinander sowie das Freizeitangebot. Gerade das Freizeitangebot und der Raum für gemeinsamen Austausch wurden als Teil des Globe von den Hörgeschädigten sehr geschätzt.
Besonders wichtig war mir, dass innerhalb des TZI-Modells Kommunikationsbedingungen vorhanden waren, die die Hörgeschädigten in die Lage versetzten, mit möglichst wenigen Einschränkungen und minimaler Anstrengung an dem Seminar teilzunehmen. Hierzu zählten der Einsatz von Technik, die Anwendung der lautsprachbegleitenden bzw. lautsprachunterstützenden Gebärden sowie die bereits vorher aufgeführten Bedingungen, die sich mit den Postulaten und Axiomen decken. Die Ergebnisse dieses Trainings zeigen, dass an diesen vier Wochenende lebendiges Lernen stattfinden konnte.

Inghard Langer ergänzt die Abbildung des Modells von Ruth Cohn, dem Dreieck in der Mitte mit den Eckwerten Ich, Wir und ES, umgeben von dem Kreis des näheren und ferneren Globes, gerne noch mit dem Wesenskern im Denken und Handeln.

Dieser Wesenskern beinhaltet die lebensverbundene Ethik, die wiederum den - trotz aller Schrecknisse unserer jüngsten Geschichte - nicht verloren gegangenen Glauben an das Gute im Menschen, die Entwicklung eines Wertesinns und eines verantwortlichen Gewissens beinhaltet.

Interessant ist, dass analog diese lebensverbundene Ethik mit dem nicht verlorenen Glauben an das Gute im Menschen sich auch bei den Hörgeschädigten wieder findet. Hörgeschädigte haben aufgrund ihrer Hörschädigung oft traumatisierende Erlebnisse in der Kommunikation erfahren. Die Erfahrungen in der Kommunikation mit normal hörenden Menschen sind oft verbunden mit Misserfolgserlebnissen, Ablehnung aber auch mit Ängsten und nicht erfüllten Bedürfnissen. Diese Mikrotraumatisierungen über das ganze Leben hin haben dennoch nicht dazu geführt, dass der hörgeschädigte Mensch den Glauben daran verloren hat, dass sein Gegenüber interessiert ist, weiterhin an einer gut funktionierenden Kommunikation mitzuarbeiten und eine gute Beziehung zu ihm aufbauen möchte. Auch hier findet sich im Denken und Handeln von hörgeschädigten Menschen analog zu Ruth Cohn die lebensverbundene Ethik, dass trotz der Behinderung und der bisherigen Misserfolge weiterhin an der Beziehung in der Kommunikation mit hörenden Menschen gearbeitet wird.

3.3 Darstellung der Forschungsmethoden

In den folgenden Punkten stelle ich die von mir verwendeten Forschungsmethoden vor.

Das Interview war für mich der erste wichtige Bestandteil der Forschungsmethoden, da dieses der erste direkte Kontakt mit den Jugendlichen war und eine Grundlage für die weitere vertrauensvolle Zusammenarbeit sein sollte. Über das Interview sollten wichtige Einblicke in die Verarbeitung der Hörbehinderung gewonnen werden, aber auch eine Beziehung zwischen dem Trainer und dem hörgeschädigten Jugendlichen hergestellt werden.

Die Fragebögen dienten zum einen der Erhebung von Daten von Seiten dritter Personen, wie Familie und Klassenlehrer, die eine objektive Betrachtung des Umgangs mit der Hörschädigung darstellen sollten. Zum anderen wurden an die Schüler ebenfalls Fragebögen verteilt, um nach einem halben Jahr die Auswirkungen des Trainings evaluieren zu können.

Die Kontrollbögen der Module sollten mir eine Rückmeldung bezüglich meiner Tätigkeit und meiner Verständlichkeit geben, aber auch das persönliche Empfinden der hörgeschädigten Regelschüler berücksichtigen und darstellen. An verschiedenen Punkten der vier Trainingswochenenden wurden schriftliche Hausarbeiten aufgegeben, um aus der Distanz zum Training einen Rückblick der hörgeschädigten Schüler auf die Trainingseinheit und ihre Gefühle gewinnen zu können. Durch die schriftlichen Hausarbeiten erfolgte wiederum eine Auseinandersetzung mit den vergangenen Wochenenden, was dazu führte, dass Erlerntes nochmals überdacht und damit verstärkt werden konnte.

Dem Flyer kommt eine besondere Bedeutung in diesem Forschungsprojekt zu, so dass ich ihn im empirischen Teil beschreibe.

Der Flyer war der erste Kontakt zwischen den Schülern, den Eltern und mir. Über den Flyer musste ich sowohl bei den Schülern als auch bei den Eltern das

Interesse in der Form wecken, so dass beide bereit waren, wesentliche Anteile ihrer Freizeit in mein Training zu investieren.

Mit dem Metaplan sollten die Eindrücke und/oder die Empfindungen, die jeder hörgeschädigte Regelschüler nach den Modulen hatte, visuell dargestellt werden, um sich nochmals innerlich damit auseinander zu setzen. Der Metaplan ist in diesem Sinne eine hervorragende Methode, um Ergebnisse hörgeschädigtengerecht zu visualisieren.

Mit der Fotodokumentation sollte ebenfalls eine Veränderung der Selbstwahrnehmung der hörgeschädigten Schüler vor und nach dem Training dargestellt werden. Das gesamte Training, d. h. alle vier Wochenenden, wurden zur Dokumentation auf Video festgehalten. Zum einen sicherte dies die Inhalte, zum anderen bin und war ich aufgrund meiner Hörschädigung darauf angewiesen, diese Form der Aufzeichnung zu wählen, um auch die einzelnen Trainingseinheiten nacharbeiten zu können.

3.3.1 Das Interview

Das Interview war für mich ein entscheidendes Instrument in meinem Trainingskonzept. Das Anfangsinterview mit den hörgeschädigten Schülern war der erste direkte Kontakt, in dem sie mich als Seminarleiter kennen lernen konnten und zum anderen war es ebenso entscheidend für den Vertrauensaufbau.

Nach Inghard Langer (2000) ist das Interview eine Wissensebene, auf der man das Wissen voneinander erwirbt. Nach Inghard Langer steht im Vordergrund, dass persönliche Lebenswege und Umfangsformen im Zusammenhang mit zentralen Lebensfragen kennen gelernt werden.

Die zentrale Lebensfrage in dem Interview war natürlich der Umgang mit der eigenen Hörschädigung bzw. die bisherige Bewältigung der Behinderung. Dem oben genannten Prinzip folgend, war ich ebenfalls ein Interviewpartner. Als selbst betroffener Hörgeschädigter konnte ich so meine Erfahrungen mit einbringen. Die von den Teilnehmern gemachten Erfahrungen, Ängste, Befürchtungen und Erwartungen deckten sich ihn vielen Bereichen mit meinen eigenen und wir konnten somit auf einer guten Vertrauensbasis arbeiten. Gleich von Anfang an habe ich die Regeln von Ruth Cohn miteinbezogen, so dass eine vertrauensvolle und gleichberechtigte Atmosphäre entstand, in der die Teilnehmer sich schnell öffneten und eine gute Grundlage für die nächsten Seminarteile geschaffen war.

Um den von Herrn Langer angeführten Nachteilen entgegenzuwirken, dass bei der Informationserhebung eine Anordnung von Informationen vorbereitet sein könnte, die die Gedanken, Gefühle, Wahrnehmungen und Erfahrungen des zu Interviewenden einschränken könnten, habe ich versucht, das Interview relativ frei zu gestalten. Von daher habe ich - auf der Basis von Carl Rogers – versucht, die Interviews klientenzentriert so zu führen, dass die Variablen der Gesprächsführung, wie z. B. Empathie und einfühlendes Verständnis, zum Tragen kommen konnten. Vor allem war es mir wichtig, den wissenschaftlichen Aspekt der Trainingswochenenden aus dem Interview, aber auch später aus der Gruppensituation herauszuhalten, um die hörgeschädigten Jugendlichen damit nicht zu belasten. Es sollte für die hörgeschädigten Jugendlichen eine Atmosphäre geschaffen werden, in der sie im Vordergrund stehen mit ihren Bedürfnissen, ihren Wünschen und ihren Gedanken, jedoch nicht das Ergebnis einer wissenschaftlichen Untersuchung.

Nach Carl Rogers (1992) hat das Individuum in sich selbst eine Fülle von Hilfsmitteln, wie sein Selbstverständnis zur Änderung seines Selbstkonzeptes, seine Einstellungen und sein selbstbestimmtes Verhalten. Diese Hilfsquellen können nur angezapft werden, wenn ein definierbares Klima an leitenden, psychologischen Bindungen geschaffen werden kann. Von daher war es mir wichtig, insbesondere bereits im Interview, aber auch später in dem Konzept der Gruppentherapie, diese Bedingungen zu schaffen, in dem - und das war ja das Ziel der Arbeit - die hörgeschädigten Jugendlichen in die Lage versetzt werden sollten, ihr Selbstverständnis, ihr Selbstkonzept und ihre Einstellungen bzw. ihr selbstbestimmtes Verhalten in der Form zu ändern, dass sie mit ihrer Hörschädigung offensiver und entlastender für sich selbst umgehen können.

Beachtet man die drei Bedingungen, die Carl Rogers für Wachstum förderndes Klima konstituiert, so legen die Rückmeldungen der Jugendlichen dar, dass genau diese Bedingungen umgesetzt werden konnten.

Als erstes Element werden hierbei die Echtheit, Authentizität oder Kongruenz genannt. Da ich als Seminarleiter mich mit meinen eigenen Grenzen als Hörgeschädigter, aber auch mit meiner Erfahrung sowie meinem Wissen in das Seminar eingebracht habe, war eine wichtige Bedingung für ein Wachstum förderndes Klima geschaffen. Dieses wurde von den hörgeschädigten Jugendlichen als besondere Erkenntnis der vier Trainingswochenenden hervorgehoben. Sicherlich ist dies auch der Vorteil eines selbst betroffenen Seminarleiters gegenüber dem Angebot eines normal hörenden Beratungslehrers, der aufgrund der fehlenden Betroffenheit möglicherweise Probleme haben wird, sich den Bedürfnissen und Problemen hörgeschädigter Menschen einfühlend zuwenden zu können. Eine oft zitierte Aussage bei Jugendlichen war in dem Bereich, dass sie das Gefühl hatten, die Beratungslehrer würden sie in ihrer Problematik nicht verstehen. So sei die Arbeit der Beratungslehrer auch mechanisch auf die Weitergabe von Informationen, Kommunikationstaktiken und technischen Hilfsmittel beschränkt, es fehle aber das Eingehen auf die inneren Probleme oder Spannungsfelder, die ich in den vorherigen Kapiteln beschrieben habe.

Die zweite wichtige Einstellung ist nach Rogers die unbedingte positive Aufmerksamkeit, die Annahme des anderen, sich um ihn zu kümmern und ihn wertzuschätzen. Die Rückmeldungen der hörgeschädigten Jugendlichen ließen erahnen, dass auch diese zweite wichtige Bedingung von mir als Therapeut, aber auch von den Jugendlichen untereinander, erfüllt wurde. Insbesondere kam diese Variable später auch im TZI-Konzept als Postulat zum Tragen.

Der dritte erleichternde Bestandteil der Beziehung ist das empathische Verstehen nach Carl Rogers. Hierunter versteht man, dass der Therapeut genau die Gefühle und persönlichen Bedeutungen, die der Klient erlebt, spürt und dass er dieses Verstehen dem Klienten mitteilt. Diese Bedingung wurde von Seiten der hörgeschädigten Schüler bei den Beratungslehrern nicht wahrgenommen. Aufgrund meiner eigenen Betroffenheit und Biographie fiel es mir besonders leicht, die Gefühle und persönlichen Bedeutungen der hörgeschädigten Jugendlichen, welche sie im Zusammenhang mit ihrer Hörschädigung empfunden haben und auch in der Diskussion teilweise wieder durchleben mussten, zu verstehen und dieses Verstehen ihnen mitzuteilen.

Diese drei aufgeführten Bedingungen für ein Wachstum förderndes Klima bzw. ein Klima für Veränderungen für die hörgeschädigten Jugendlichen zu schaffen, waren insbesondere in den Interviews, aber auch später in der Gruppensituation neben dem TZI-Konzept von Ruth Cohn, die Grundlagen der Gesprächsführung.

3.3.2 Die Fragebögen

Um anamnestische Daten über die hörgeschädigten Regelschüler erheben zu können, entwarf ich neben dem Fragebogen für die Schüler auch einen Fragebogen für die Eltern und Lehrer. So bekamen die Eltern vor Beginn einen Fragebogen zugesandt, in dem sie Fragen im Zusammenhang mit der Hörschädigung ihres Kindes beantworten sollten. Wichtig war es mir vor allem, über die Fragebögen die Einschätzung der Eltern über die Hörschädigung ihres Kindes zu erfahren. Meiner Erfahrung nach haben Eltern von hörgeschädigten Kindern häufig eine Fehleinschätzung über deren Hörschädigung. Gerade bei einer Teilnehmerin ließ sich die besondere Diskrepanz der Wahrnehmung der Eltern gegenüber der Selbstwahrnehmung und Selbsteinschätzung der Schülerin in Bezug auf ihre Hörschädigung feststellen. Diese Fehleinschätzung führte zu familiären Konflikten.

Bei den Fragebögen an die Eltern und Lehrer nach dem Training kam es mir darauf an zu erfahren, welche Veränderungen die Eltern und Lehrer bei den

Schülern beobachtet haben. Zugleich dienten die Fragebögen auch der Dokumentation und der Sicherung der Daten.

3.3.2.1 Der Fragebogen an die Familie vor Beginn des Trainings

Mit diesem Fragebogen wollte ich einen Überblick über die Auseinandersetzung mit der Hörschädigung in der jeweiligen Familie erhalten und gleichzeitig interessierte mich die Einschätzung der Hörschädigung des eigenen Kindes. Zum anderen wollte ich auch dokumentieren, wie umfassend ihr Kenntnisstand über die für die Hörschädigung relevanten Bereiche sind.

Folgende Fragen sollten hierbei Beachtung finden:
- Seit wann ist ihr Kind hörgeschädigt?
- Warum ist ihr Kind hörgeschädigt?
- Wie ausgeprägt ist die Hörschädigung - leichtgradig, mittelgradig, mittel- bis hochgradig, an Taubheit grenzend – mit Raum für eigene Beschreibungen.
- Wie beurteilen Sie die Sprachentwicklung?
- Wie kommt ihr Kind im Alltag zurecht?
- Wie funktioniert die Kommunikation in der Familie, im Freundkreis, im Alltag, in der Schule?
- Welche Informationen zum Thema Hörschädigung erhält ihr Kind in der Schule?
- Wie weit sind Sie und ihr Kind über Schwerbehindertenausweis, technische Hilfsmittel, gesetzliche Ansprüche informiert?
- Wie geht ihr Kind mit seiner Behinderung um?
- Wie gehen Sie mit der Behinderung ihres Kindes um?
- Warum lassen Sie ihr Kind integrativ beschulen?
- Was wünschen Sie sich vom Training?
- Jetzt können Sie noch frei schreiben, was ihnen noch wichtig ist.

Die hier aufgeführten Fragen geben einen umfassenden Einblick über den aktuelle Kenntnisstand der Eltern, zeigen jedoch auch gleichzeitig den Grad der Auseinandersetzung mit der Behinderung ihres Kindes auf. Von daher lässt sich aus den Aussagen die geleistete Trauerarbeit ableiten.

Erfahrungsgemäß wird gerade bei integrativ beschulten Schwerhörigen der Grad der Hörbehinderung positiver als der tatsächliche Grad eingeschätzt. Auch bei der Einschätzung der Kommunikationsfähigkeit in den verschiedenen Alltagsbereichen kann es in der Wahrnehmung der Eltern zu erheblichen Differenzen gegenüber der Wahrnehmung der Kinder kommen.

Der von mir gestaltete Fragenkatalog entspricht in ungefähr dem Fragenkatalog, den ich den Eltern der hörgeschädigten Auszubildenden an meinem derzeitigen Arbeitsplatz stelle. Ich habe den Fragebogen bewusst an die Familie gerichtet, da ich mir erhoffte, dass bei der Bearbeitung des Fragebogens ein Dialog zwischen den Eltern und dem Kind entstehen würde. Für die Erhebung der Daten sollte die Familie gemeinsam den Fragebogen ausfüllen, wobei die Eltern ihre Kinder über die besonderen Kommunikationsbedingungen in den verschiedenen Alltagssituationen befragen sollten. Leider war es aber in den meisten Familien so, dass ein Elternteil diesen Fragebogen alleine ausfüllte.

3.3.2.2 Der Fragebogen der Eltern, Schüler und Lehrer nach dem Training

Ein halbes Jahr nach dem Training verschickte ich drei verschiedene Fragebögen, einen an die Eltern der hörgeschädigten Kinder, einen an das hörgeschädigte Kind selbst und den dritten an den Klassenlehrer in der Regelschule. Ich wollte daraus die Erkenntnis gewinnen, in wieweit das Training zu Veränderungen des Verhaltens und im Umgang mit der Hörschädigung geführt hat. Weiterhin war es für mich wichtig zu erfahren, in wieweit es auch zur Stärkung der Persönlichkeit der Schüler in ihren Rolle als behinderte Menschen beigetragen hat.

Der Fragebogen an die Eltern beinhaltete die folgenden Fragen:
- Wie haben Sie ihr Kind nach den Trainingswochenenden erlebt?
- Was hat ihr Kind von den Wochenenden berichtet?
- Haben Sie einen anderen Umgang mit der Hörbehinderung beobachtet (z. B. macht das Licht an, trägt die Hörgeräte mehr, fragt nach etc.)
- Konnten Sie von den Unterlagen profitieren?
- Konnte in den folgenden aufgeführten Bereichen schon etwas umgesetzt werden, und wenn ja, was genau? (technische Hilfsmittel, zusätzliche Ansprüche, Schwerbehindertenausweis, Kommunikationstaktik)
- Können Sie eine abschließende Bewertung machen?
- Fanden Sie das Training sinnvoll und wenn ja, ab welchem Alter sollte man es anbieten?
- Hier können Sie noch ihre Wünsche und Gedanken niederschreiben.

Bezüglich des Fragebogens an den Klassenlehrer in der Regelschule war für mich noch einmal eine kurze Erklärung als Einstieg wichtig. So habe ich in dieser Einführung nochmals dargelegt, mit welchen Themen, an wie vielen Wochenenden und in welcher Zeit ich das Training durchgeführt habe.

Folgende Fragen wurden hierbei (am Beispiel der hörgeschädigten Regelschülerin Anja) gestellt:
- Wie haben Sie Anja im letzten halben Jahr erlebt?
- Hat Anja etwas von den Wochenenden berichtet?
- Haben Sie einen anderen Umgang mit der Hörbehinderung beobachtet (z. B. macht das Licht an, trägt die Hörgeräte mehr, fragt nach, hat sich in der Klasse umgesetzt, etc.)
- Hat Anja das Kompendium, Unterlagen der Seminare, gezeigt?
- Finden Sie so ein Training sinnvoll?
- Gibt es etwas, was Sie mir außerhalb der oben genannten Fragen mitteilen möchten?

Meine Erwartungen an die Ergebnisse und an die Rückmeldungen aus den Fragebögen an den Klassenlehrer der Regelschüler waren nicht sehr hoch. Bei einer durchschnittlichen Klassenstärke von mind. 25 Schüler ging ich davon aus, dass

Verhaltensveränderungen einzelner Schüler nicht in dem Maße ins Gewicht fallen, wie es bei der Wahrnehmung der Eltern oder der Eigenwahrnehmung der hörgeschädigten Schüler der Fall sein würde.

An die hörgeschädigten Schüler selbst habe ich folgende Fragen gerichtet:
- Wie hast du die Trainingswochenenden erlebt und wie hast du dich hinterher gefühlt?
- Was hast du zu Hause von den Wochenenden berichtet?
- Hast du einen anderen Umgang mit der Hörbehinderung bei dir selber beobachtet, z. B. machst du das Licht an, trägst du die Hörgeräte mehr, fragst du nach, etc.?
- Konntest du von den Unterlagen profitieren?
- Konntest du in den folgenden aufgeführten Bereichen schon etwas umsetzen und wenn ja, was genau? – Technische Hilfsmittel, gesetzliche Ansprüche, Schwerbehindertenausweis, Kommunikationstaktik.
- War es hilfreich, dass ich als Referent selber hörgeschädigt bin und wie fandest du die begleitenden Gebärden von mir im Seminar?
- Fandest du das Training sinnvoll und wenn ja, ab welchem Alter sollte man es anbieten?
- Was genau hat es dir gebracht?
- Hier kannst du noch Wünsche und Gedanken niederschreiben.

Mit diesem Fragebogen sollte nach einem Abstand von einem halben Jahr der Schüler selbstkritisch zu einer Eigenreflexion kommen. Aber auch hier muss man natürlich die soziale Erwünschtheit der Antworten mitberücksichtigen.

Der Vergleich der Aussagen der Fragebögen von den Eltern, den Schülern und den Klassenlehrern sollten die unterschiedliche Wahrnehmung von der Behinderung des hörgeschädigten Schülers aufzeigen.

Die genauen Ergebnisse der Fragebögen werden in den Kapiteln 5.3.7 bis 5.3.10.5 dargestellt. Die Fragebögen selber finden sich als Anhang a, c, d und e wieder.

3.3.2.3 Der Kontrollbogen der Module

Bei den Kontrollbögen der Module handelt es sich um Feedback-Bögen. Diese sollten es dem Seminarleiter ermöglichen, einen relativ direkten Eindruck von der subjektiven Einschätzung des Trainings durch die Jugendlichen zu erhalten. Als Grundlage für den Kontrollbogen nahm ich den Kontrollbogen von Hinsch und Pfingsten aus dem Buch „Gruppentraining sozialer Kompetenzen". Diesen habe ich dann bearbeitet, so dass ich zu folgenden Fragestellungen kam:

1. Ich war mit dem Verhalten des Trainers insgesamt
   sehr zufrieden /   sehr unzufrieden.

2. Ich fand die Erklärungen des Trainers
   gut verständlich /   schwer verständlich.

3. Nach dem Modul hatte ich den Eindruck, dass mir das Training weiterhilft
   stimmt genau /   stimmt gar nicht.

3. Ich hatte Schwierigkeiten richtig mitzumachen
   keine Schwierigkeiten / große Schwierigkeiten

4. Ich habe mich im Modul wohl gefühlt
   stimmt genau /   stimmt gar nicht

6. Negativ fand ich an dem Modul   (Stichpunkte)

7. Positiv fand ich an dem Modul   (Stichpunkte)

Bei den Fragen 1 bis 5 befand sich eine Zahlenskala von 1 bis 5, bei denen der Wert zwischen dem positiven Aussagewert und dem negativen Aussagewert einzutragen war.

Die Fragen 6 und 7 waren freie Fragen, in denen der hörgeschädigte Schüler die Möglichkeit hatte, in freier Form ein Feedback zu geben.

Insbesondere die Fragen 3 und 5 waren bezüglich der Zufriedenheit der Schüler von entscheidender Bedeutung. Hierbei ließen sich relativ gute Vorhersagen erlauben, ob die Veränderungen im Sozialverhalten und im Umgang mit der Hörschädigung längerfristig erhalten bleiben werden (Pfingsten und Hinsch 1982).

Ich habe mir durch die Fragestellungen auf den Modulbögen die Möglichkeit geschaffen, sowohl positive wie auch negative Anmerkungen im darauf folgenden Modul aufgreifen und bearbeiten zu können. So war z. B. einmal ein negativer Punkt, dass die Gebärden nicht ausreichend bei der Thematik berücksichtigt wurden. So war ich in der Lage, bei den darauf folgenden Modulen wieder vermehr lautsprachunterstützende Gebärden einzusetzen.

Bei einem anderen Modul wurden der Hintergrundlärm wie auch die Nebengeräusche durch die Unruhe der teilnehmenden Schüler kritisiert. Diese hätten das Verstehen der Inhalte erschwert. So habe ich nach Ruth Cohn der Störung Vorrang gegeben und die Teilnehmer überlegen lassen, wie wieder eine allgemeine Zufriedenheit hergestellt werden kann. Sie kamen zu der Lösung, dass die Pausen flexibler gehandhabt werden sollten und es auch, bei großer Unruhe in der Klasse, eine extra Freizeiteinheit geben sollte.

Insbesondere die Fragestellung 2 bezüglich der Erklärungen des Trainers war für mich eine wichtige Rückmeldung. In welchem Umfang war es mir gelungen, , mich auf die unterschiedlichen Altersgruppen und auf das unterschiedliche Bildungsniveau der einzelnen Teilnehmer einzulassen. Auch hier konnte ich aufgrund der Antworten die Module flexibel gestalten, so dass ich sicherstellen konnte, alle Schüler zu erreichen.

Sicherlich sollte man die Ergebnisse dieser Kontrollbögen nicht überschätzen, da davon auszugehen ist, dass Antworten auch im Rahmen der sozialen Erwünschtheit gefallen sind. Insgesamt waren sie aber ein Instrument, das dazu geführt hat, das die Module flexibel den Bedürfnissen der hörgeschädigten Schüler angepasst und eingesetzt werden konnten.

3.3.2.4 Subjektive Bewertung mittels schriftlicher Hausarbeiten

Neben den Kontrollbögen der Module, den Fragebögen an die Eltern, Schüler und Lehrer und der Videodokumentation habe ich schriftliche Hausarbeiten nach den jeweiligen Trainingswochenenden aufgegeben. Die Schüler sollten aus einem zeitlichen Abstand heraus und dem Prozess der Verinnerlichung das Wochenende reflektieren und schriftlich zu Papier bringen.

Ich habe diese Form der Erhebung bewusst gewählt, da die Methodik der Hausarbeiten den Schülern aufgrund ihrer schulischen Arbeit bekannt war. Die Aussagen der schriftlichen Hausarbeiten haben sich insgesamt als sehr produktiv erwiesen, so dass ich damit auch die Möglichkeit hatte, noch einmal einen Einblick in das Erleben und die Erfolge der jeweiligen Trainingswochenenden zu nehmen. Es erfolgten umfangreiche subjektive Bewertungen der jeweiligen Wochenenden und den daraus resultierenden Erfolgserlebnissen.

Die Ergebnisse dieser empirischen Untersuchungsmethode habe ich in dem Kapitel 5.3.2 mit einfließen lassen.

3.4 Versuchsperson und Stichprobe

Der Kreis der Versuchspersonen sollte sich aus hörgeschädigten Regelschülern zusammensetzen. Es stand die Altersgruppe der hörgeschädigten Regelschüler mit einem bestimmten Hörstatus im Alter von 13 – 18 Jahre in den Focus. Ich habe diese Altersgruppe gewählt, da nach meiner Erfahrung in diesem Alter die Wahrnehmung des Einzelnen sich stark auf sein Sich im Vergleich zu den anderen bezieht. Eine Hörschädigung stellt immer einen Unterschied dar, wo der Jugendliche doch so gerne „normal" wäre. Hier ist eine Stärkung des Selbstbewusstseins genau richtig angesiedelt. Mit einem bestimmten Hörstatus meine ich eine mittelgradige Hörschädigung. Jedoch sollten die Schüler nicht gehörlos sein, da diese Behinderung noch eine andere Schulung benötigt. Ein gewisser Leidensdruck war und ist eine wichtige Voraussetzung für das Training.

Um mir den Kreis der Versuchspersonen zu erschließen, nahm ich an einem Treffen der Beratungslehrer und des Leiters der Abteilung integrative Beschulung, Herrn Mangold, in Schleswig teil. Im Rahmen dieses Treffens stellte ich mein Projekt vor und bat die Beratungslehrer, von mir vorbereitete Flyer an die Schüler zu verteilen.

Nach Auskunft der Beratungslehrer waren zu diesem Zeitpunkt insgesamt 350 hörgeschädigte Schüler in Regelschulen integriert. Nach Abzug der Schüler, die nicht der von mir angestrebten Altersgruppe angehörten so wie deren, deren Hörstatus zu gut war, ergab sich ein sehr eingeschränkter Versuchspersonenkreis. Insgesamt bekam ich einen Rücklauf von sieben Anmeldungen, von denen ein Mädchen nach einem Gespräch mit der Mutter nicht mehr teilnehmen wollte. Des Weiteren sagte ein Junge kurz vor Beginn des ersten Trainingswochenendes ab.

Wichtig war für mich der Kreis der hörgeschädigten Schüler, die auf Hörgeräte und somit auch auf technische Versorgung angewiesen waren. Die Schüler sollten mindestens eine mittelgradige Hörschädigung besitzen. Die letztendlich fünf hörgeschädigten Schüler, die an meinem Training teilnahmen, waren von einer mittel- bis hochgradigen Schwerhörigkeit betroffen.

Für mich stellte sich die Frage, warum ich aus dem relativ großen potentiellen Kreis der Versuchspersonen nur sieben hörgeschädigte Schüler erreichen konnte. Eine Erklärung wäre, dass vier Trainingswochenenden für die hörgeschädigten Schüler bedeuteten würden, dass sie zwölf Tage ihrer Freizeit in das Training investieren mussten. Außerdem war hierbei auch die Mitarbeit der Eltern von großer Bedeutung, da die An- und Abreise der Jugendlichen nur mit Unterstützung der Eltern funktionieren konnte.

Auffällig war, dass vier der Schüler von einer Beratungslehrerin kamen, die sich die Mühe gemacht hatte, mit dem Flyer persönlich in das Elternhaus zu gehen, um für das Projekt zu werben. Die Weitergabe des Flyers an die Schüler hatte anscheinend oft nicht zur Folge, dass eine Weitergabe an die Eltern erfolgte.

In einem zweiten Anlauf nach Abschluss der vier Trainingswochenenden bemühte ich mich, eine Kontrollgruppe von hörgeschädigten Regelschülern aus dem Bundesland Hamburg zu erreichen. Trotz Gesprächen mit den zuständigen Personen der Schule für Hörgeschädigte in Hamburg und der Weitergabe von Flyern konnten keine weiteren Personen für eine Kontrollgruppe gewonnen werden. Hierbei ist natürlich zu beachten und zu diskutieren, inwieweit in Zukunft bei der Anwendung meines Konzeptes hörgeschädigte Regelschüler gezielter angesprochen werden können. Die fünf hörgeschädigten Schüler, die teilgenommen hatten, waren schon vor Beginn der Trainingseinheiten in der Lage, selbst zu erkennen, dass sie durch das Training einen persönlichen Gewinn erzielen würden. Von daher stellt sich die Frage, wie der hörgeschädigte Regelschüler zu erreichen ist, der noch nicht erkennt, dass er so eines Trainings bedarf.

Der von mir entworfene Flyer hat bei diesem Projekt eine weitere zentrale Bedeutung, was sich jedoch erst im Nachhinein herausstellte. So war der Flyer die einzige Möglichkeit, die hörgeschädigten Teilnehmer für dieses Projekt zu interessieren und zu motivieren. Dies war mir zu Beginn des Entwurfs dieses Flyers nicht bewusst gewesen, da ich davon ausgegangen bin, dass sich viele Schüler über ein solches Seminarangebot freuen würden und es somit zu einer erheblich höheren Teilnehmerzahl kommen würde. Der Flyer sollte möglichst knapp, aber auch interessant gestaltet sein, so dass sich der hörgeschädigte Schüler, der für diese vier Wochenenden ja erhebliche Freizeit investieren musste, angesprochen fühlen sollte. Wichtig war mir bei diesem Flyer, meine eigene Selbstbetroffenheit und meinen Lebenslauf darzustellen, damit durch meine Selbstbetroffenheit eine Identifikation durch die Schüler mit mir möglich war und somit eine größere Motivation geweckt wird, das Seminar zu besuchen.

In der Auflistung des Überblickes über die verschiedenen Module war es mir wichtig, auch die Eltern anzusprechen, da diese als wichtige Motivatoren und Multiplikatoren im Hintergrund wirken konnten und sollten. Weiter war es mein Anliegen, die Nachteilsausgleiche durch den Schwerbehindertenausweis für die Eltern so interessant zu gestalten, dass diese ihre Kinder unterstützen, an dem Seminar teilzunehmen.

Für das Seminar war die Unterstützung der Eltern sehr wichtig, da sie die Hin- und Rückfahrten zu den Trainingswochenenden organisierten. So hatten nicht nur die Kinder erhebliche Freizeit in dieses Projekt investiert, sondern auch die Eltern, die in Fahrgemeinschaften die Kinder aus ganz Schleswig-Holstein abgeholt, gebracht und wieder nach Hause gefahren haben.

3.5 Metaplan

Für hörgeschädigte Schüler ist es wichtig, möglichst viele Inhalte des Seminars visuell erfassen zu können. Von daher habe ich mich des Buchs von Ralf Besser (2001) „Transfer: Damit Seminare Früchte tragen" bedient. Herr Besser hat in diesem Buch verschiedene Strategien, Übungen und Methoden dargelegt, die eine konkrete Umsetzung in die Praxis sichern können. Von diesen verschiedenen Konzepten habe ich mir das Konzept „Zielskala" zunutze gemacht.

Bei diesem Konzept der Zielskala wird auf einer Pinnwand der Grad der aktuellen Zielerreichung aller Teilnehmer dargestellt. Ziel dieser Methode ist es, den einzelnen Teilnehmer und damit auch die gesamte Gruppe in die Lage zu versetzen, das Seminarziel ständig in Erinnerung zu behalten. Hierbei wird die Eigenverantwortung der einzelnen Teilnehmer aktiviert und die Entwicklung des gesamten Seminars visuell dargestellt.

Für die Zielskala ist eine ca. 20-minütige Einführung notwendig, sowie die Überprüfung der Zielskala, die in der Regel einen Zeitrahmen von fünf Minuten in Anspruch nimmt. Benötigt wird dafür eine Pinnwand und kleine rechteckige und runde Metaplankarten.

In der Einführung definiert jeder Teilnehmer zwei konkrete persönliche Seminarziele. Ein Seminarziel befasst sich mit dem fachlichen Thema, in diesem Fall z.B.:" Ich möchte eine besseren Umgang mit meiner Schwerhörigkeit erreichen." Das andere Seminarziel befasst sich mit der persönlichen Entwicklung, z.B.: „Ich möchte gleich auf meine Hörbehinderung hinweisen können."

Auf der Pinnwand wird eine Zielskala von 0 – 100 % dargestellt. Dann wird auf jeder Skala (für jeden Teilnehmer wird eine Skala eingerichtet) bei der 0%-Marke eine in der Mitte durchgeschnittene kleine runde Metaplankarte angepinnt. Die obere Hälfte symbolisiert die Zielerreichung zum fachlichen Thema, die untere die Zielerreichung zur eigenen persönlichen Entwicklung. Diese beiden Hälften werden mit den Initialen oder mit einem persönlichen Symbol markiert.

Während des Seminars wurden die Teilnehmer nach jedem Modul aufgefordert, die Position ihrer Karten zu überprüfen. Hierbei wurde nach jedem Abschluss eines Moduls ein Zeitrahmen zu Verfügung gestellt, in dem sich die Teilnehmer nochmals über die verschiedenen Inhalte Gedanken machen konnten und diese visuell auf der Skala für sich und für mich als Seminarleiter darstellen konnten. Somit hatte ich ständig einen Überblick über die innere Entwicklung der Teilnehmer und konnte diese auch bei Bedarf zum Thema des Seminars machen. Wenn es notwendig war, konnten die hörgeschädigten Teilnehmer ebenfalls aufgefordert werden, zu den verschiedenen Positionen ihrer Kärtchen Stellung zu nehmen.

Für die Teilnehmer wurde es zu einer Selbstverständlichkeit, sich nach jedem Modul nochmals mit den Inhalten für ihren persönlichen und fachlichen Gewinn auseinanderzusetzen und dies auf der Skala erneut darzustellen. Eine Dokumentation fand durch das digitale Ablichten statt.

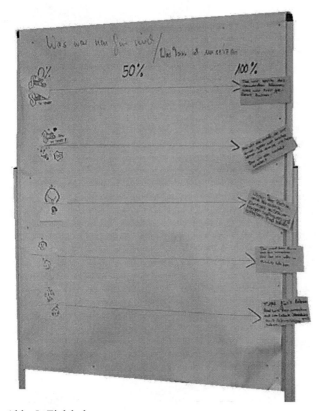

Abb. 5 Zielskala

3.5.1 Gruppenfoto

In meinem Praktikum in der Rehabilitations-Einrichtung für Hörgeschädigte in Rendsburg habe ich eine Methode der visuellen Darstellung der eigenen Hörschädigung der Teilnehmer kennen gelernt, die ich für dieses Seminar übernommen habe.

Zu Beginn des Seminars und direkt im Anschluss an das erste Modul wurden die hörgeschädigten Schüler aufgefordert, sich analog zum Grad ihrer Hörschädigung an der Wand aufzustellen. Hierbei befindet sich links, am Anfang der Wand, die Skala „normal hörend" und rechts, zum Ende der Wand, die „Taubheit". Der Zwischenraum ist die Skala. Hierbei sollten sich die Hörgeschädigten überlegen, in welchem Grad sie sich selber in ihrer Hörschädigung einschätzen und sollten sich dementsprechend an der Wand positionieren. Diese Aufstellung wurde dann fotografiert.

Abb. 6 Darstellung der Hörschädigung zu Beginn des Trainings

Hierbei ist es wichtig, dass die Position der Teilnehmer zu diesem Zeitpunkt weder erörtert noch diskutiert wird.

Nach Ablauf aller Module und den vier Trainingswochenenden wurden die hörgeschädigten Schüler wieder aufgefordert, sich nach ihrem Hörgeschädigtengrad an der Wand aufzustellen. Dieses Mal positionierten sich die Teilnehmer relativ adäquat zu ihrer Hörkurve. Somit ließ sich der Lernerfolg noch einmal auf eine andere Art visualisieren.

Nach der Präsentation der Fotos hatten die Schüler Gelegenheit, die Veränderungen zu diskutieren. Dabei wurden die von den einzelnen Schülern gemachten Lernerfahrungen noch einmal verbalisiert.

Abb. 7 Darstellung der Hörschädigung zum Ende des Trainings

Zum Schutze der Teilnehmer wurden die Gesichter unkenntlich gemacht.

3.5.2 Videodokumentation

Aufgrund meiner eigenen Hörschädigung war es mir nicht möglich, während der laufenden Seminare selber Notizen anzufertigen, da ich darauf angewiesen bin, meinem jeweiligen Gegenüber auf den Mund zu schauen und abzusehen. Deshalb habe ich alle vier Wochenenden komplett per Video dokumentiert. Dadurch war ich in der Lage, über die Videodokumentation die Aussagen der Schüler zu dokumentieren und in die Dissertation mit einfließen zu lassen. Meine Beobachtungen werde ich dann zusammenfassend in dem Kapitel „Beobachtungen des Dozenten" mit einfließen lassen.

Bei der Auswertung der Videodokumentation achtete ich ebenfalls auf die Körperhaltung und die Mimik. Dabei kam es mir darauf an, nachzuprüfen, ob eine Kongruenz zwischen den körperlichen Reaktionen und dem Gesprochenen besteht. Besonders bei dem Thema „Einforderung von guten Kommunikationsbedingungen" war dies von großer Wichtigkeit. So konnten die Schüler im nächsten Modul mit sich selbst konfrontiert werden und dadurch eine gute Selbsterfahrung machen. Auch ließ sich aufgrund dieser Dokumentationsform darstellen, ob in diesen Situationen ein angemessenes soziales Kompetenzverhalten gezeigt wurde oder nicht. Die Videodokumentationen, die ich aufgrund meiner Hörschädigung zum besseren Verstehen machte, erwiesen sich als eine Schatzkammer, die Verhaltensweisen der Schüler, ihre Gestik, Körpersprache und Mimik wie auch meine Anteile dokumentierte und aus der ich schöpfen konnte und noch schöpfen kann.

4. Praktischer Teil
Darstellung und Inhalte der Module

Die verschiedenen Trainingsinhalte habe ich als Module dargestellt. Zum einen erleichtert das die Bewertung von Seiten der hörgeschädigten Schüler, zum anderen bietet es interessierten Lesern und Fachleuten die Möglichkeit, einzelne Module für die eigene Tätigkeit zu verwenden. Das Besondere an den Modulen ist die Tatsache, dass sie zu 80 % aus Materialen bestehen, die öffentlich zugänglich sind. So gibt es z. B. für das Modul „Medizin und Hörschädigung" die Werbe-CD („better understanding of hearing") der Firma Otikon. Diese ist über die entsprechende Firma zu beziehen. Weitere Inhalte lassen sich über das Internet, wie z.B. www.schwerhoerigen-netz.de, herunterladen.

Im Anhang dieser Dissertation befindet sich ein Datenträger, der die Quellen des jeweiligen Materials nochmals dokumentiert. So ist der interessierte Leser in der Lage, sich über ihn zugängliche Quellen Material für den Unterricht bzw. für das Training anzueignen.

Ich habe die Module in verschiedene Kategorien unterteilt:
- Medizin und Hörschädigung
- Technik
- Schwerbehindertenausweis
- Multimedia
- Hörschädigung und Kompensation
- Kommunikationspsychologie

Ich habe bewusst nicht die Kategorien geschlossen angeboten, sondern die Module gemischt. Dadurch sollte sichergestellt werden, dass Sachinformationen sich mit Rollenspielen und aktiver Mitarbeit abwechselten. So sollte dann neben den Aspekten der Entspannung und dem gemeinsamen Freizeiterleben sichergestellt werden, dass die Teilnehmer motiviert teilnehmen konnten. Grundlagen waren vor allem das von mir entwickelte Modell „Training sozialer Kompetenzen bei Hörgeschädigten" und das ebenfalls von mir entwickelte Modell der „Trauerarbeit" sowie „Das innere Team" nach Schulz von Thun und das Buch von Virginia Satir „Meine vielen Gesichter".

Ich habe die verschiedenen Module zwecks besseren Überblicks in 6 Kategorien eingeteilt:

I. Die Kategorie Medizin und Hörschädigung beinhaltet den Aufbau des Ohres, Ursachen der Hörschädigung, die ototoxische Wirkung von Medikamenten, Lärm und Hörsturz, Tinnitus und Hörkurven.

II. Die Kategorie Technik beinhaltet Smartlink, Hörgerät und Lichtklingel.

III. Die Kategorie Schwerbehindertenausweis beinhaltet Merkzeichen, Behinderungsgrade und Nachteilsausgleich.

IV. Die Kategorie Multimedia beinhaltet Absehtraining Muskat, Die Firma (Gebärdensprachkurs) und „Zwischen den Welten".

V. Die Kategorie Hörschädigung und Kompensation beinhaltet „Den idealen Schwerhörigen", Kommunikationstaktik, DaZiel, Kontaktmöglichkeiten, Trauerarbeit und Entspannungstraining.

VI. Die Kategorie Kommunikationspsychologie beinhaltet Soziale Kompetenz, Kommunikationsmodell „Das innere Team" von Schulz v. Thun, „Meine vielen Gesichter" von Virginia Satir und ein Bewerbungstraining.

4.1. Medizin und Hörschädigung

Aus meiner Sicht ist es gerade bei der Behinderung Hörschädigung sehr wichtig, dass hörgeschädigte Jugendliche fundamentale medizinische Kenntnisse über das Ohr und die Hörschädigung erhalten. Da die Hörschädigung eine Behinderung ist, die sich besonders im kommunikativen und somit auch im zwischenmenschlichen Bereich auswirkt, sind Verunsicherungen bei Gesprächen meistens sehr groß. Wie bereits mehrfach erwähnt, ist der Hörgeschädigte in der Verantwortung, Nichtbetroffene bzw. hörende Gesprächspartner über seine Behinderung aufzuklären, um dessen Angst und Verunsicherung abzubauen bzw. nicht erst entstehen zu lassen und für sich selbst zu sorgen, damit er selbst besser versteht. Zur Erklärung der Hörschädigung sind medizinische Kenntnisse nützlich. Wenn der Hörgeschädigte z. B. weiß, dass er selber an einer Hochtonschwerhörigkeit leidet, so kann seine Auskunft „ich leide an einer Hochtonschwerhörigkeit, das bedeutet, ich kann hohe Stimmen, wie z. B. Frauenstimmen, nicht so gut verstehen", eine hilfreiche Brücke sein, um dem Gesprächspartner zu vermitteln, wo genau die akustischen Verständnisprobleme zu finden sind.

Bei der Kategorie „Ursachen der Hörschädigung" ist es besonders wichtig zu wissen, ob die eigene Hörschädigung genetischer Natur ist oder nicht. Bei Kenntnis dieser Ursache wäre der Hörgeschädigte sensibilisiert, gleich am Tag der Geburt eines eigenen Kindes oder ein oder zwei Tage später eine OAE (otoakustische Emotionsmessung) zu veranlassen, um die Hörfähigkeit des Kindes zu überprüfen. Auf der anderen Seite stärkt das Wissen über sich selbst das Selbstwertgefühl so wie das Selbstvertrauen.

Weitere wichtige Themen sind Lärm und Hörstürze. Diese beiden Faktoren können die bereits bestehende Schwerhörigkeit bis hin zur Taubheit führen, so das bisherige Kommunikationstaktiken und technische Kompensationsmöglichkeiten nicht mehr ausreichen. Von daher ist es im Bereich Medizin wichtig zu wissen, wie man Hörstürzen oder Lärmschädigungen vorbeugen kann.

4.1.1 Aufbau des Ohres

Wenn man die eigene Hörschädigung begreifen möchte, muss man fundamentale Kenntnisse über den Aufbau des Ohres besitzen. Dies ist besonders wichtig, um Außenstehenden die eigene Hörschädigung bzw. das Ausmaß der Hörschädigung erklären zu können.

Zum Aufbau des Ohres benutzte ich die Werbe-CD-Rom („better understanding of hearing") der Firma Otikon. Diese stellt in verschiedenen Unterkategorien ansprechend und interessant das Thema Hörschädigung und den Aufbau des Ohres dar. So lässt sich gleich zu Beginn beim Start des Programms die Sprache einstellen. Auf der Benutzeroberfläche sind die verschiedenen Untergruppierungen dargestellt. Über die Startseite mit dem Titel „Wie funktioniert das Hören" sind folgende Untergruppen angeordnet: Schall, Hören und Verlust, Hörgeräte, Sprache, Sprachlexikon, Aufbau des Ohres. Klickt man den Bereich Schall an, finden sich viele Klangbeispiele rund um das Thema Hören. Es wird erklärt, wie Schallwellen entstehen. Auf verschiedenen Diagrammen kann man über einen Regler verschiedene Geräusche und Töne produzieren. So befindet sich in diesem Programm auch ein Tongenerator, der die verschiedenen Töne in den verschiedenen Lautstärken abbilden kann. So kann man bei Vorliegen eines Audiogramms genau darstellen, welcher Ton nicht mehr gehört wird.

Über die Kategorie „Hören und Hörverlust" werden die verschiedenen Formen der Hörschädigungen dargestellt. Hierbei wird unterschieden zwischen einer Schallleitungsschwerhörigkeit und einer Innenohrschwerhörigkeit bzw. einer sensoneuralen Schwerhörigkeit. Die hier aufgeführten Begriffe sind anklickbar und führen automatisch zu dem im Programm integrierten Fachlexikon, wo die einzelnen Begriffe genau erklärt werden. Des Weiteren sieht man in schön dargestellter Form ein Audiogramm, in dem abgebildet wird, wo sich die Laute unserer Sprache in unterschiedlichen Lautstärke und Frequenz befinden. Durch das Klicken auf die kleineren Diagramme kann man die einzelnen Hörminderungen und deren Auswirkungen darstellen. Ebenfalls kann man bei Vorliegen der Audiogramme der Schüler darstellen, welche Laute und Buchstaben sie nicht mehr hören.

In dem Bereich Hörgeräte wird dargestellt, wie der Hörverlust diagnostiziert wird. Es werden die einzelnen Hörgerätetypen erklärt und deren Unterschiede. Des Weiteren wird ebenfalls die Entwicklung der Hörgerätetechnik multimediatechnisch aufbereitet vorgestellt. Ein besonderer Teil dieses Programms ist die Darstellung eines Hörgerätes bzw. eines In-dem-Ohr-Hörgerätes, bei dem man durch Anklicken die Bestandteile des Hörgerätes hervorheben und lokalisieren kann.

Ein wichtiger Teil dieses Programms ist das Fachlexikon. So finden sich unter dem Buchstaben „A " Erklärungen zu den Begriffen AGC, Altersschwerhörigkeit, Amplitude usw.

Unterstützt werden die einzelnen Erklärungen durch Grafiken.

Unter dem Buchstaben „M" befinden sich z. B. Begriffe wie: MCL, Maskierung, Mikrofon, Mittelohr. Es besteht die Möglichkeit, sich über ein Icon die dementsprechenden Seiten ausdrucken zu lassen. Zudem gibt es zu den jeweiligen Themen auch Literaturangaben.

Ein besonderer Teil ist dem Aufbau des Ohres gewidmet. In diesem Unterprogramm wird mittels einer computergrafischen Darstellung die Funktion des Ohres genau erklärt. In Form einer Kamerafahrt bewegt sich das Bild durch das Ohr bis hin zur Schnecke. Bei den einzelnen Bestandteilen des Ohres hält die Kamera an und bietet in einem Unterfenster weitere Erklärungen. Diese Darstellungsweise kommt den heutigen Bedürfnissen der Jugendlichen nach multimedialtechnischer Darbietung sehr entgegen. Die bisherige Darstellung der Funktionserklärung des Ohres wurde über das bekannte medizinische 3D-Modell angeboten. Die Rückmeldungen der Schüler bezüglich dieses Multimediaprogrammes waren überaus positiv. Ein besonderer Vorteil besteht darin, dass die Jugendlichen über die Nutzung dieses Programms immer einen Zugang zu dem Fachlexikon haben.

4.1.2 Ursachen der Hörschädigung

Bei den möglichen Ursachen von Hörschädigungen sind für hörgeschädigte Jugendliche zwei besonders von Bedeutung. Zum einen ist es der genetische Aspekt, der den Hörgeschädigten sensibilisieren sollte, nach der Geburt des eigenen Nachwuchses sofort die Hörfähigkeit des Kindes abklären zu lassen. Weiter ist bei einer genetischen Ursache zu hinterfragen, ob diese einen progredienten Verlauf beinhaltet. So gibt es genetisch bedingte Hörschädigungen, die erst in späteren Lebensjahren in Erscheinung treten. Die Kenntnis dieser möglichen Begleitsymptome der genetischen Ursache von Hörschädigungen kann dazu führen, dass der Hörgeschädigte sich frühzeitig um Kompensationsmöglichkeiten bemüht. So kann z. B. bei Erkenntnis eines progredienten Verlaufes bis hin zur Ertaubung das rechtzeitige Erlernen der lautsprachunterstützenden Gebärden eine sinnvolle Kompensationsmöglichkeit sein. Bei Kenntnis dieses Verlaufes wäre die technische Kompensation über ein mögliches Cochlea-Implantat eine Alternative, die jedoch einer langwierigen Vordiagnostik und Untersuchung bedarf.

Unabhängig von einer genetischen Ursache können Hörschädigungen einen progredienten Verlauf haben. Dies führt dazu, dass bei der Berufswahl Berufe mit einer erhöhten Disposition zu möglichen Lärmschädigungen des Gehörs aus betriebsärztlicher Sicht für diese Hörgeschädigtengruppe ausgeschlossen sind. Von daher ist bereit bei der Vorauswahl bzw. der Betrachtung der Berufe bzw. bei möglichen Praktika während der Schulzeit dieser Faktor in der Auswahl des Berufes mit einzubeziehen. Die Kenntnis der Ursache der eigenen Hörschädigung führt in der Regel dazu, dass man sich vor weiteren möglichen Folgen schützen kann. Faktoren, die zur eigenen Schwerhörigkeit geführt haben, können in Zukunft präventiv vermieden werden. So gibt es z. B. ototoxische Medikamente, die bei einer bereits bestehenden Schwerhörigkeit zu einer Verschlimmerung führen können. Daneben gibt es ototoxische Medikamente, die in der Nebenwirkung selbst zu einem Hörschaden führen. Die Kenntnis über diese Medikamente kann dazu führen, dass der Hörgeschädigte vorsichtig mit diesen Medikamenten umgeht und möglicherweise ganz meidet.

Eine Ursache für Hörstürze ist Stress. Oft entsteht Stress bei Hörgeschädigten durch Kommunikationssituationen, in denen sie überfordert sind und/oder diese als Belastung empfinden. Von daher kann die mögliche Gefahr eines Hörsturzes ein besonderer Motivator für die Anwendung von Kommunikationstaktiken und dem Nutzen aller technischer Möglichkeiten sein.

Den jugendlichen Teilnehmern war es z. B. nicht bekannt, dass Lärm das bereits geschädigte Gehör nochmals schädigen kann. Eine der Gewohnheiten der Jugendlichen war die, die Walkman-Kopfhörer so laut aufzudrehen, damit die Musik auch ohne Hörgeräte verstanden werden konnte. Dass durch diese enorme Dezibelzahl weitere Hörschäden fast unvermeidlich sind, war den Jugendlichen so nicht bekannt. Auch hatte sie die Möglichkeit eines Hörsturzes durch mangelnde Stressbewältigung dermaßen erschreckt, so dass sie bereit waren, psychosomatische Zusammenhänge zwischen Stress und Hörsturz und dem eigenen Umgang mit der Hörschädigung bzw. der Anwendung von Kommunikationstaktiken zu erkennen und zu diskutieren.

4.1.3 Ototoxische Ursachen von Hörschädigungen

Es gibt zahlreiche Medikamente, die als Nebenwirkung eine ototoxische Wirkung haben. Des Weiteren gibt es Medikamente, wie z. B. das Antibiotikum Gentamicin aus der Gruppe der Aminoglykosidantiobitika, die ihre ototoxische Wirkung bei einer bestehenden wie auch bei einer Veranlagung zur Schwerhörigkeit entfalten kann. Für hörgeschädigte Menschen, die durch eine Hörschädigung schon vorbelastet sind, können ototoxische Medikamente die bereits bestehende Schwerhörigkeit verstärken. Die Kenntnis über ototoxische Medikamente kann dazu führen, dass in Zukunft bei der Verschreibung von Medikamenten die Nebenwirkungen kritisch hinterfragt werden. Eine Aufzählung ototoxisch wirkender Medikamente befindet sich auf der beigefügten CD.

4.1.4 Hörkurven

Von den an dem Seminar teilnehmenden Jugendlichen war nur einer in der Lage, die eigene Hörkurve zu beschreiben und darzustellen. Diese Erfahrung, dass nur eine geringe Prozentzahl von Menschen genau über ihre Hörkurve Bescheid wissen, mache ich immer wieder in meinen Seminaren. Im Zusammenhang mit dem Seminar „Hörschädigung und Identität" oder „Kommunikationstaktik" bitte ich die Schüler, mir ihre Hörkurven plausibel zu erklären und darzustellen. In der Regel ist es so, dass, wenn überhaupt, nur ein Schüler in der Klasse Kenntnis über die eigene Hörkurve hat bzw. in der Lage ist, den Hörverlust schlüssig darzustellen. Aus meiner Sicht ist die Kenntnis der Hörkurve ein wichtiges Instrument zur objektiven Einschätzung der eigenen Behinderung. Diese Kenntnis erleichtert auch die Erklärung der Hörschädigung gegenüber Dritten.

Auf der im vorherigen Modul beschriebene CD befindet sich die Abbildung einer Hörkurve, bei der die verschiedenen Hörschädigungsarten optisch dargestellt werden. Auf dieser Hörkurve sind die verschiedenen Laute und Phoneme eingetragen. So kann man sehen, in welchem Frequenz- und in welchem Dezibelbereich welcher Laut gebildet bzw. wahrgenommen wird. Des Weiteren sind auf der Hörkurve unterschiedliche Geräusche dargestellt, um einen Eindruck zu geben, wo sich in einer Hörkurve z.B. das Geräusch eines Autos oder. das Klingeln eines Telefons befindet. An Hand der in der Hörkurve eingetragenen Laute kann bei Kenntnis der Hörkurve dem Jugendlichen genau dargestellt werden, welche Laute von ihm nicht mehr gehört und verstanden werden. Daraus ergeben sich gute Übungen, in denen man z. B. einen Satz an die Tafel schreibt und die jeweiligen Laute, die nicht mehr gehört werden können, herausstreicht. Dadurch wird visuell dargestellt, warum ein Wort in seiner Gesamtheit nicht verstanden werden kann.

Die jugendlichen Teilnehmer mussten ihre Hörkurven von zu Hause mitbringen. Sie waren sehr beeindruckt, dass ich ihnen an Hand ihrer Hörkurve genau beschreiben konnte, wie und was sie hören und was nicht mehr gehört wird. Es ist für die Jugendlichen wichtig, anderen Menschen erklären zu können, warum sie tiefe bzw. hohe Töne nicht mehr hören können. Daraus resultiert dann, warum manche Hörgeschädigten Männer- und manche Frauenstimmen besser oder eben auch schlechter verstehen. Ebenfalls ist die Hörkurve ein objektives Instrument zum Überprüfen, ob das eigene Ohr sich verschlechtert hat oder stabil geblieben ist. Die Kenntnis der Hörkurve ist somit ein wichtiger Bestandteil zur Vermittlung von Kompetenz bezüglich der eigenen Behinderung. Auf meine Frage, ob ihnen schon einmal die Hörkurve erklärt wurde, gab es nur verneinende Antworten. Auch an Hörgeschädigtenschulen ist es oft so, dass die Hörkurve und ihre Funktion den Schülern nicht vermittelt wird.

4.1.5 Tinnitus (Ohrgeräusche)

Von den Teilnehmern gaben zwei Jugendliche an, dass sie zeitweilig Ohrgeräusche hätten. Diese seien aber nicht belastend. An Hand einer akustischen Demonstration, wie sich Tinnitus anhören könnte, verteilt über die verschiedenen Frequenzbereiche und in verschiedenen Lautstärken, reagierten die Jugendlichen sehr betroffen. Die Möglichkeit, dass sie an einem lauten Tinnitus leiden könnten, war bereits in der Vorstellung unerträglich. In diesem Zusammenhang wurde Stressmanagement und Tinnitus als Stressindikator besprochen. Ein offensiver Umgang mit der Hörschädigung und damit verbunden eine optimale Kommunikationstaktik kann dazu führen, dass in Gesprächssituationen weniger Stress entsteht. Dies wiederum gibt eine Sicherheit, die vor Tinnitus schützen kann. In diesem Zusammenhang wurde das Erlernen von Entspannungstechniken in die Module mit eingebaut. Des Weiteren wurde auch auf spezielle Rehabilitations-Kliniken bezüglich der Behandlung von Tinnitus bei Hörschädigung und psychosomatischen Beschwerden, die im Zusammenhang mit einer Hörschädigung stehen, hingewiesen.

4.1.6 Lärm

Viele Hörgeschädigte wissen nicht, dass Lärm bzw. laute Geräusche das Gehör weiterhin schädigen können. So kommt es bei extremem Lärm insbesondere zur Schädigung der Haarzellen in der Schnecke. Diese knicken um und/oder brechen ab, so dass sie in Zukunft keine optimale Reizweiterleitung mehr gewährleisten. Bei meiner Frage an die Jugendlichen, wie sie Musik über Walkman / CD-Player mit Kopfhörer hören, bekam ich die Auskunft, dass die Hörgeräte herausgenommen werden und die Musik bei voll aufgedrehter Lautstärke direkt über den Kopfhörer gehört wird. Die Meinung, dass bei Hörgeschädigten das Gehör dadurch nicht mehr stärker gefährdet werden kann, da Kopfhörer ja wie Hörgeräte funktionieren würden, ist Weit verbreitet. Die Darstellung verschiedener anderer technischer Hilfsmittel, wie z. B. des Smartlinks oder Mikrolink und die Darstellung von Lärmschädigung und deren Auswirkungen, haben die Jugendlichen zutiefst beeindruckt. Als Kompromiss wollten sie versuchten, in Zukunft die Musik mit den Hörgeräten und den Kopfhörern zu hören. Da es aber leider ein „kosmetisches" Problem ist, wenn ein Kopfhörer auf dem Mikrofon der Hörgeräte aufliegt, ist davon auszugehen, dass die Jugendlichen dieses nicht umsetzen werden. Ein aufliegender Kopfhörer auf einem Hörgerät sieht ziemlich auffällig und stigmatisierend aus. Zwei Jugendliche konnten zu geben, dass sie nach langem Hören lauter Musik verstärkt an Ohrgeräuschen gelitten haben.

Eine weitere wichtige Information in diesem Zusammenhang war, dass bei einer progredienten Schwerhörigkeit eine Berufsausbildung an einem lärmexponierten Arbeitsplatz betriebsärztlich nicht zugestimmt werden kann. Von daher ist bei progredienten Schwerhörigkeit bereits bei der Berufsauswahl darauf zu achten, dass Lärmquellen nicht zu einer weiteren Verschlechterung des Gehörs führen können. Durch die in dem Kapitel „Technik" dargestellten Möglichkeiten, wie z. B. Smartlink oder Mikrolink, haben hörgeschädigte Hörgeräteträger die Möglichkeit, Musik unbedenklich konsumieren zu können, ohne einen Hörverlust zu erleiden.

4.1.7 Hörsturz

Bei bereits Hörgeschädigten besteht eine erhöhte Veranlagung für Hörstürze. Hörstürze können zu einer Hörverschlechterung, im schlimmsten Fall zur völligen Ertaubung führen. Ursache für einen Hörsturz kann auch Stress sein. Von daher ist, ähnlich wie in dem vorherigen Modul „Tinnitus", zu beachten, dass man als Hörgeschädigter genügend Kompetenz besitzt, Kommunikationen möglichst stressfrei und entspannt mitzugestalten. Dazu gehört eine optimale technische Versorgung, gut aufgeklärte Gesprächspartner (Kommunikationstaktik) und ein Management der Umgebung. Ein Hörsturz, oft einhergehend mit einem Tinnitus oder mit einem bestehenden Tinnitus, bedarf einer raschen Behandlung. Durch Stressvermeidung im Anschluss an einen Hörsturz und einer Infusionstherapie können evtl. Schäden vermieden und/oder gemildert werden. Von daher ist der Hörsturz eine nicht zu vernachlässigende Erkrankung für Hörgeschädigte.

Ich habe mit Absicht den Tinnitus und den Hörsturz zu zentralen Modulthemen gemacht, um die Wertigkeit einer guten Kommunikationstaktik und Auseinandersetzung mit der Behinderung darzustellen. Ich habe mit diesen beiden Modulen versucht, den Leidensdruck zu erhöhen, da nur ein erhöhter Leidensdruck oftmals zu einer positiven und konstruktiven Auseinandersetzung mit der Behinderung führen kann. Bewertungen der Module der Kategorie Medizin und Hörschädigung haben mir gezeigt, dass in diesen Kategoriebereichen ein erheblicher Nachholbedarf an Informationen besteht. Ein Großteil dieser Informationen wurde sicherlich bereits von Beratungslehrern zur Verfügung gestellt. Es zeigte sich jedoch, dass viele der Informationen nicht mehr präsent waren.

4.2 Technik

Für Hörgeschädigte gibt es zunehmend technische Kompensationsmöglichkeiten, die das Leben mit einer Schwerhörigkeit erheblich erleichtern. Man muss sich dennoch bewusst seit, dass trotz aller technischen Versorgung niemals die gleiche Leistungsfähigkeit eines gesunden Ohres erreicht werden kann. In diesem Modul war es mir wichtig, den Jugendlichen neue technische Möglichkeiten aufzuzeigen und sie zu ermutigen, diese zu nutzen. Gleichzeitig habe ich versucht, Finanzierungsmöglichkeiten aufzuzeigen.
Durch ansprechende Präsentation und Darbietung von eigenen Beispielen habe ich die Schüler dafür sensibilisiert, sich aktiv mit der sich schnell erneuernden Technik auseinander zusetzen. Da die Technik sich entlastend auf die Psyche auswirkt, wäre es schon als Erfolg zu verzeichnen, wenn sich auch die Eltern damit auseinander setzen würden.

4.2.1 Hörgerät

Es ist wichtig zu wissen, welche Stärken und Schwächen Hörgeräte haben. Hörgeräte dienen dazu, eine Behinderung zu erleichtern. Sie werden aber nicht in der Lage sein, das natürliche Gehör zu ersetzen. Leider ist die zum größten Teil irreführende Werbung der Hörgeräteindustrie immer mit Schlagworten wie „Hören wie früher" oder „Natürliches Hören" gefüllt. Es ist wichtig zu wissen, dass das Hörgerät eine Prothese ist, die die Behinderung nur teilweise ausgleichen kann. Hierbei ist es wichtig, Kenntnisse über die zwei verschiedenen Typen von Hörgeräten zu haben.

Zu der einen Kategorie der Hörgeräte gehören die analogen Hörgeräte. Das besondere Merkmal der analogen Hörgeräte ist, dass sie alle Geräusche, sowohl Nebengeräusche als auch Sprache, gleich verstärken. Das analoge Hörgerät ist nicht in der Lage, zwischen den verschiedenen Frequenzen an Geräuschquellen zu differenzieren und diese verschiedenartig zu verstärken bzw. auszuklammern. Des Weiteren ist ein signifikantes Merkmal der analogen Hörgeräte, dass sie in der Regel nur über zwei Programme verfügen, einmal das Programm zum Hören und zum anderen ein Programm für die Telefonspule.

Im Gegensatz zu den analogen Hörgeräten ist das digitale Hörgerät programmierbar. So ist in meinem Hörgerätemodell von Siemens eine Technik enthalten, die es mir ermöglicht, vier verschiedene Programme einzuspeisen. Es gibt ein Programm, bei dem nur die Sprache verstärkt wird, so dass ich auch bei Nebengeräuschen die Sprache gut verstehen kann und die Nebengeräusche über dieses Programm reduziert werden. Das zweite Programm ist so eingestellt, dass ich einen optimalen Musikgenuss habe. Das dritte Programm dient der Benutzung der Mikroportanlage. Ich kann von daher bei einem digitalen Hörgerät mit den verschiedenen Programmen dieses auf meine persönliche individuelle Situation einstellen. Das vierte Programm verstärkt alle Geräusche ohne einen Differenzierung vorzunehmen.
Bei den jugendlichen Teilnehmern herrschte große Verunsicherung, mit welchem Modell sie ausgestattet sind. Auch hier ist es wichtig, die Leistungsfähig-

keit der Hörgeräte genau zu kennen und einschätzen zu können. Aussagen wie „mit dem Hörgerät kann ich alles verstehen" zeigen, dass die Technik in der Anwendung überschätzt wird. Diese Personen neigen dazu, sich ziemlich stark von der Technik abhängig zu machen und kommunikationstaktische Aspekte zu vernachlässigen.

Eine große Rolle bei dem Modul „Hörgeräte" spielten die verschiedenen Finanzierungsmöglichkeiten. Da die Kosten digitaler Hörgeräte in der Regel weit über dem von der Krankenkasse geleisteten Rezeptbetrag liegen, ist es wichtig zu wissen, wie digitale Hörgeräte finanziert werden können. In dem Modul „Schwerbehindertenausweis" werde ich dazu noch ausführlich berichten.

Die Stärken und Schwächen der jeweiligen Hörgerätetypen müssen genau auf die jeweiligen Hörschädigungsgrade abgestimmt werden. Eine wichtige Bezugsgröße ist hierbei der Zeitraum der Anpassung. In der Regel sollten Hörgeräte auch über mehrere Wochen getestet werden. Wichtig ist hierbei, dass man von dem Hörgeräteakustiker verschiedene Modelle zur Verfügung gestellt bekommt. Nur so ist sichergestellt, dass man für sich selbst das optimale Hörgerät herausfinden kann. Die Rückmeldungen der Jugendlichen zeigten, dass diese nach kurzen Testphasen mit wenig Auswahl sich für ein Gerät entscheiden mussten. Dies hat auch zur Folge, dass Hörgeräte nicht gerne getragen bzw. nicht als angenehm empfunden werden. Als Beispiel führte ich meine eigene Hörgeräteversorgung an. Die Testphase dauerte bei mir drei Monate und mir wurden vier verschiedenen Hörgeräte zur Verfügung gestellt. Zu diesen drei Monaten kamen nochmals 6 Wochen Anpassungszeit hinzu, in der ich wöchentlich einen Termin beim Akustiker hatte. Bei diesen Terminen habe ich in Zusammenarbeit mit dem Akustiker Feinregulierungen vorgenommen. Dies hat dazu geführt, dass ich zurzeit mit meinen Hörgeräten einen guten Komfort und eine hohe Lebens- und Hörqualität erreicht habe. Auch in diesem Modul war es mir sehr wichtig, die Jugendlichen von meinen Erfahrungen partizipieren zu lassen. Ebenso wichtig ist der Austausch der Jugendlichen über ihre Erfahrung mit dem Hörgeräteakustiker. So können bereits erworbenen Erfahrungen und Kompetenzen untereinander ausgetauscht werden.

4.2.2 Smart-Link

Das Smart-Link funktioniert ähnlich wie ein FM-System. Mittels eines Mikrofons wird Sprache aufgenommen und direkt an das Hörgerät des Empfängers vermittelt. Das Besondere an diesem System ist, dass es ein drahtloses System ist und über Funk funktioniert. Zudem ist das Smart-Link mit einem Mikrofon ausgestattet, das über eine Zoomfunktion mit drei weiteren Funktionen verfügt. Zum einen gibt es die Möglichkeit des Superzooms (nur auf eine Person gerichtet), Direktionalzoom (auf zwei bis drei Personen gerichtet) und Opdirektionalzoom (auf alles gerichtet). Anders als bei den bisherigen Systemen, wo nur die an das Mikrofon angeschlossenen Personen verstanden wurden, kann mit dem Smart-Link die gesamte Umgebung verstanden werden. Das Besondere an diesem System ist, dass an dem HdO-Gerät ein Funkempfänger angeschlossen wird. Von daher ist der für viele Hörgeschädigte stigmatisierende Effekt, offen mit Kabeln verbunden zu sein, nicht mehr gegeben. Diese Verkabelung hat dazu geführt, dass diese Geräte ungern benutzt wurden.

Mit dem Smart-Link senkt sich auch die Hemmschwelle, sich als Hörgeschädigten zu outen, da der Einsatz des Smart-Link nur eines Handgriffes bedarf. Das Smart-Link hat ein sehr schönes Design, das einem Handy ähnlich ist. Durch die drahtlose Übertragung fühlt sich der Hörgeschädigte in seiner Persönlichkeit geschützt. Der Sender kann neben dem Empfang eines Gesprächspartners auch an verschiedene technische Anlagen, wie z. B. Fernseher oder MP3-Player angeschlossen werden. Der Vorteil hierbei ist insbesondere, dass die Musik bzw. die Sprache und Geräusche aus dem Fernseher in einer für das Gehör nicht schädigenden Lautstärke übertragen wird. So kann das Smart-Link gegenüber der Benutzung eines normalen Kopfhörers Hörschäden durch Lärm vorbeugen.

In Arbeitsplatzsituationen, bei denen ein enormer Kommunikationsbedarf besteht, ist das Smart-Link eine technische Versorgungsvariante, die es dem Hörgeschädigten ermöglicht, sowohl in Gesprächen im Team wie auch in der Kommunikation mit Kunden angemessene Leistung zu zeigen. Besonders für den schulischen Einsatz und/oder für den Einsatz auf dem Arbeitsmarkt gibt es verschiedene Förderungsmöglichkeiten. Soll das Smart-Link ausschließlich für die Arbeit benutzt werden, könnte ein möglicher Kostenträger nach dem SGB IX das Integrations- oder Arbeitsamt oder der Rentenversicherungsträger sein. Durch den Einsatz dieser Technik im Rahmen meiner Seminare konnten die Jugendlichen die Funktion dieses Gerätes kennen und schätzen lernen.

4.2.3 Lichtklingel

Ein in meinen Augen oft vernachlässigtes Hilfsmittel ist die Lichtklingel oder die Lichtsignalanlage. Da die hörgeschädigten Schüler in der Regel bei normal hörenden Eltern wohnen, verlassen sich die jungen Menschen auf das Hörempfinden der Familie. Das bedeutet, dass bei einem akustischen Signal eines Telefons oder der Türklingel die hörenden Familienmitglieder den Hörgeschädigten auf dieses Signal aufmerksam machen Lichtsignalanlage waren oft unbekannt und von daher bestand auch kein Bedarf bei den Schülern. Auch hier war es für die Schüler sehr hilfreich, von meinen eigenen Lebenserfahrungen mit und ohne Lichtklingel zu hören. Ich habe diesbezüglich eine mir aus meiner Therapie mit Hörgeschädigten bekannte Geschichte erzählt, die bei den hörgeschädigten Schülern einen nachhaltigen Eindruck hinterlassen hat.

Die Geschichte:
Ein von mir in der Therapie betreuter hörgeschädigter Klient hatte im jugendlichen Alter bei seinen Eltern gewohnt. Das Haus, in dem sie wohnten, war nicht mit einer Lichtsignalanlage ausgestattet. Der Jugendliche hatte eine mittel- bis hochgradige Schwerhörigkeit, so dass er bei Nebengeräuschen oder auch im Schlaf, wenn die Hörgeräte herausgenommen waren, nicht in der Lage war, akustische Signale wahrzunehmen. An einem Abend wollten die Eltern zusammen zum Essen auszugehen. Am nächsten Morgen war der Jugendliche verwundert, dass er zum einen nicht wie gewohnt geweckt wurde und zum anderen aber auch das Bett der Eltern unberührt vorfand. Er ging wie gewohnt zur Schule, natürlich abgelenkt und irritiert durch die Frage nach dem Verbleib der Eltern. Als

er nach der Schule ins Elternhaus zurückkehrte, waren die Eltern noch immer nicht zu Hause. Er öffnete dann den Briefkasten und stellte fest, dass dort eine Nachricht für ihn hinterlegt war. Die Eltern hatten auf der Fahrt zum Restaurant einen schweren Unfall gehabt. Den Polizeibeamten war es gelungen, die Adresse und die Telefonnummer des Sohnes ausfindig zu machen. Zuerst wurde versucht, ihn telefonisch zu Hause zu erreichen. Das Klingeln des Telefons wurde von dem Jugendlichen aufgrund dessen, dass er Fernsehen geschaut hatte, nicht wahrgenommen. Wenig später hatten die Beamten versucht, ihn über das Klingeln an der Tür zu verständigen. Zu diesem Zeitpunkt lag der Hörgeschädigte im Bett und war kurz vor dem Einschlafen. Das Klingeln an der Tür konnte er auf Grund des Fehlens technischer Hilfsmittel ebenfalls nicht wahrnehmen, so dass die Beamten nach Hinterlegen einer Nachricht im Briefkasten unverrichteter Dinge abgezogen waren. Nach dem Auffinden der Nachricht fuhr der Jugendliche zuerst zur Polizeiwache und dann in das Krankenhaus, in das seine Eltern eingeliefert worden waren. Zwischenzeitlich war der Vater verstorben. In der Therapie waren die Selbstvorwürfe und der daraus resultierende Leidensdruck und die nicht verarbeitete Trauer die zentralen Themen.

4.2.4 Sonstiges

Auf alle noch erhältlichen technischen Möglichkeiten einzugehen, würde den Rahmen dieser Arbeit sprengen. Ich verweise zu diesem Zweck auf die beigefügte CD.

Ich will jedoch noch zwei technische Hilfsmöglichkeiten besonders hervorheben. Die eine ist das so genannte Bild-Telefon, bei dem ein Telefon mit einem Bildschirm verbunden ist. Über diesen Bildschirm kann man mit dem Gesprächspartner von Angesicht zu Angesicht kommunizieren. Voraussetzung dafür ist, dass dieser ebenfalls über ein Bild-Telefon verfügt. Die Kamera oberhalb des Bildschirms ermöglicht eine klare Wiedergabe des Gesichts und, je nach Abstand, auch die Gebärden des Gesprächspartners. So kann man zum einen in der Gebärdensprache mit einem Gesprächspartner von Angesicht zu Angesicht kommunizieren oder, falls man der Gebärdensprache nicht mächtig ist, ein besseres Verständnis über das Mundabsehen erreichen. Diese Möglichkeit der Technik war den Jugendlichen komplett unbekannt. Gerade für die Jugendlichen, die in absehbarer Zeit ertauben werden, ist das Bild-Telefon eine Möglichkeit, über Dolmetscherdienste wie Telesign Kontakt mit Gesprächspartnern zu haben, die kein Bildtelefon besitzen. So kann ich über den Dolmetscherdienst Telesign mit der Dolmetscherzentrale, die ebenfalls ein Bild-Telefon hat, in Gebärdensprache kommunizieren. Die Dolmetscherin am anderen Ende der Leitung wird dann das gebärdete Wort in Lautsprache an den hörenden Gesprächspartner weitergeben. Die lautsprachlichen Äußerungen des Gesprächspartners werden auf dem umgekehrten Wege von der Dolmetscherin in Gebärdensprache übersetzt, so dass der Hörgeschädigte an seinem Bildschirm die Gebärden der Dolmetscherin sieht.

Eine weitere technische Kompensationsmöglichkeit ist ein Alltagsgegenstand, der sich zunehmender Beliebtheit erfreut. Das Handy ist zu einer multimediatechnischen Zentrale geworden, die insbesondere in der Ausstattung enorme Kommunikationserleichterungen für Hörgeschädigte bildet. So ist durch die Videotelefonie UTMS, bei der sich Hörgeschädigte von Angesicht zu Angesicht unterhalten bzw. gebärden können, auch die Messangerfunktion von wichtiger Bedeutung. Mit dieser wichtigen Funktion kann bei entsprechenden Geräten direkt auf schriftsprachlichem, visuellem Wege mit dem Hörgeschädigten Kontakt aufgenommen werden. Ebenso gehören dazu auch die von den Hörenden geschätzten Kommunikationsformen Email und SMS, welche es den Hörgeschädigten ermöglichen, unterwegs auf visuellem Wege Nachrichten zu empfangen und weiterzugeben.

Die Vorführung des Bildtelefons und das Zeigen von speziellen Handys haben die Jugendlichen enorm beeindruckt. Diese waren insbesondere an den Finanzierungsmöglichkeiten über das SGB IX interessiert. Besonders bereichernd fanden sie meine eigenen Erfahrungsberichte über die Technik, so dass es nicht nur bei der theoretischen Informationsbasis blieb, sondern auch die praktische Anwendung von den Jugendlichen betrachtet werden konnte.

4.3 Schwerbehindertenausweis

Der Schwerbehindertenausweis steht jeder Person zu, die einen Grad der Behinderung (GDB) von mindestens 50 % hat. Mit dem Ausweis wird die Schwerbehinderteneigenschaft festgestellt und man erwirbt verschiedene Ansprüche, den so genannten Nachteilsausgleich. Des Weiteren sind mit Inanspruchnahme des Schwerbehindertenausweises auch Rechte verbunden, die einem Schwerbehinderten nach dem Schwerbehindertengesetz, nach anderen Vorschriften oder auf freiwilliger Grundlage zustehen. Sollte der Schwerbehindertenausweis eine entsprechende Kennzeichnung haben (orangefarbener Flächenaufdruck, Beiblatt mit gültiger Wertmarke), berechtigt er auch zur unentgeltlichen Beförderung im öffentlichen Personenverkehr und zur Inanspruchnahme des jeweiligen Nachteilsausgleichs. Schwerhörige erhalten den Schwerbehindertenausweis zum einen aufgrund des Defizits des Hörens, der Hörschädigung selber und der oft damit verbundenen Sprachstörung. Der Schwerbehindertenausweis wird beim Versorgungsamt der Gemeinde, bei der man gemeldet ist, beantragt.

Von den fünf Jugendlichen hatte nur ein Schüler (ein Mädchen) einen Schwerbehindertenausweis und war auch über den Nachteilsausgleich und der ihr zustehenden Rechte gut informiert. Bei den anderen war zum einen zu hören, dass die Eltern probiert hatten, einen zu beantragen, dies aber nicht geklappt hätte. Sie sähen aber auch zurzeit nicht mehr die Notwendigkeit, einen Schwerbehindertenausweis zu beantragen, da es ja sowieso nichts brächte.

In meiner langjährigen Arbeit mit jungen Hörgeschädigten habe ich die Beobachtung gemacht, dass die Wertigkeit des Schwerbehindertenausweises und der Besitz des selbigen oft mit der Verarbeitung der eigenen Hörschädigung korrelieren. So wird der Schwerbehindertenausweis oft von den Hörgeschädigten abgelehnt bzw. als nicht notwendig angesehen, die auch ihre eigene Hörschädigung nicht gut annehmen können. Für sie ist der Schwerbehindertenausweis oft ein Dokument der Stigmatisierung und verstärkt das Gefühl der Schwere der eigenen Behinderung. Einen Schwerbehindertenausweis zu beantragen, mit sich zu führen und die daraus resultierenden Nachteilsausgleiche und Rechte in Anspruch zu nehmen, ist eine wichtige Stufe im offensiven Umgang mit der eigenen Schwerhörigkeit und erfordert Trauerarbeit. Von daher war es nicht verwunderlich, dass der Schwerbehindertenausweis in dieser Gruppe der Jugendlichen keine Verbreitung gefunden hatte.

Ein weiterer wichtiger Aspekt dürfte sicherlich sein, dass das Sprachdefizit bzw. das Sprachvermögen bei den Jugendlichen nicht wesentlich beeinträchtigt war, so dass daraus resultierend die Höhe des Grades der Behinderung vermutlich auch nicht hoch ausfallen dürfte. Da die Schwerbehinderung aber weit reichende negative Folgen im sozialen Leben, am Arbeitsplatz und im Alltag hat, erscheint es mir trotzdem wichtig, diese durch einen Schwerbehindertenausweis dokumentieren zu lassen und die daraus resultierenden Rechte und Nachteilsausgleiche zur Kompensierung der Behinderung bzw. zur Erleichterung der Behinderung zu nutzen.

Aus meiner Erfahrung fällt die Einstufung des Grades der Behinderung niedrig aus, wenn lediglich das Sprachdefizit oder das Hörvermögen im zentralen Blickpunkt der Beantragung steht. Wichtig ist es z.B. bei der Hörbehinderung, detailliert auf die häufigen Folge- und Begleiterscheinungen hinzuweisen. So kann ich aus eigenem Erleben berichten, dass ich bis zu meinem einundzwanzigstem Lebensjahr meine Ohrgeräusche, den so genannten Tinnitus, nicht als solchen erkannt habe und nicht wusste, dass dies eine Folge der Schwerhörigkeit ist und ebenso eine separat zu betrachtende Behinderung, die meine Schwerhörigkeit noch erheblich beeinflusst. Weitere Folge- und Begleiterscheinungen können psychische Probleme wie auch eine Hyperakusis sein. So sollte man angeben, dass man aufgrund der Schwere der Hörschädigung z. B. nicht in ein Kino oder Theater gehen kann. Weitere Beeinträchtigungen finden beim Einkaufen und im Straßenverkehr statt. Zudem ergibt sich im Straßenverkehr ein erhöhtes Maß der

Gefährdung. Die Lautsprecheransagen auf Bahnhöfen oder Flughäfen können in der Regel von Hörgeschädigten nicht verstanden werden. Vorträge oder Besprechungen, wie auch Weiterbildungsmaßnahmen, können von Hörgeschädigten nur eingeschränkt besucht werden. Bei Familienfeiern, Gesprächsrunden und Gesprächen untereinander kann die Schwerhörigkeit dazu führen, dass man sich ausgeschlossen fühlt. Die Folge sind Vereinsamung, Depressionen, sozialer Rückzug und Ängste. Folge von Depressionen können Schlafstörungen und Konzentrationsstörungen sein. Damit einher geht eine erhebliche Minderung der Lebensqualität. Die eben aufgeführten Punkte machen dem Sachbearbeiter des Versorgungsamtes deutlich, dass es nicht nur darum geht, nicht zu hören, sondern ein erheblicher Verlust von Lebensqualität mit der Hörschädigung einhergeht. In der Regel wird dann dies bei einer Einstufung berücksichtigt und kann zu einer Erhöhung des Grades der Schwerbehinderung führen.

Als einen besonderen Gewinn empfanden die teilnehmenden Schüler, dass ich ihnen meinen eigenen Schwerbehindertenausweis vorstellte. Ich schilderte ihnen, welche Vorteile ich durch meinen Schwerbehindertenausweis habe. Die Rückmeldungen der Schüler waren von „beeindruckend" bis „das möchte ich auch haben".

In den nachfolgenden Kapiteln werde ich zum einen die Merkzeichen kurz darstellen, aber auch die Behinderungsgrade und den daraus resultierenden Nachteilsausgleich.

Interessant war, dass besonders von den Eltern dieser Teil des Kompendiums zur Dissertation als Gewinn angeführt wurde. Die Eltern waren durch Kenntnis des Nachteilsausgleichs und der Rechte motiviert, nochmals die Beantragung eines Schwerbehindertenausweises in Angriff zu nehmen.

4.3.1 Merkzeichen

Folgende Merkzeichen gibt es:

- B - ständige Begleitung des Behinderten bei Benutzung öffentlicher Verkehrsmittel ist notwendig.

- BL - der Behinderte ist blind.

- G - der Behinderte ist in seiner Bewegungsfähigkeit im Straßenverkehr erheblich beeinträchtigt bzw. erheblich gehbehindert.

- GL - eine schwere Sprachstörung.

- AG - der Behinderte ist außergewöhnlich gehbehindert.

- H - der Behinderte ist hilflos.

- RF - der Behinderte erfüllt die gesundheitlichen Voraussetzung für eine Befreiung von der Rundfunkgebührenpflicht und die Nachteilsausgleiche bei den Telefongebühren.

Für Hörgeschädigte sind insbesondere zwei Merkzeichen von Bedeutung:
GL - was aber nur für gehörlose Menschen bzw. für Schwerhörige mit einer an Taubheit grenzenden Schwerhörigkeit und/oder einer einhergehenden Sprachstörung Gültigkeit hat.

RF - befreit von der Rundfunkgebührenpflicht und bietet Nachteilsausgleiche bei den Telefongebühren.

Wenn man bedenkt, dass die Rundfunk-/Fernsehgebühren z. Zt. 16,15 € monatlich betragen, so ist dies doch ein geldwerter Vorteil. Hörgeschädigte können nicht wie Hörende am Fernsehen teilnehmen. Von daher ist die Frage, warum sie für ein Programm bezahlen sollen, von dem sie nicht wie Hörende profitieren können. Es ist demnach realistisch für Hörgeschädigte, das Zusatzzeichen „RF" zu bekommen.

Auch hier profitierten die Schüler von meinen eigenen Erfahrungen mit meinen Merkzeichen GL und RF. Ich konnte ihnen alltagsnah darstellen, welche Vorteile die beiden Merkzeichen für mich hatten und haben und konnte ihnen diese mit Beispielen erklären und nahe bringen.

4.3.2 Behinderungsgrade

Die Einteilung in Behinderungsgrade beginnt bereits bei einem Behinderungsgrad von 20 %. Ab einem Behinderungsgrad von 30 bzw. 40 % ergibt sich schon ein Steuerfreibetrag, der auf der Lohnsteuerkarte mit eingetragen bzw. beim Lohnsteuerjahresausgleich berücksichtigt werden kann. Bei Gleichstellung mit einem Schwerbehinderten erhält der Hörgeschädigte mit einem Grad der Behinderung von 30 bzw. 40 % bereits einen Kündigungsschutz.

Ab einem Schwerbehinderungsgrad von 50 % erhält man den grünen Schwerbehindertenausweis. Somit ist die Eigenschaft als Schwerbehinderter dokumentiert und diese Eigenschaft kann jederzeit gegenüber anderen dargestellt werden. Bereits bei einem Grad der Behinderung von 50 % ergeben sich zahlreiche Nachteilsausgleiche und Rechte. Die verschiedenen Behinderungsgrade bewegen sich in Zehnerabständen bis 100. Der Grad der Behinderung von 100 ist der höchste Grad.

Eine interessante Feststellung war, dass bei der Frage an hörgeschädigte Schüler, wie stark schwerhörig sie seien, diese oft sagten: „Ich bin 80 % schwerhörig" oder z. B. „50 % schwerhörig" und bei genauerem Nachfragen und Analysieren dieser Antwort kam heraus, dass sie bei dieser Angabe den Grad der Behinderung aus ihrem Schwerbehindertenausweis meinten.

Der Verlust des Gehörs oder die eigene Einschätzung der Hörschädigung kann jedoch nicht mit dem Grad der Behinderung auf dem Schwerbehindertenausweis gleichgestellt werden, da der Grad der Behinderung mehrere Behinderungen einrechnen kann. Dies zeigt wiederum, dass Hörgeschädigte nicht in der Lage sind, die Bedeutung bzw. den Grad der Behinderung auf dem Schwerbehindertenausweis analog zu ihrer Hörschädigung richtig darzustellen. Die Antwort: „Ich habe eine Hörschädigung von 80 %" ist in diesem Fall natürlich ebenso irreführend wie falsch. Bei der Einteilung in Behinderungsgrade ist wichtig, dass nicht mehrere Behinderungen einfach zusammengezählt werden, z.B. Schwerhörigkeit 50 %, Tinnitus 10 %, Sprachstörung 20 % = Grad der Behinderung 80 %, sondern dass die schwerste Behinderung voran steht und dann in der Folge betrachtet wird, inwieweit die nachfolgenden Behinderungen die primären Behinderung beeinflussen bzw. erschweren. So kann eine Hörschädigung, die normalerweise einen Grad der Behinderung von 50 % hätte, durch einen Tinnitus erheblich erschwert werden, da zum einen die Konzentrationsfähigkeit enorm beeinträchtigt ist und zum anderen der Schwerhörige mit Tinnitus oft irritiert ist, ob das von ihm gehörte Geräusch real oder eben ein Tinnitusgeräusch ist.

4.3.3 Nachteilsausgleich

Alle Nachteilsausgleiche zu nennen, würde doch erheblich den Rahmen sprengen. In der der Dissertation beiliegenden CD-Rom sind alle Nachteilsausgleiche detailliert aufgeführt.

Ich möchte einige wichtige Nachteilsausgleiche exemplarisch nennen, um die Bedeutung des Schwerbehindertenausweises nochmals hervorzuheben. Hierbei muss gesagt werden, dass die Nachteilsausgleiche, die man mit einem Grad der Behinderung von 70 hat, ebenfalls auch ein Nachteilsausgleich bei einem Grad der Behinderung von 80 ist. Der nächsthöhere Behinderungsgrad schließt die Nachteilsausgleiche der niedrigeren Behinderungsgrade mit ein.

Wichtige Nachteilsausgleiche sind:
- ➤ die Steuerfreibeträge, die mit steigendem Behinderungsgrad ebenfalls steigen,
- ➤ bevorzugte Einstellung bei gleichen Voraussetzungen,
- ➤ Kündigungsschutz,
- ➤ begleitende Hilfen im Arbeitsleben,
- ➤ Zusatzurlaub von einer Arbeitswoche,
- ➤ Befreiung von der Wehrpflicht,
- ➤ ermäßigter Erwerb der Bahn-Card 50,
- ➤ Befreiung bei den Rundfunkgebühren,
- ➤ Sozialtarif beim Telefon.

Hinzu kommen verschiedene Nachteilsausgleiche, die freiwillig gewährt werden. So lohnt es sich bei Eintrittspreisen, wie z. B. im Zoo, im Schwimmbad oder im Kino nach Vergünstigungen für Schwerbehinderte zu fragen. Ein erheblicher Nachteilsausgleich ist z. B. die Vergabe eines Studienplatzes, der normalerweise mit einem Numerus clausus oder einer langjährigen Wartezeit verbunden ist. In dem Fall kann man an der Wunsch-Uni und in der Regel ohne Wartezeit direkt ein Studium beginnen, unabhängig von dem eigenen Abiturnotendurchschnitt.

Die Darstellung meiner Erfahrung mit den Nachteilsausgleichen war für die Schüler eine erhebliche Bereicherung. So konnten sie an Hand meines Beispiels konkret nachvollziehen, welche Vorteile ein Schwerbehindertenausweis haben kann. Wichtig ist hierbei, nicht zu verschweigen, dass ein Schwerbehindertenausweis auch ein Hindernis sein kann, um einen Arbeitsplatz zu bekommen. Dieses Hindernis wurde im Rahmen des Seminars mit den Jugendlichen diskutiert und später beim Bewerbungstraining intensiviert. Die Beantragung eines Schwerbehindertenausweises ist meiner Meinung nach ein wichtiger Bestandteil einer abschließenden Trauerarbeit.

4.4 Multimedia

Es gibt auf dem deutschen Markt für Hörgeschädigte bereits eine Vielzahl von multimediatechnisch aufgearbeiteten Angeboten. Drei dieser Angebote habe ich ausgewählt und sie in meinen Modulen genutzt. Ich habe mich zum einen für das Absehtraining Muskat entschieden, für das Gebärdentraining „Die Firma" und die DVD „Zwischen den Welten".

Die Fähigkeit des Mundabsehens muss trainiert werden. Dies ist eine wichtige Aussage der CD Muskat. Ein weiterer Bestandteil dieser CD ist das Training von Kommunikationstaktik. Die CD „Die Firma" vermittelt DGS. Gebärdensprache wird in der Regel hörgeschädigten Integrationsschülern nicht vermittelt. In der Hörgeschädigtenpädagogik wird es ab einem bestimmten Hörschädigungsgrad nicht für notwendig erachtet, dem Kind Gebärdensprache, sei es Deutsche Gebärdensprache oder lautsprachunterstützende Gebärden, zu vermitteln. Ein interessantes Ergebnis meines Trainings war für mich, dass meine lautsprachunterstützenden Gebärden von den vier Schülern, die mit dieser Form der Kommunikation noch nie konfrontiert waren, als besonders unterstützend angesehen wurden. Von daher ist der Verweis auf eine weitere Kommunikationshilfe, nämlich lautsprachunterstützende Gebärde, ein wichtiger Hinweis bei einer progredienten Verschlechterung des Gehörs.

„Zwischen den Welten" ist eine vom Caritasverband herausgegebene CD, die verschiedene Lebensläufe hörgeschädigter erwachsener Menschen darstellt.

Des Weiteren wollte ich zeigen, dass es über die normale Literatur hinaus bereits viele Angebote gibt, die in den multimediatechnisch ausgerüsteten Zimmern der Schüler integriert werden können.

4.4.1 Muskat (Absehtraining)

Muskat bedeutet ausgeschrieben: Medial unterstütztes Kommunikations- und Absehtraining für Schwerhörige und Ertaubte. Diese CD wird von dem Multimedia-Verlag der Informa Neuwied (Zentrum für Hörgeschädigte) herausgegeben. Es wurde entwickelt von den Teilnehmern eines Seminars für Hör- und Sprachgeschädigtenpädagogik der Universität in Köln. Die CD ist in zwei Bereiche unterteilt.

Der eine Bereich behandelt das reine Absehtraining. Dort werden in verschiedenen Übungen und mit unterschiedlichen Schwierigkeitsgraden das Absehen und die Kombinationsfähigkeit des hörgeschädigten Betrachters geschult. Interessant ist hierbei, und diese Information hat die Schüler doch sehr erstaunt, dass es Untersuchungen gibt, die belegen, dass nicht hörgeschädigte Menschen ihren ersten Spracherwerb über das Absehen erlernt haben. Es gibt eine Untersuchung zwischen blinden und gut sehenden Babies, die zum Ergebnis hatte, dass die blinden Babies erst später Worte sprechen konnten. Wenn Sie eigene Kinder haben oder Kleinkinder und Babies beobachten, wie sie auf Ansprache reagieren, dann stellen Sie fest, dass in einem bestimmten Lebensabschnitt, ab dem 7. oder 8. Monat, das Baby den Mund des Sprechenden fixiert. Das Baby ist in der Lage, die Worte der Ansprechpartner zu verstehen bzw. auditiv wahrzunehmen, ist aber nicht in der Lage, diese zu reproduzieren. Es entsteht dann das für Babies typische Lallen. Das Kind lernt dann, die Mundbewegung in der Verbindung der auditiv wahrgenommenen Wörter zu beobachten. Durch den Nachahmungseffekt der Mundbewegungen gelingt es dem Kleinkind die Worte korrekt wiederzugeben. Das vom Mund leicht absehbare Wort Mama wird dann schneller reproduziert als ein schwerer vom Mund absehbares Wort, wie z. B. Papa. P ist ein Vokal, der vom Mund nur sehr schwer absehbar ist. Von daher hat jeder Mensch, abgesehen vom Blinden, irgendwann die Fähigkeit gehabt, gut vom Mund abzulesen. Diese Fähigkeit wird zugunsten des Gehörs verlernt. Bei Hörgeschädigten, deren Gehör beeinträchtigt ist, muss das Mundabsehen weiterhin trainiert werden. Es können nur maximal 30% der deutsch gesprochenen Sprache vom

Mund abgesehen werden, da viele Laute im hinteren Rachenraum gebildet werden.

Eine Übung ist folgendermaßen aufgebaut:
Auf der Benutzeroberfläche des Computers erscheint ein Bild mit einer Dame, die Anweisungen gibt. Neben der Dame befinden sich verschiedenen Einrichtungsgegenstände eines Postamtes. So kann man z. B. Paketbänder erwerben, Briefpapier und Briefmarken unterschiedlicher Wertigkeiten kaufen oder den Bankautomaten benutzen. Die Dame gibt nun einen Auftrag vor. Sie spricht z. B.: „Bitte kaufen Sie eine Briefmarke zu 1,45 €, einen Brief und ein Paketband." Man hat die Möglichkeit, sich diese Aussage immer wieder wiederholen zu lassen. Dieses kann absolut lautlos geschehen oder in einer angenehmen normalen Lautstärke und -sprache. Die Einstellung der Lautstärke ist hierbei regelbar. Man muss dann mit einem Pfeil mittels der Maus anklicken, welcher Vorgang in der Post von einem verlangt wird. Man bekommt dann die Antwort „Richtig" oder „Falsch" und kann dann weitere Versuche starten. Ziel des Trainings ist es, die Absehfähigkeit zu steigern. In geräuschvollen Umgebungen bzw. in Umgebungen, wo die technische Versorgung keine ausreichende Hilfe mehr bietet, ist das Absehen eine gute Möglichkeit, um zumindest das Thema zu verstehen und einige Inhalte mitzubekommen. Je höher der Hörschädigungsgrad ist, desto wichtiger ist die Funktion des Absehens.

Der zweite Bereich dieser CD umfasst das Training von Kommunikationssituationen. Man hat die Möglichkeit, über eine Benutzeroberfläche verschiedene Orte zu besuchen. Aus der Vogelperspektive kann man von oben herab einen Raum betrachten, wie z. B. ein Restaurant. In diesem Restaurant sind verschiedene Stühle und Tische an verschiedenen Stellen aufgebaut. So steht ein Tisch neben einem Flügel, ein Tisch steht in der Nähe der Toilette und ein Tisch steht am Fenster. Die Frage hierbei ist: Welches ist die optimale Sitzposition für einen hörgeschädigten Gast, um Gesprächen gut folgen zu können? Ein wichtiger Aspekt dieser Übung ist, dass man bei einem falschen Anklicken bzw. einer falschen Wahl des Sitzplatzes eine Erklärung bekommt, warum diese Wahl nicht günstig ist. So kann dort z. B. stehen, dass der Platz zu nah am Musikbereich steht und dieses das Verstehen erschwert. Diese Übung kann Hörgeschädigte sensibilisieren, für sich bereits bei der Wahl der Lokalisation optimale Gesprächssituation zu schaffen. So ist es für Hörgeschädigte anstrengend, wenn der Gesprächspartner mit dem Rücken zum Fenster sitzt. Dies führt nämlich dazu, dass bei nicht optimal genutzten Lichtquellen des Raumes das Mundbild des Gesprächspartners im Dunkeln liegt und somit dem Hörgeschädigten das Absehen erschwert. Hierbei muss der Hörgeschädigte die Kompetenz haben, den Gesprächspartner aufzufordern, den Platz zu tauschen. Dies gelingt nur, wenn ich die Kenntnis habe, welche Platzsituation und kommunikationstaktischen Möglichkeiten für mich wichtig sind. Viele Hörgeschädigte sind in diesem Bereich nicht ausreichend trainiert und gelangen oft in Situationen, in denen die falsche Wahl der Lokalisation die eigene Möglichkeit des Verstehens unnötig erschwert.

Bemerkenswert war, dass bei der Absehübung zwischen den verschiedenen Schülern ein Konkurrenzspiel entstand. Jeder Schüler wollte das für sich bestmögliche Absehergebnis erzielen. Somit konnte auf spielerische Art vermittelt werden, wo die eigenen Möglichkeiten und Grenzen der Absehfähigkeit der einzelnen Schüler liegen.

4.4.2 „Die Firma" (Gebärden)

Für viele integrativ beschulte schwerhörige Schüler sind Gebärden etwas völlig Fremdes. In der Regel sind sie nicht mit anderen Menschen in Kontakt getreten, die permanent auf lautsprachunterstützende Gebärden angewiesen sind. In meiner Gruppe befand sich ein Mädchen, das aufgrund ihrer hochgradigen Schwerhörigkeit lautsprachunterstützende Gebärden benötigte. So habe ich von Anfang an lautsprachunterstützende Gebärden mit in das Seminar einbezogen. Die Rückmeldung der anderen Schüler war insofern überraschend, da sie bis dato keinerlei Gebärden benutzt hatten und der Meinung waren, diese nicht zu benötigen, jedoch die lautsprachbegleitenden Gebärden von allen hörgeschädigten Schülern als entlastend und Verständnis fördernd empfunden wurden. Die Schüler meinten, dass es ihnen mit den lautsprachunterstützenden Gebärden leichter gefallen sei, dem Seminar zu folgen.

Das Institut für Deutsche Gebärdensprache in Hamburg hat einen Gebärdensprachkurs herausgegeben. Der Titel lautet „Die Firma - do it yourself" und besteht aus zwei CDs. Das Interessante an diesen CDs ist, dass sie mich stark an meinen eigenen Gebärdensprachkurs, den ich von 1990 bis 1994 besuchte, erinnern. Die CDs sind ähnlich aufgebaut wie mein damaliger Gebärdensprachkurs. „Die Firma" ist in elf Lektionen aufgeteilt. Die ersten Lektionen befassen sich nur mit dem Einsetzen der Mimik und Gestik. So soll der Betrachter lernen, dass die Mimik ein wichtiger Bestandteil der Gebärdensprache ist, da bei einer starren Mimik viele wichtige Informationen dieser Sprache verloren gehen. Über verschiedene im Film dargestellte Gebärdensätze erwirbt sich der Betrachter über die Lektionen einen Grundschatz an Gebärden. Zum Abschluss der Lektionen werden für den Betrachter verschiedene Gesprächssituationen von Gehörlosen dargestellt. Eine Übung besteht darin, bestimmte Fragen zu diesen Gebärdensprachsituationen zu beantworten und somit den eigenen Wissensstand zu überprüfen. Es kann für hörgeschädigte und integrativ beschulte Schüler abschreckend sein, zum ersten Mal gebärdende Gehörlose zu sehen. Ich habe während meines Psychologiestudiums eine Untersuchung im Rahmen des empirischen Praktikums gemacht, in der ich normal hörende Probanden zwei Ausschnitte aus dem bekannten Film „Gottes vergessene Kinder" vorgeführt habe. Eine Szene beinhaltet einen Streit zwischen einer Gehörlosen und dem hörenden Partner, die emotional sehr aufgeladen ist. Die zweite Szene beinhaltet eine Versöhnung zwischen den gleichen Personen, die ebenfalls sehr emotional, jedoch ruhig, dargeboten wird. Ich habe zwei Versuchsgruppen die Filmsequenzen in verschiedener Reihenfolge dargeboten. Das Ergebnis war, dass die Versuchsgruppe, die zuerst die emotional negative Szene zwischen den beiden Personen zu sehen bekommen hat, insgesamt Gehörlosen und Gebärdensprache negativer gegenüber eingestellt war. Die Gruppe, die zuerst die emotional friedfertige Szene gesehen hat, war gegenüber der Gebärdensprache und gehörlosen Menschen eher aufgeschlossen. Diese von mir im empirischen Praktikum erhobenen Ergebnisse zeigen, dass die Form des Erstkontakts mit Gebärdensprache und gehörlosen Menschen prägend ist. Von daher war es wichtig, den Teilnehmern den Erstkontakt mit Gebärdensprache so positiv wie möglich zu gestalten. Ich hatte die Erfahrung gemacht, dass integrativ beschulte hörgeschädigte Schüler der Gebärdensprache eher ablehnend gegenüberstehen, zumal die Eltern hörgeschädigter Kinder häufig diese Sprachform negieren. Um so erstaunlicher war, dass die Teilnehmer anhand der hochgradigen Schwerhörigkeit von Sonja in der Praxis erkennen konnten, wie hilfreich die lautsprachunterstützenden Gebärden für sie sind und auch im Verlauf der Seminare feststellen konnten, wie hilfreich für sich selber diese lautsprachunterstützenden Gebärden sein können. Zum Ende der Seminarabschnitte hin wurde die Gebärdensprache zunehmend auch von den anderen Teilnehmern eingefordert. Dieses Modul sollte dazu dienen, den Erstkontakt mit Gebärdensprache zu erleichtern und die Gebärdensprache interessant zu machen. Bei einer progredienten Schwerhörigkeit sind die Gebärdensprache oder die lautsprachunterstützenden Gebärden eine wichtige Möglichkeit, zu einer funktionierenden Kommunikation zu gelangen.

Eine CI-Implantation beinhaltet im Vorfeld eine Diagnostik, dann eine OP und im Abstand von 4 bis 6 Wochen die Erstanpassung. Danach erfolgt in der Regel eine zweijährige Rehabilitationsphase, so dass man davon ausgehen kann, dass das CI erst zu einem späteren Zeitpunkt als hilfreiche Stütze in einer Kommunikation angesehen werden kann. Somit sind lautsprachunterstützende Gebärden eine unterstützende Kommunikationsform, die zu einer Kommunikationsbasis in solchen Situationen werden kann. Ein weiterer wichtiger Aspekt ist, dass lautsprachunterstützende Gebärden eine Kommunikationssituation mit starkem Störschall und/oder ungünstigen Bedingungen so stützen kann, dass man in der Regel nicht so schnell erschöpft. Viele Hörgeschädigte, die die lautsprachunterstützenden Gebärden für sich angenommen haben, möchten diese nicht mehr missen. Ich selber habe bis zu meinem einundzwanzigsten Lebensjahr keinerlei Gebärden benutzt. Heute ist Gebärdensprache meine Alltagskommunikationsform, die ich als äußerst entlastend empfinde. Von daher ist es mir fast unbegreiflich, warum mir in meiner Schulzeit diese Form der Kommunikation nicht angeboten wurde.

4.4.3 „Zwischen den Welten"

„Zwischen den Welten" ist eine Informations-DVD des Caritasverbandes. Hier erzählen mehrere Hörgeschädigte mit unterschiedlichen Hörschädigungsgraden und Kommunikationsformen, wie sie mit ihrer Hörschädigung umgehen und wie sie den Alltag meistern.

Mit dieser DVD sollen auch nicht Hörgeschädigte sensibilisiert werden und die Gelegenheit bekommen, die spezielle soziale und kulturelle Situation von Hörgeschädigten kennen zu lernen. Hörgeschädigte können mit dieser Informations-DVD Lebensläufe und Beispiele positiver Verarbeitung von Behinderung erleben. Diese DVD kann eine Vorbildfunktion für junge Hörgeschädigte haben, wobei natürlich die DVD nicht den direkten Kontakt ersetzen kann.

Insgesamt wurde die DVD mit sehr geteilter Meinung aufgenommen, da die Schüler sich wenig in die Lebensbereiche gehörloser Menschen hineinversetzen konnten. Demgegenüber fanden sie aber die Darstellung der schwerhörigen Person sehr interessant. Es war mir wichtig, neben meiner Persönlichkeit den Teilnehmern auch andere hörgeschädigte Menschen vorzustellen.

4.5 Hörschädigung und Kompensation

Bereits bei der Diagnose Hörschädigung wird eine sehr starke Gewichtung sowohl auf die technische Versorgung als auch auf die Förderung der Sprache gelegt. Was dabei oft auf der Strecke bleibt, ist die Auseinandersetzung des hörgeschädigten Menschen mit der eigenen Behinderung.

Wie bereits in den vorherigen Kapiteln beschrieben, ist ein offensiver Umgang mit der eigenen Hörschädigung zum Gelingen einer guten Kommunikation und somit zu einem guten Beziehungsaufbau unvermeidlich. Der Hörgeschädigte muss insbesondere in der Lage sein, kommunikationstaktische Aspekte in der

Kommunikation und in der Beziehung zu berücksichtigen und anzuwenden. Dazu gehört insbesondere auch das Wahrnehmen und Akzeptieren eigener Grenzen sowie das Selbstbewusstsein, normal hörende Gesprächspartner über die Hörschädigung und gute Kommunikationsbedingungen zu informieren. Dies beinhaltet des Weiteren eine geleistete Trauerarbeit, die nach meiner Erfahrung bei den Jugendlichen nicht in den vier Trauerstufen optimal stattgefunden hat. So ist es nach meiner Erfahrung nach wie vor ein erhebliches Defizit, dass gerade bei der Erstdiagnose Hörschädigung die Traumatisierung der Eltern nicht beachtet und/oder auch nicht erkannt wird. Eltern, die sich auch später nicht ausgiebig mit der Hörschädigung ihres Kindes auseinander gesetzt haben, werden ihren Kindern auch nicht bei der Bearbeitung ihres Traumas über das mangelnde Hörvermögen helfen können. Diese Kinder werden ihre Hörschädigung als Makel und Defizit empfindet und kaum in der Lage sein, offensiv mit ihr umzugehen. Zudem wird es ihnen schwer fallen, Hilfen für Hörgeschädigte anzunehmen.

Mit den folgenden Modulen wollte ich den hörgeschädigten Jugendlichen zum einen die Möglichkeiten und Vorteile aufzeigen, die sie haben. Zum anderen aber auch mit ihnen erarbeiten, auf welchem Stand der Trauerarbeit sie sich befinden.

Viele Hörgeschädigte haben für sich Konzepte und Strategien für die Bewältigung des Alltags entwickelt, die sie rein aus dem Gefühl heraus täglich anwenden. Ihnen ist oft nicht bewusst, dass sie bereits Kompetenzen haben, die sie ausbauen und gezielter einsetzen könnten. Dieses Informationsdefizit bedarf einer gründlichen Aufbereitung auf einer fundierten Grundlage. Von daher ist es ebenso mein Ziel, den Jugendlichen bereits erworbene Kompetenzen bewusst zu machen und diese zu verstärken.

Die nun folgenden fünf Module waren die intensivsten und emotional am stärksten belegten Module, da die hörgeschädigten Jugendlichen sich mit ihren vorhandenen und angewandten Kompetenzen stark in die Diskussion mit einbrachten. Besonders spannend war mit anzusehen, wie die hörgeschädigten Jugendlichen ihre verschiedenen Kompetenzen analog zu der von ihnen geleisteten Trauerarbeit einsetzten. Die Trauerarbeit war bei diesen Modulen ein zentraler Teil. Die emotionale Betroffenheit war in diesen Modulen deutlich spürbar.

4.5.1 Der ideale Schwerhörige

In einem vorangegangenen Seminar mit der Bundes-Schwerhörigen-Jugend habe ich zusammen mit ihnen ein Modell entwickelt. Die hörgeschädigten Teilnehmer waren Jugendliche, die sich bisher aus verschiedenen Gründen nicht mit ihrer Hörschädigung auseinandergesetzt hatten. Wir haben in diesem Seminar den „idealen" Schwerhörigen erarbeitet. Der an sich sehr provozierende Begriff (wie kann und darf auch ein Behinderter ideal sein) sollte polarisieren und die Teilnehmer dazu bringen, Stellung zu beziehen. Der ideale Schwerhörige ist der Schwerhörige, der unter seiner Hörschädigung und den Folgebeeinträchtigungen wenig bis kaum leidet. Dies beinhaltet, dass er sich seiner Grenzen bewusst ist und Kompetenzen erworben hat, die es ihm ermöglichen, am Kommunikationsgeschehen und in der Beziehungsaufnahme aktiv teilzunehmen. So mussten die hörgeschädigten Seminarteilnehmer selbst erarbeiten, was den Leidensdruck bei einem Hörgeschädigten mildern kann.

Die gleiche Vorgehensweise wählte ich auch bei den Teilnehmern an dem Training. Sie entwickelten den folgenden idealen Hörgeschädigten:

- ➢ muss gut über die technischen Angebote und Möglichkeiten informiert sein und diese auch benutzen.
- ➢ soll seine Hörgeräte sichtbar tragen.

- ➢ soll über seine rechtlichen und gesetzlichen Ansprüche, wie z. B. einen Schwerbehindertenausweis, informiert sein und diese auch einfordern.

➢ ist verpflichtet, dem hörenden Gesprächspartner so viele Informationen zum Gelingen eines Gespräches zu geben und ihm auch weitere Hilfestellungen zu leisten, wie es eine gut funktionierende Kommunikation erfordert.

➢ muss Verständnis haben für die Verunsicherung des hörenden Gesprächspartners und dem daraus resultierendes Distanzverhalten und/oder die Ablehnung seitens des Gesprächspartners akzeptieren.

➢ soll seine Grenzen gut kennen.

➢ soll die Kommunikationsform anwenden, die ihm die Kommunikation erleichtert (tolerant gegenüber Gebärdensprache sein).

➢ sollte Mitglied in einem Verein für Hörgeschädigte sein, er sollte wissen, wo die Beratungsstellen in seiner Umgebung sind.

➢ muss Kontakt mit anderen Hörgeschädigten haben.

Bei der Aufzählung ist zu beachten, dass ein Ideal etwas ist, das in der Regel nicht erreicht wird. Sobald das Ideal erreicht worden ist, verliert es seine Funktion als Ideal. Von daher sind die von den Jugendlichen erarbeiteten Vorgaben erstrebenswerte Eigenschaften, die möglichst erreicht werden sollten. Es wurde den Jugendlichen vermittelt, dass es auch in Ordnung ist, wenn man das hehre Ziel nicht erreicht, da es sich ja um ein Ideal handelt, es sollte jedoch im Bewusstsein bleiben. Die von den Jugendlichen erarbeiteten Antworten zeigen, dass die Kompetenz und das Wissen von Lösungsmöglichkeiten bei ihnen vorhanden sind, diese aber noch nicht auf der praktischen Handlungsebene umgesetzt werden konnten.

Der ideale Hörgeschädigte ist ein Modell, das dem hörgeschädigten Jugendlichen ermöglicht, zuerst aus einer gewissen Distanz heraus Lösungswege zu erarbeiten, um dann in der Diskussion zu erkennen, dass die von ihm erarbeiteten

Grundlagen für einen idealen Hörgeschädigten gleichzeitig auch sein eigener Lösungsweg ist. Gerade die Diskrepanz des Themas ermöglichte einen schnellen Einstieg in die Diskussion.

4.5.2 Kommunikationstaktik

Wie bereits in dem Kommunikationsbrückenmodell von Joachim Müller dargestellt, ist eine gute Kommunikationstaktik des Hörgeschädigten eine Grundlage zum Beziehungsaufbau mit den normal hörenden Gesprächspartnern. Dabei liegt es in der Verantwortung des Hörgeschädigten, offensiv und aktiv mit seiner Hörschädigung umzugehen. Die Voraussetzung für eine gut funktionierende Kommunikationstaktik ist hierbei ein offensiver Umgang sowie eine aktive Gestaltung des Gespräches. So ist es auffällig, dass Hörgeschädigte oft beim Betreten eines recht dunklen Raumes nicht das Licht anschalten. Sie erschweren sich somit selbst die Kommunikationssituation, da sie nicht optimal vom Mundbild des Gegenübers absehen können. Sollte der Gesprächspartner zudem noch am Fenster stehen, wird das Gesichtsfeld so umdunkelt sein, dass ein Absehen nur unter sehr schweren Bedingungen und mit größter Anstrengung möglich ist. Von daher liegt es in der Verantwortung des Hörgeschädigten, selber das Licht anzuschalten.

Eine immer wiederkehrende Übung während der verschiedenen Module war, dass ich als Referent das Licht nicht eingeschaltet habe. Teilweise begann das Seminar im Dunkeln, ohne dass sich die hörgeschädigten Schüler bewusst waren, dass ein wichtiger Faktor in der hörgeschädigtengerechten Gestaltung der Gesprächssituation fehlte. Erst nach mehreren Aufforderungen hatten die hörgeschädigten Teilnehmer diesen Mechanismus der Kommunikationstaktik verinnerlicht, so das sie selbständig beim Betreten der Räume zu jeder Tageszeit das Licht einschalteten. Dies ist eine sehr gute Übung, die ein Lehrer, Dozent oder Seminarleiter bewusst anwenden kann. Der erste und wichtigste Aspekt der Kommunikationstaktik besteht in der Aufklärung des hörenden Gesprächspartners über die Hörschädigung. Dies geschieht mit den fünf bekannten Sätzen, die als Power Point Präsentation auch auf der beiliegenden CD zu finden sind. Diese lauten:

    I.   Ich bin schwerhörig.
    II.   Bitte schauen Sie mich beim Sprechen an.
    III.   Ich muss vom Mund absehen.
    IV.   Bitte sprechen Sie langsam und deutlich.
    V.   Bitte benutzen Sie kurze Sätze.

Es gibt eine wunderschöne Übung, die die Position des normal hörenden Gesprächspartners gut darstellt. In der Regel fühlen sich Hörgeschädigte in der Kommunikationssituation mit Hörenden aufgrund ihrer Einschränkung stets unterlegen. Eine Taktik, dieses Unterlegenheitsgefühl nicht nach draußen zu transportieren ist es, nicht auf die Hörschädigung aufmerksam zu machen und beim Nichtverstehen nicht nachzufragen. Die daraus resultierenden Situationen, bei denen es zu Missverständnissen kommt, erhöhen den psychischen Druck und verringern das Selbstwertgefühl des Hörgeschädigten. Eine andere und bessere Taktik ist jedoch die Verwendung der oben genannten fünf Sätze, mit denen sich der Hörgeschädigte in einer starken Position befindet.

Bei dieser Übung bitte ich die Hörgeschädigten auf eine suggestive Reise, indem man sich vorstellt, dass ein großes dreiäugiges, mit zwei Hörnern bewachsenes Monster mit spitzen scharfen Zähnen den Raum betritt. Man fragt die Hörgeschädigten nach ihrer Reaktion, wobei diese in der Regel Fluchttendenzen beschreiben. Im Anschluss der Beschreibungen wird die Reaktion der Hörgeschädigten analysiert. Das Ergebnis dieser Analyse ist, dass die Fluchtreaktionen durch das Unbekannte ausgelöst wurden. Daraus ergibt sich die Schlussfolgerung, dass alles, was uns unbekannt ist, erst einmal Angst einjagt. Ich bitte dann die Hörgeschädigten, sich in die Situation des Hörenden hineinzuversetzen. Auch dieser hat in der Gesprächssituation mit Hörgeschädigten zunächst Ängste und/oder Selbstzweifel, weil er nicht weiß, wie er sich verhalten soll und wie viel der andere versteht. Sollten dann die erwarteten Verständnisprobleme eintreten, führt das zu einem inneren Widerstand bei dem hörenden Gesprächspartner, was wiederum dazu führt, dass solche Situationen zukünftig vermieden werden. Es entsteht dann schnell der Eindruck: „Mit Hörgeschädigten zu reden ist anstrengend", was wiederum zur Folge hat, dass man als normal Hörender Gesprächssituationen mit Hörgeschädigten zukünftig vermeidet. Dies wiederum verstärkt die eigenen Selbstzweifel: „Mit mir zu sprechen ist anstrengend, ich bin unangenehm, ich falle auf."

Der Hörgeschädigte ist mit diesen kommunikationstaktischen fünf Sätzen in der Lage, durch seine Information und die Gestaltung der Kommunikationssituation dem normal Hörenden einen großen Teil seiner Ängste bzw. Befürchtungen abzunehmen. Die fünf Sätze führen dazu, dass der normal Hörende über genügend Informationen verfügt, um auch seinen Teil der Kommunikationsbrücke fertig zu bauen und somit konstruktiv zu einer funktionierenden Kommunikation beizutragen. Somit entsteht kein Angst- oder Hilflosigkeitsgefühl, das zur Vermeidung weiterer Gesprächssituationen führen könnte. Der Hörende kann zum Teil auch Dankbarkeitsgefühle entwickeln, da der Hörgeschädigte nun dazu beigetragen hat, dass diese Kommunikation gut funktioniert und er seine Unsicherheit zum größten Teil verloren hat. Beide Gesprächspartner, ob behindert oder nicht behindert, befinden sich nun in einer gleichberechtigten Position, aus der heraus eine funktionierende Kommunikation stattfinden kann. Von daher sind diese fünf Sätze, die der Hörgeschädigte gegenüber dem Hörenden zur Erklärung seiner Hörschädigung und seiner Bedürfnisse anbietet, ein machtvolles Instrument der Kommunikationstaktik.

Interessanterweise ist der Satz „Ich bin schwerhörig" der schwerste für den Hörgeschädigten. In unserer heutigen Gesellschaft ist Schwerhörigkeit oft mit dem Synonym Alter verbunden. Alte Leute sind schwerhörig und brauchen ein Hörgerät. Da Alter in unserer Gesellschaft gleichgesetzt wird mit Unattraktivität, Einsamkeit und weiteren Defiziten, fürchten Hörgeschädigte, mit den gleichen Attributen verbunden zu werden. Dies verhindert einen offensiven Umgang mit der Behinderung Hörschädigung. Nur so ist zu erklären, dass die Hörgeräteindustrie mit ihren Slogan „immer effektiver, kleiner und unsichtbarer" immer größere Marktanteile gewinnen kann. Bedenkt man, dass ein Stützpfeiler der

Kommunikationstaktik ein offensiver Umgang mit der Hörschädigung ist, arbeitet die Hörgeräteindustrie genau dem entgegen.

Ein weiteres Beispiel für die innere Haltung hörgeschädigter Menschen ist der Beginn eines Gespräches mit normal Hörenden. So beginnt der Satz bei Nichtverstehen oft mit: „Entschuldigung, ich bin schwerhörig, ich habe nichts verstanden." Taucht dieser Satz bei Rollenspielen auf, kann man ihn in die Diskussion und Analyse mit einbeziehen. Eine Entschuldigung ist angebracht, wenn man etwas wissentlich falsch gemacht hat. Es werden mit den hörgeschädigten Schülern Situationen erarbeitet, in denen eine Entschuldigung angemessen erscheint. Wenn es eine Person sehr eilig hat, relativ zügig geht und dabei andere Personen anrempelt, beinhaltet die Entschuldigung, dass man ihr das schnelle Gehen verzeihen möge, mit dem sie jemanden angerempelt hat. Sollte jemand auf einem Behindertenparkplatz parken, im vollen Wissen, dass es sich um einen solchen handelt, ist auch hier eine Entschuldigung nachvollziehbar. Mit der Entschuldigung versucht man, die Schuld für ein Fehlverhalten abgenommen zu bekommen. Worin liegt nun das Fehlverhalten im Zusammenhang mit Schwerhörigkeit? Ist es ein Fehler, dass man schwerhörig ist und nichts verstanden hat? Von daher zeigt der Satzanfang „Entschuldigung, ich bin schwerhörig, ich habe nichts verstanden", das Ungleichgewicht der Beziehung zwischen den beiden Gesprächspartnern auf.

Eine Entschuldigung wäre angebracht, wenn ich nicht auf meine Hörschädigung aufmerksam gemacht habe und nach zehn Minuten einwerfe: „Ich habe Sie nicht verstanden. Entschuldigung, ich hätte Sie eigentlich schon früher auf meine Schwerhörigkeit aufmerksam machen müssen". Nach dem oben beschriebenen Modell wäre hierbei die Entschuldigung angebracht. Aber allein die Tatsache, dass ich schwerhörig und auf besondere Kommunikationsbedingungen angewiesen bin, beinhaltet nicht die Notwendigkeit einer Entschuldigung. Auch hier bedurfte es langer Diskussionen und Beispiele, um eingefahrene Verhaltensweisen kritisch zu reflektieren und neu zu überdenken. Indem ich Kommunikationstaktik, insbesondere die fünf Sätze, offensiv anwende, baue ich meinen Teil der Brücke komplett auf. Nur mit diesen Informationen, die ich meinem Gesprächspartner gebe, wird der normal Hörende in der Lage sein, seinen Teil der Kommunikationsbrücke mitgestalten zu können. Das Gefühl der Angst und Hilflosigkeit bei dem hörenden Gesprächspartner wird nach Kenntnis der Hilfen sich in ein konstruktives Kommunikationsverhalten wandelt. Diese Erfahrung mache ich aber nur, wenn ich als Hörgeschädigter die Kommunikationssituation aktiv gestalte. Oft ist es so, dass Eltern und/oder die soziale Umgebung dazu neigen, bereits im Vorfeld von Gesprächssituationen auf die Hörschädigung des Hörgeschädigten aufmerksam zu machen. Die fünf Sätze werden dann oft von der sozialen Umgebung bzw. von den Eltern dem hörenden Gesprächspartner mitgeteilt. Der Hörgeschädigte wird somit entmündigt und nicht in die Lage versetzt, selber aktiv die Gesprächssituation von Beginn an zu gestalten und somit auch Erfolgserlebnisse zu sammeln.

Der Hörgeschädigte ist in der Regel bis zu seinem Eintritt ins Berufsleben von Menschen umgeben, die seine Hörschädigung kennen und sich dementsprechend verhalten. In diesem geschützten Rahmen kann sich der junge Hörgeschädigte sehr lange bewegen ohne im Wesentlichen mit der hörenden Umwelt in Kontakt zu treten. Die Eltern und die nähere soziale Umwelt schirmen ihn nach außen gut ab oder übernehmen die Verantwortung für die Kommunikation mit Hörenden. Dadurch kann der junge Hörgeschädigte nicht die für ihn wichtigen Regeln internalisieren und damit auch nicht die Verantwortung für eine positive Gesprächssituation übernehmen. So kommt es häufig zu folgenden Aussagen: "Ich habe alles verstanden, ich kann alles vom Mund absehen" oder auch „Ich habe nie Probleme im Umgang mit Hörenden". In den von mir durchgeführten Rollenspielen zu dem oben genannten Thema ist es mir wichtig, erst den Leidensdruck zu erhöhen und dann abzubauen, weil dadurch die Wichtigkeit spürbar wird.

In Anlehnung an „Das innere Team" von Schulz von Thun gibt es oft innerhalb der Persönlichkeit des Hörgeschädigten einen starken Widersacher, der dafür sorgt, dass man als Hörgeschädigter in seinem Kommunikationsverhalten versucht, sich unauffällig zu verhalten, obwohl man weiß, dass dies nicht richtig ist. Die Funktion dieses Widersachers wird von den Hörgeschädigten als nützlich und damit als eine wichtige Überlebensstrategie angesehen, ohne dass sie dabei erkennen, dass sie sich mit einem defensiven Kommunikationsverhalten bezüglich ihrer Hörschädigung selbst schaden und ihren Leidensdruck erhöhen. Eine gut funktionierende Kommunikationstaktik, verbunden mit Erfolgserlebnissen, kann zu einer erheblichen Relativierung der Wahrnehmung der eigenen Behinderung führen. Insgesamt ist es wichtig, dass der Hörgeschädigte sich in seiner Persönlichkeit nicht allein auf die Hörschädigung reduziert.

Leider führen unser Schulsystem und auch die Frühförderung, beide sind sehr defizitorientiert, oft dazu, dass der Hörgeschädigte sich selber über seine Defizite definiert. Die vorhandenen Ressourcen, die in jedem Menschen vorhanden sind, werden so durch die Systeme kaum bis gar nicht berücksichtigt. Hier ein gutes Beispiel für eine Übung bezüglich der Vorstellung der eigenen Person: „Mein Name ist Oliver Rien, ich bin 37 Jahre alt, zweifacher Familienvater und von Beruf Diplompsychologe. Ich bin mittel- bis hochgradig schwerhörig und brauche folgende Kommunikationsbedingungen." Oft fängt die Vorstellung jedoch mit folgenden Sätzen an: „Hallo, mein Name ist Oliver Rien, ich bin mittel- bis hochgradig schwerhörig, 37 Jahre alt." Das Defizit bzw. die Behinderung wird gleich an den Anfang der Persönlichkeit gesetzt. Diese Übung eignet sich sehr gut zum Reflektieren der eigenen Verarbeitung der Behinderung. Man braucht eine innere Auseinandersetzung mit der Behinderung, um darauf aufbauend Kommunikationstaktiken anzuwenden. Jemand, der meint, es sei Erfolg versprechend, nach außen seine Hörbehinderung nicht zu benennen, wird die Kommunikationstaktik in der oben beschriebenen Form nicht anwenden können.

Bei der Arbeit mit dieser Gruppe, aber auch bei vielen anderen Schulungen an Hörgeschädigtenschulen, habe ich die Erfahrung gemacht, dass die Jugendlichen diese fünf Sätze, die eine absolute Notwendigkeit für eine funktionierende Kommunikationstaktik darstellen, nicht beherrschen. Warum diese Sätze nicht beherrscht bzw. ausgesprochen werden, werde ich später in dem Kapitel 4.6.1 „Das innere Team" ausführen. Die Einführung in die Einübung dieser fünf Sätze findet über das Darbieten einiger Folien statt, bei denen die Folien witzige und typische Kommunikationssituationen Hörgeschädigter darstellen. Über diesen ungezwungenen und wertfreien Zugang gelangt man zu einem selbstkritischen Reflektieren, wie die eigene Person in solchen Situationen reagieren würde. In der Diskussion werden mit den Jugendlichen Kommunikationssituationen erarbeitet, bei denen die Kommunikation nicht gut funktioniert hat. Dazu werden dann mit den Jugendlichen Lösungsvorschläge erarbeitet, die zu einer besseren Kommunikation führen können. In Rollenspielen werden diese Situationen dann nachgestellt, wobei schnell deutlich wird, dass die Situationen, in denen die fünf Sätze nicht gesagt werden, in der Regel zu einem unbefriedigenden Ergebnis führen. Ein weiterer, darauf aufbauender Schritt wäre eine „in-vivo" Situation, in der die Jugendlichen dann z. B. mit verschiedenen Aufgaben in Geschäfte gehen und dabei die normal hörenden Gesprächspartner über die eigene Hörschädigung und optimalen Kommunikationsbedingungen informieren. Wichtig ist hierbei vor allem, dass die Erfahrungen positiv sind, damit diese dann als erfolgreiches Kommunikationsmodell internalisiert werden können.

Eine weitere Kommunikationstaktik ist natürlich das Ausnutzen aller technischen Hilfsmittel. Auch in der Seminargruppe gab es Schüler, die, obwohl sie zwei Hörgeräte haben, nur eins regelmäßig trugen und/oder sie ganz ablegten. Auch das Bereithalten von Batterien für die Hörgeräte war nicht selbstverständlich.

4.5.3 Da Ziel

Von dem Institut für Deutsche Gebärdensprache in Hamburg wurde ein Projekt gestartet, das zum Ziel hatte, die Deutschkompetenz gehörloser Arbeitnehmer zu verbessern. Dazu wurden in diesem wissenschaftlichen Projekt verschiedene Materialien aufbereitet. Unter diesen Materialien fanden sich zehn Darstellungen von Situationen am Arbeitsplatz, die die Kommunikation zwischen Hörgeschädigten und hörenden Kollegen darstellen. Das Besondere an diesen Folien ist, dass zum einen der Zeichner selbst gehörlos ist und zum anderen, dass die Zeichnungen Jugendliche stark ansprechen.

Die Jugendlichen waren von den Leistungen des gehörlosen Zeichners zutiefst beeindruckt, insbesondere darüber, dass dieser seine Ausbildung als Zeichner über den zweiten Bildungsweg an einer Fern-Universität gemacht hat.

Die Materialien eignen sich sehr gut dafür, hörgeschädigten Jugendlichen auf recht lockere Art Probleme am Arbeitsplatz, die später auftreten könnten, nahe zu bringen. Die bereits in 4.5.2 dargestellten kommunikationstaktischen Anwendungsbeispiele ließen sich auf die von den Folien dargestellten Situationen gut übertragen. So konnte durch die Diskussion der Folien zum einen das bereits Erlernte umgesetzt werden, zum anderen aber auch zukünftige, am Arbeitsplatz auftretende Probleme erörtert werden. Wichtig hierbei war immer, wie der hörende Arbeitskollegen über die bestehende Hörschädigung zu informieren ist bzw. wie man als Hörgeschädigter angemessen Hilfestellung einfordern kann. Da die Folien recht locker und lustig gestaltet sind, konnte dieses eigentlich ernste und beängstigende Thema entspannt aufbereitet werden.

4.5.4 Kontakte

In diesem Modul habe ich die Arbeit des Deutschen Schwerhörigenbundes vorgestellt. Insbesondere war mir wichtig, aufzuzeigen, dass sich hörgeschädigte Erwachsene und Jugendliche, diese gehören oft dem Bund der schwerhörigen Jugend an, für und mit ihrer Hörschädigung engagieren. Dies bedeutet, dass es Hörgeschädigte gibt, die nicht in ihrer Behinderung ausharren und es als Einzelschicksal werten, sondern aktiv mit ihrer Behinderung umgehen und sich auch für anderen Betroffenen stark machen. Da die Jugendlichen von der Betroffenheit des Seminarleiters sehr beeindruckt waren, war es einfach, sie zu motivieren, bei Problemen oder Fragen ebenfalls betroffene erwachsene Hörgeschädigte in den Beratungsstellen oder im Hörgeschädigtenverein um Rat zu bitten. Für diesen Zweck wurde ihnen zum einen die Adresse des Deutschen Schwerhörigen-Bundes mitgeteilt, der auch eine Vereinszeitschrift herausgibt. Zum anderen wurden die Internetadressen www.schwerhoerigen-netz.de und www.Taubenschlag.de mit den Jugendlichen angeschaut und besprochen. Weiterhin wurden den Jugendlichen interessante Zeitschriften gezeigt, aus denen sie für sich nützliche Informationen beziehen können.

Ein weiterer Aspekt dieses Moduls war, dass Hörschädigung keine unsichtbare Behinderung sein sollte, sondern dass sie auch in den Medien und durch die Vereinsarbeit präsent ist. Ein Beispiel für das konstruktive Wirken eines solchen Vereins ist das Hinwirken auf die Anerkennung der Deutschen Gebärdensprache. Ich konnte aufgrund meiner eigenen Betroffenheit und der Hörschädigung meiner Tochter darlegen, welche Vorteile die Anerkennung dieser Sprache hat. Die Information, dass Gebärdensprache früher nicht die Unterrichtssprache an den Gehörlosenschulen war, hatte bei den jugendlichen Teilnehmern für Irritation aber auch für starke emotionale Ausbrüche gesorgt. Anhand dieses Beispiels kann man gut darstellen, wie wichtig ein offensiver und selbstbewusster Umgang mit der Hörschädigung ist.

4.5.5 Trauerarbeit

In der Therapie mit hörgeschädigten Erwachsenen, aber auch mit hörgeschädigten Jugendlichen, fingen oft Sätze mit: „ Wäre ich nicht schwerhörig, …" an.

Diese hypothetische Äußerung zeigt, dass bei den betreffenden Hörgeschädigten eine unzureichende Trauerarbeit geleistet wurde. Das Hadern mit der eigenen Behinderung und das Verweilen in den Was-wäre-wenn-Gedanken führen dazu, dass die Behinderung nicht akzeptiert wird und noch lange nicht verarbeitet ist. Eine der Folgen kann dann ein defensiver Umgang mit der Hörschädigung sein, was natürlich zur Folge hat, dass Kommunikationstaktik nicht in Anwendung gebracht wird. Hörgeschädigte, die keine oder keine ausreichende Trauerarbeit geleistet haben, neigen auch eher dazu, die Hörgeräte nicht zu nutzen. Von daher habe ich die von Elisabeth Kübler-Ross in vier Stufen verlaufende Trauerarbeit als Grundlage genommen.

Zum einen beschreibe ich die Trauerarbeit bei Verlust eines Menschen und stelle dem dann die Trauerarbeit über den Verlust des Gehörs gegenüber. Sinn dieser Übung ist es, dem hörgeschädigten Jugendlichen bewusst zu machen, an welcher Stelle er in seiner Trauerarbeit steht. Nicht geleistete Trauerarbeit kann zu einem Energiefresser werden (siehe Virginia Satir). Wichtige Ressourcen und Energien werden durch die nicht geleistete Trauerarbeit verbraucht. Gefühle wie Zorn und Wut, aber auch Depressionen und sozialer Rückzug können Symptome einer nicht geleisteten Trauerarbeit sein.

Man bedenke, dass die Hörbehinderung eine Behinderung ist, die erhebliche negative Auswirkungen im sozialen Leben haben kann. Des Weiteren, wie in den vorherigen Kapiteln aufgeführt, kann die Schwerhörigkeit zu erheblichen psychosozialen Problemen und zu Defiziten im Selbstbild führen. Ziel des Trainings war es, mit dem hörgeschädigten Jugendlichen gemeinsam den Stand der eigenen Trauerarbeit herauszuarbeiten und ihn zu motivieren, den weiteren Trauerprozess zu leisten. Dabei muss festgestellt werden, dass die Trauerarbeit nicht unter einem zeitlichen Aspekt zu sehen ist. Wichtig hierbei sind auch die äußeren Begleitumstände sowie die sozialen Beziehungen, die einen stützen oder auch bremsen können. Eine Umgebung, zu der vor allem die Eltern gehören, die bei dem hörgeschädigten Kind einen defensiven Umgang mit seiner Hörschädigung fördert, wird eine gute Trauerarbeit bremsen. Ein Umfeld, das sich sehr gut auf die Hörschädigung und die Notwendigkeit einer Trauerarbeit einstellen kann, mobilisiert den Hörgeschädigten zu einer positiven Trauerarbeit und somit zum Freisetzen natürlicher Ressourcen.

Die Trauerarbeit beim Verlust des Gehörs wurde analog zu den vier Stufen der Trauerarbeit bei Verlust eines geliebten Menschen bearbeitet. Jede einzelne Stufe wurde mit den Jugendlichen diskutiert und es wurde überprüft, ob diese Trauerstufe bereits stattgefunden hat.

Die erste Trauerstufe beinhaltet die Akzeptanz, den Verlust als Realität anzusehen. Beim Verlust eines geliebten Menschen bedeutet dies, zu akzeptieren, dass er nicht wiederkommt. Dies bedeutet wiederum, den Verlust nicht zu leugnen, sondern ihn anzunehmen. Geäußerte Sätze wie: „Ich habe das Gefühl, dass der Verstorbene gleich in den Raum kommt", „Ich bin heute jemandem hinterhergelaufen, weil ich gedacht habe, er sei es", „Ich habe ihn gerochen..." sind Zeichen dafür, dass der Verlust noch nicht als Realität akzeptiert wurde. Je nach der emotionalen Bezogenheit zu dem Verstorbenen kann die Zeitspanne der ersten Trauerstufe lang sein. Für den Hörgeschädigten bedeutet diese erste Stufe nun, zu akzeptieren, dass sein Gehör trotz der Versorgung mit Hörhilfen nie 100% funktionieren wird. Mit den Hörhilfen sind sowohl Hörgerät als auch Cochlea-Implantat gemeint. Diese Trauerstufe wird erheblich erschwert durch die oft verwirrende Werbung der Hörgeräteindustrie. Slogans wie: „Mit den Hörgeräten werden sie hören wie früher", „Das Hörgerät führt zu einem natürlichen und normalen Hören" oder "Das Hörgerät funktioniert wie das Gehör" führen dazu, dass der hörgeschädigte Konsument sich in dem Irrglauben befindet, mit diesem Hörgerät wie ein normal Hörender hören zu können. Hierbei dient die Technik zur Kompensierung, die eine Trauerarbeit der ersten Stufe verhindert und erschwert. Hinzu kommt die Enttäuschung über die Technik, die nicht hält, was die Werbung verspricht. Dies führt dazu, dass die Trauerarbeit noch zusätzlich mit der Trauer über die nicht funktionierende Technik belastet wird. Sollte in diesem ersten wichtigen Trauerschritt jedoch die Einsicht erlangt werden, dass trotz Hörhilfen eine Hörbehinderung vorhanden bleibt, kann die zweite Trauerstufe erfolgen.

In der zweiten Stufe soll der Trauerschmerz erfahren werden. Beim Verlust eines geliebten Menschen bedeutet dies, dass das psychische und emotionale Leid anerkannt und auch bearbeitet werden muss. Der Schmerz muss zugelassen und durchlebt werden. Wird der Schmerz verdrängt, kann keine zweite Phase stattfinden. Ein Zeichen von nicht geleisteter Trauerarbeit in dieser Stufe sind Sätze wie: „Es geht schon wieder", „Das ist nicht so schlimm" oder „Ich habe mich unter Kontrolle". Diesem Personenkreis fällt es oft schwer, im Beisein anderer Menschen Gefühle wie Trauer, aber auch Wut über den Verlust des Menschen, zuzulassen. Eine positive Verarbeitung ist oft die emotionale Auseinandersetzung mit der Frage an Gott: "Warum hast du das zugelassen?" In diesem Fall wird die Wut als Zeichen der Trauer nach außen getragen. Nicht verarbeitete Emotionen wie Wut oder Trauer können zu psychosomatischen Erkrankungen führen. Auch der Verlust des Gehörs sollte mit Gefühlen wie Wut, Trauer oder Verzweifelung begleitet sein. Hierbei ist es wichtig, dass die Schwäche nicht überspielt und/oder eine Maske aufgesetzt wird. Besonders ist hier der Trauerschmerz über vermeintlich nicht gelebte Erfahrungen, die aufgrund der Hörschädigung nicht möglich waren, zu erleben. Typische Aussagen hierbei sind: „Wäre ich nicht schwerhörig, dann hätte ich doch …". Weiterhin typisch für das Nichtdurchleben dieser Phase sind Aussagen wie: „Ich schaff das, die Schwerhörigkeit macht mir überhaupt nichts aus." „Die Schwerhörigkeit ist nicht schlimm, ich merke sie kaum", „Ich weiß gar nicht, warum ich hier auf der Schwerhörigenschule bin, ich bin doch gar nicht schwerhörig." Diese Aussagen dienen oft dazu, das eigene emotionale Leid zu unterdrücken und nicht nach außen dringen zu lassen, da hier die Angst besteht, dass dieses als Schwäche gedeutet wird.

Ein wichtiger Bestandteil sozialer Kompetenz ist der Unterpunkt „Schwäche eingestehen". Hörgeschädigte, die den Trauerschmerz nicht emotional nach außen tragen und ausleben, haben oft Defizite in dem Bereich „Schwäche eingestehen". Hierbei sollte in der Diskussion herausgearbeitet werden, ob es bei den hörgeschädigten Jugendlichen Situationen gab, in denen sie Emotionen wie Wut, Trauer, Enttäuschung und Verzweiflung in Bezug auf ihre Schwerhörigkeit erlebt, durchlebt und nach außen zeigen konnten. Bereits bei den Jugendlichen gibt es zahlreiche Verdrängungsmechanismen, mit denen die emotionalen Erfahrungen und Eindrücke relativiert und unterdrückt werden.

Die dritte Trauerstufe „Sich an eine veränderte Umwelt anpassen" bedeutet, dass der Trauernde, der einen geliebten Menschen verloren hat, lernen muss, ohne diesen den Alltag zu gestalten. Nicht geleistete Trauerarbeit in diesem Bereich äußert sich dann oft im sozialen Rückzug von Hinterbliebenen. Das Wort „Hinterbliebene" macht das Dilemma nochmals deutlich. Die verstorbene Person ist gegangen und die lebende Person zurückgeblieben. Diese Menschen neigen dazu, sich sozial zurückzuziehen, so dass alle sozialen Bindungen, Hobbies, etc. nicht mehr wahrgenommen werden. Im schlimmsten Fall kann dies zu einer erheblichen Hilflosigkeit führen, die enorme Beeinträchtigungen im Alltagsmanagement mit sich bringt. Viele Betroffene weisen dann Symptome von erlernter Hilflosigkeit auf, so dass sie auf Unterstützung und somit auf emotionale Zuwendung angewiesen sind. Sie neigen dazu, sich dann über diese Unterstützung emotionale Zuwendung zu holen. Im Vergleich dazu bedeutet die dritte Trauerstufe für Hörgeschädigte, trotz Hörverlust den Alltag mit verschiedenen Hörhilfen, technischen Hilfsmitteln und Hörtaktiken zu gestalten. Hierbei erlebe ich bei den Hörgeschädigten oft erhebliche Defizite, da das Wissen über verschiedene Hörhilfen, technische Hilfsmittel und höhere Kommunikationstaktiken sehr mangelhaft ist. Von daher fehlen ihnen oft die Instrumente, sich in eine veränderte Umwelt, d.h. in eine Umwelt, die nicht in der Lage ist, sich an die Bedürfnisse von Hörgeschädigten von selbst anzupassen, zurechtzufinden. Insbesondere ist hier die Kommunikationstaktik in Form der optimalen Verwendung von Technik eine gute Möglichkeit, sich trotz des Hörverlustes gute Bedingungen zu schaffen. Hier fehlt bei der dritten Stufe oft die Sachkenntnis über die Instrumente, die für diese Trauerstufe benötigt werden.

Die letzte Stufe bedeutet, dass emotionale Energie frei wird und an anderen Stellen investiert werden kann. Bei dem Verlust eines geliebten Menschen bedeutet dies, die Kraft und die Gefühle, die zur Trauerarbeit gebraucht wurden, an anderer Stelle wieder zu investieren, wie z. B. beim Aufbau neuer sozialer Kontakte. Ein positiver Verlauf der Trauerarbeit führt dazu, dass der Mensch wieder bereit ist, die entstandene Lücke durch neue Beziehungen und Kontakte zu füllen. So kann z. B. nach der Trauerarbeit schon eine Reise mit einer Reisegruppe ein erfolgreicher Schritt zur vierten Trauerarbeitsstufe sein. Wichtig dabei ist es, dass der Trauernde sich erlaubt, Gefühle wie Freude und Spaß wieder zu empfinden. Personen, die die vierte Stufe nicht vollendet haben, weisen Gedankenmuster wie: „Ich darf doch nicht lachen, weil ich in Schwarz bin", „Ich darf mir nichts gönnen und Freude haben" auf. Die vierte Stufe bedeutet bei den Hörgeschädigten, dass die Trauer über die Hörschädigung nicht mehr das zentrale Lebensthema ist. Andere Themen sollten wieder mehr Platz einnehmen, so dass das Thema Hörschädigung nur noch eines von vielen ist. Das erfolgreiche Durchleben der vierten Trauerstufe kann dazu führen, dass die eigene Persönlichkeit nicht mehr nur auf das Defizit Hörschädigung reduziert wird. Man entdeckt entweder verloren gegangene oder neue Seiten der eigenen Persönlichkeit, die neben der Hörschädigung wertvoll sind und anerkannt werden. Ein Absolvieren der vierten Stufe führt dazu, dass trotz der Widrigkeiten der Hörschädigung im Alltag und in der Kommunikation eine positive Gestaltung des Lebens in allen Lebensbereichen vorangetrieben werden kann. Personen, die diese vierte Stufe nicht geleistet haben, neigen dazu, die Hörschädigung permanent als Lebensmittelpunktthema zu sehen. Der Leidensdruck bei diesen Menschen ist so hoch, dass sie auch dann keinen anderen Ausweg finden, wenn ihnen dieser angeboten wird. Die größte Gefahr hierbei ist, dass die Behinderung allein zum Lebenszweck wird. Dies wird natürlich enorm verstärkt, wenn über die Hörbehinderung soziale Zuwendung erfahren und als positiv wahrgenommen wird.

Hierbei war in dem Seminar eine Übung sehr hilfreich, die später im Bewerbungstraining ihre Anwendung fand. Im Bewerbungstraining geht es darum, sich gegenüber einem potentiellen Arbeitgeber positiv zu verkaufen. Die Herangehensweise vieler Hörgeschädigter, die die vierte Stufe nicht vollendet haben, sieht folgendermaßen aus: „Hallo, guten Tag, mein Name ist Oliver Rien. Ich bin mittel- bis hochgradig schwerhörig. Bitte gucken sie mich beim Sprechen an." Hierbei wird bereits zu Beginn der Vorstellung die eigene Persönlichkeit voll und ganz auf die Hörschädigung reduziert. Eine mögliche Vorstellung eines Hörgeschädigten mit einem positiven Verlauf seiner vierten Trauerstufe kann dagegen wie folgt aussehen: „Hallo, guten Tag, mein Name ist Oliver Rien. Ich bin Diplom-Psychologe, verheiratet, habe zwei Kinder und bin aufgrund meiner Hörschädigung auf besondere Bedingungen angewiesen, die ich ihnen im Folgenden erläutern möchte, damit das Vorstellungsgespräch für uns beide positiv verläuft." Dieses zweite Beispiel zeigt, dass der Mann vor allem einmal Familienvater mit zwei Kindern ist und den Beruf eines Diplom-Psychologen ausübt. Der Hinweis auf die Hörbehinderung dient lediglich dazu, einen Übergang zur Vermittlung von Kommunikationstaktiken zu bilden. Hier wird gezeigt, dass andere Aspekte im Leben des Hörgeschädigten an Bedeutung gewonnen haben und andere Themen im Lebensmittelpunkt stehen, wie in dem Beispiel Beruf und der Familie.

Wichtig ist zu erwähnen, dass die Trauerstufen nur nacheinander aufeinander aufbauend geleistet werden können. Es ist nicht möglich, mit der vierten Trauerstufe zu beginnen und mit der zweiten aufzuhören. Jede Trauerstufe setzt das abschließende Bearbeiten der vorangegangenen Trauerstufe voraus. Nach meiner Erfahrung in der Arbeit mit Eltern hörgeschädigter Kinder, aber auch in der Diskussion mit hörgeschädigten Kindern über das Erleben der Beziehung zu den Eltern, wurde deutlich, dass diese Trauerarbeit vor allem von den Eltern geleistet werden müsste. Eltern, die die Diagnose der Hörschädigung ihres eigenen Kindes erfahren, sind in der Regel hochgradig traumatisiert. Immer wieder auftretende Probleme führen dazu, dass permanente Retraumatisierungen stattfinden. Eine Folge der Traumatisierung kann sein, dass die Hörschädigung auf ein für die eigene Persönlichkeit ungefährliches Thema relativiert wird. Eine andere Umgehensweise, konträr hierzu, könnte das komplette Abgeben der Verantwortung an Institutionen sein, da man sich permanent überfordert fühlt. Ebenso oft finden wir sehr überbehütende und überbesorgte Eltern. Diese Kinder sind dann sehr unselbständig und wenig selbstbewusst, man spricht in diesen Fällen von einer erlernten Hilflosigkeit. In allen drei Fällen führt der Umgang der Eltern mit der Hörschädigung des Kindes dazu, dass das Kind nicht in die Lage versetzt wird, eigene positive Trauerarbeit zu leisten und offensiv mit der Hörschädigung umzugehen. Von daher wäre es sinnvoll, vor der Trauerarbeit mit den hörgeschädigten Jugendlichen genau zu evaluieren, wie weit die Trauerarbeit bei den Eltern fortgeschritten ist. Aus einigen typischen Antworten aus dem Eingangsfragebogen für die Eltern konnte sich teilweise der Stand der Trauerarbeit entnehmen lassen. Sätze wie: „Mein Kind hat mit der Hörschädigung überhaupt keine Probleme in der Schule, trotz der mittel- bis hochgradigen Hörschädigung", lassen eine nicht adäquate Bearbeitung der vier Trauerstufen erahnen. Zu beachten ist, dass das nicht erfolgreiche Bearbeiten aller vier Trauerstufen oft ein Schutzmechanismus ist, um sich selbst, Eltern wie auch das hörgeschädigte Kind, vor dem Schmerz über den Verlust zu schützen.

4.5.6 Entspannungstraining

Aufgrund meiner früheren Tätigkeit in der Rehabilitations-Klinik für Hörgeschädigte in Bad Grönenbach habe ich die Erfahrung gemacht, dass die progressive Muskelentspannung eine geeignete Methode für Hörgeschädigte ist, bei der ganzen alltäglichen und sehr anstrengenden Kommunikation im Alltag aktiv Entspannung herbeizuführen. Von daher ist das Entspannungstraining ein ausgezeichnetes Instrument, welches psychosomatischen Krankheitsbildern wie auch Hörstürzen entgegenwirken kann. Zu diesem Zweck wurde mit den jugendlichen Teilnehmern eine Einführung in die progressive Muskelentspannung durchgeführt und sie bekamen zum Abschluss eine CD, auf der der Text des Entspannungstrainings enthalten ist. Das Entspannungstraining wurde von den Jugendlichen sehr geteilt aufgenommen. Ein Teil konnte davon deutlich profitieren, der andere Teil kam nicht in die Entspannung. Typische somatische Begleiterscheinungen von Hörgeschädigten, insbesondere in anstrengenden Kommunikationssituationen, sind Verspannungen im Nacken- und Halsbereich. Durch das permanente Angewiesensein auf das Absehen des Mundbildes ist der Kopf- und Nackenbereich in ständiger Anspannung. Hinzu kommt, dass Hörgeschädigte visuell durch Abgleich der Umgebung die fehlende Warnfunktion des Ohres ersetzen müssen. Dies führt ebenfalls zu einem permanenten Stresspegel, der sich wiederum in schnelle Erschöpfung und Anspannung im Nackenbereich sowie anderen somatischen wie auch psychosomatischen Beschwerdebildern niederschlägt. Von daher ist das Entspannungstraining eine Methode, auch in diesem Bereich präventiv entgegenzuwirken.

4.6 Kommunikationspsychologie

Eine zentrale Frage war für mich, inwieweit sich die inneren Konflikte hörgeschädigter Menschen nach außen darstellen lassen, damit eine Bearbeitung stattfinden kann. Da ich durch meiner Tätigkeit bereits mit dem „Inneren Team" nach Schulz von Thun und nach dem Konzept „Meine vielen Gesichter" von

Virginia Satir vertraut bin, entstand in mir die Idee, mit diesen beiden Modellen die inneren Konflikte hörgeschädigter Menschen darzustellen.

Der hörgeschädigte Mensch befindet sich während einer Kommunikationssituation in einem permanenten Spannungsfeld. Er fühlt sich hin und her gerissen zwischen der Notwendigkeit, auf die Schwerhörigkeit und das Nichtverstehen aufmerksam zu machen und dem Bedürfnis, die Hörschädigung zu verheimlichen und das Defizit des Nichtverstehens nicht nach außen dringen zu lassen. Dieser innere Konflikt zwischen Vernunft (der Notwendigkeit) und dem Bauch (dem Gefühl, das Defizit zu verheimlichen) findet sich in vielen Beispielen und Darstellungen des „Inneren Teams", aber auch in dem Konzept „Meine vielen Gesichter" von Virginia Satir wieder. Von daher habe ich diese beiden kommunikationspsychologischen Modelle den hörgeschädigten Schülern als Modell zur Bearbeitung der inneren Konflikte angeboten und diese mit ihnen trainiert. Hierbei kam dem Bewerbungstraining die Funktion zu, die inneren Konflikte, die mit den beiden oben genannten Modellen thematisiert und sehr kritisch aufgearbeitet wurden, dann in den Bewerbungsgesprächen in Rollenspielen nach außen zu präsentieren und somit praktisch umzusetzen.

Nach meiner Erfahrung ergibt sich in der Schwerhörigenpädagogik ein erhebliches Defizit in der Form, dass mit dem Begriff Kommunikation in der Regel kommunikationstaktische Aspekte und/oder technische Kompensationsmöglichkeiten zur Herstellung einer funktionierenden Kommunikationssituation verbunden werden. Tiefer gehende Konflikte, wie bereits in dem Abschnitt 2.7. „Psychosoziale Probleme hörgeschädigter Menschen" beschrieben, finden bisher in dem Konzept der Schwerhörigenpädagogik wenig Beachtung. Von daher war und ist es mein Ziel, mit dem Konzept des „Inneren Teams" und „Meine vielen Gesichter" Modelle anzubieten, die diese inneren Konflikte in der Kommunikation bearbeiten lassen. Die Anwendung technischer Hilfsmittel und einer funktionierenden Kommunikationstaktik scheitern, wenn bereits im inneren Konflikt die Entscheidung fällt, bei Nichtverstehen dieses nicht zurückzumelden und die Hörschädigung zu verheimlichen. Sollte also im inneren Team des hörgeschädigten Menschen diese Entscheidung gefällt werden, haben kommunikationstaktische Aspekte und technische Kompensationsmöglichkeiten keine Möglichkeit mehr, zur Anwendung zu kommen. Deshalb ist vor einer funktionierenden Kommunikationstaktik und der Versorgung mit technischen Möglichkeiten eine Bearbeitung der innen Konflikte vorrangig zu beachten.

4.6.1 Das Innere Team (Schulz von Thun)

Das innere Team besteht aus mehreren inneren Stimmen oder anders ausgedrückt, aus mehreren Seelen in mir. In Sekundenschnelle meldet es sich zu einem Thema zu Wort und ist sich dabei selten einig. Wie überall gibt es auch in diesem Team einen Widersacher und einen Anführer/Oberhaupt. Dieser Vorgang ist zwar normal, nimmt aber großen Einfluss auf unser Handeln und kann bis zur Handlungsunfähigkeit führen. Gelingt es aus dem chaotischen und zerstrittenen Team eine Einheit zu bilden, dann kommt es zu inneren Synergieeffekten und ich zeige ein angemessenes Verhalten. Klar, authentisch und situationsorientiert trete ich nach außen auf. Dazu gehört eine gute Mitarbeiterführung, die die inneren Mitarbeiter zusammenfügen kann.

Hörgeschädigte Menschen befinden sich permanent in einem inneren Konflikt. Zum einen wollen sie ihre Behinderung nicht nach außen öffentlich zeigen, da diese für sie oft ein erheblicher Makel im Selbstbild ist. Die dabei vorherrschende Taktik ist eine Verstecktaktik, d. h. die Hörbehinderung wird nicht offensiv der Umgebung mitgeteilt, sondern der Hörgeschädigte baut darauf, dass er seine Hörschädigung vor seiner Umgebung verbergen und verheimlichen kann. Eine sehr beliebte Taktik hierbei ist es, in einem Gespräch stets zu nicken und „Ja" zu sagen und damit die Gesprächsinhalte zu bestätigen, auch wenn diese akustisch nicht verstanden wurden. Für den Hörgeschädigten ist es äußerst mühsam, in den Gesprächen mehrmals darauf hinzuweisen, dass er hörgeschädigt ist. Auch ist ständiges Nachfragen und das konzentrierte Zuhören und Zuschauen äußerst anstrengend und führt schnell zur Erschöpfung. Bei einem Teilder Hörgeschädigten ist die Hörschädigung so gravierend, dass auch mit optimaler Ausstattung und höchster Konzentration keine hinreichende Kommunikation möglich ist. Der Hörgeschädigte wird in solchen Kommunikationssituationn und somit auch in der Beziehungsaufnahme häufig frustriert, da diese Gespräche oder die Beziehungsaufnahme nicht befriedigend verlaufen. Daraus entwickelt sich oft eine Resignation, die letztendlich im sozialen Rückzug gipfelt. Die Vermeidung von Gesprächssituationen führt dazu, dass der Hörgeschädigte sich in seiner Behinderung und in seinem Selbstbild als Defizit bestätigt fühlt. Da bereits in der Kindheit und in früher Jugend Kommunikation und Beziehungsaufnahme als Frustrationserlebnisse erlebt wurden, ergibt sich bei vielen Hörgeschädigten die Taktik, die Hörschädigung in der Kommunikation nicht voranzustellen, sondern zu versuchen „mitzuschwimmen" ohne aufzufallen. Der Hörgeschädigte hofft, durch diese Taktik trotzdem ein Gefühl der Zugehörigkeit, der Beziehungsaufnahme und einer funktionierenden Kommunikation zu spüren. Daraus resultierende Misserfolgserlebnisse werden dann in der Hoffnung weggesteckt, dass diese angewandte Taktik doch noch erfolgreich ist. So kommt es, dass die überwiegende Mehrheit der Hörgeschädigten nicht in der Lage ist, eine funktionierende Kommunikationstaktik anzuwenden.

Bei Hörgeschädigten findet in einer Kommunikationssituation mit Dritten oft ein innerer Konflikt statt. Da gibt es die einen Stimmen, die sagen: „Du musst jetzt Bescheid sagen, dass du schwerhörig bist, informiere deinen Gesprächspartner, benutze die Hörgeräte", etc. Demgegenüber gibt es eine andere Stimme, die sagt: „Nein, das kannst du nicht machen, es ist besser, wenn du nichts sagst, was soll er von dir denken, vielleicht merkt er gar nichts". Diese Stimmen, die darauf hinweisen, dass man mit der Hörschädigung nicht offensiv umgehen soll, gleichen in ihrem emotionalen Gehalt dem bereits beschriebenen Aufmerksamkeitsfocus (siehe Punkt 2.7.1). So spielen Fragen wie: „Werde ich versagen?", „Was soll ich als nächstes fragen oder tun?", „Was für einen Eindruck mache ich auf die andere Person?", „Was mache ich, wenn ich versage?" eine große Rolle. Übertragen auf den hörgeschädigten Menschen ergeben sich daraus die Fragen: „Habe ich alles richtig verstanden?", „Gebe ich die richtige Antwort", „Was denkt der Gesprächspartner von mir, wenn ich nicht richtig verstehe?", „Wie kann ich in einer peinlichen Situation reagieren?".

Das Fatale daran ist, dass die Verstecktaktik als erfolgreicheres Modell gewertet wird und damit das Modell ist, das in Kommunikationssituationen meistens zur Anwendung kommt. Bereits in der frühesten Kindheit haben die Eltern die Funktion der Informationsstelle über die Hörschädigung übernommen. So berichten die hörgeschädigten Jugendlichen oft, dass in Situationen, in denen sie akustisch etwas nicht verstanden hatten, die Eltern eingesprungen sind, indem sie sagten: „Mein Kind ist schwerhörig. Bitte sprechen sie lauter", oder: „Sagen Sie es mir, ich werde es meinem Kind später sagen". Das Kind kommt somit nicht zu dem Erfolgserlebnis, von sich aus auf die Hörschädigung aufmerksam gemacht zu haben und dabei eine positive Rückmeldung erhalten zu haben. Gerade im Umgang mit gleichaltrigen, nicht hörgeschädigten Menschen stellen sich oft Misserfolgserlebnisse ein, bei denen - wie bereits beschrieben - es zunächst um Ängste geht. Dies kann dazu führen, dass in einer für Hörende lustigen Situation das Missverstehen des Gesagten, evtl. verbunden mit einer falschen Antwort, noch mehr Anlass zur Heiterkeit gibt. Das Lachen über solche Situationen wird aber von dem Hörgeschädigten selbst als äußerst verletzend empfunden und darüber hinaus als eine enorme Bestätigung des eigenen Defizits. Der daraus folgende Lerneffekt ist, weiterhin mit der Hörschädigung nicht offensiv umzugehen.

Um dem Hörgeschädigten diesen inneren Prozess deutlich zu machen und auch ein „Oberhaupt" herauszuarbeiten, das die für den Hörgeschädigten „richtige" Entscheidung trifft, habe ich mich des Modells von Schulz von Thun „Das innere Team" bedient. Nach Schulz von Thun gibt es eine innere Pluralität des Menschen, d. h. es gibt viele, die in uns mit einem Sitz/einer Stimme vertreten sind und miteinander, gegeneinander und durcheinander arbeiten. Dazu bedarf es eines Teamchefs, der das teilweise gegeneinander arbeitende Team einigt und Konflikte löst. Die inneren Teamkonflikte sind dabei unumgänglich und notwendig, wobei man diese aber auch erkennen und lösen muss. Hierbei ergibt sich bei dem Hörgeschädigten das große Defizit, dass er den inneren Konflikt oft nicht erkennen und lösen kann. Er ist hin und her gerissen von dem Wunsch oder dem Bedürfnis, seine Hörschädigung nach außen zu tragen und somit auch Hilfe und Erleichterung zu erfahren. Zum anderen aber hat er erhebliche Ängste, dass sich bereits erlebte Misserfolge, so genannte Mikrotraumatisierungen, wiederholen. Hinzu kommt auch, dass die äußere Umgebung gerade von Hörgeschädigten in dem Sinne verunsichert ist, dass es Situationen gibt, in denen die Kommunikation sehr gut funktionieren kann, aber es auch Situationen gibt, in denen sie überhaupt nicht funktioniert. Da Hörende und teilweise auch Hörgeschädigten die Variablen, die so eine Kommunikation erheblich beeinflussen, unbekannt sind, führt dies zu einer tiefen Verunsicherung, die sich ebenfalls auf den Hörgeschädigten auswirkt.

Hörgeschädigte wissen oft nicht, dass ein Mundbild wichtig ist Es ist wichtig ist, dass das Mundbild beleuchtet ist und dass Nebengeräusche stören können. Auch dass lautes Sprechen die Stimme verzerrt ist vielen nicht bekannt. Und da spiegelt sich auch der innere Teamkonflikt nach außen wieder, da das innere Team ebenfalls zwar in verschiedenen Personen agiert, diese aber ebenfalls erhebliche Defizite im Wissen haben. Mein Focus war besonders darauf gerichtet, was Schulz von Thun auch als Methode der alltäglichen Selbstberatung verstanden hat. Hier geht es um am Tag immer wiederkehrende kleine Entscheidungen, die sofort in der jeweiligen Situation entschieden werden müssen. So muss oft schnell entschieden werden, ob ich mit meiner Hörschädigung offensiv umgehe und Kommunikationstaktik anwende, oder ob ich die Verstecktaktik einsetze. Der innere Dialog läuft in diesen Situationen in Sekundenschnelle ab, jedoch werden dabei alle Seiten gehört. So ist die Person, die im inneren Team immer darauf drängt, die Hörschädigung zu verheimlichen, auch ein sehr nützlicher Part, da dieser in bestimmten Situationen auch vor weiteren Misserfolgserlebnissen schützen kann. Betrachtet man insbesondere die Außenwirkung ungelöster Teamkonflikte wie Unsicherheit, widersprüchliches Verhalten und sozialen Rückzug, so ist das Tragische daran, dass die emotionalen Folgen der Hörschädigung potenziert werden. Die Binnenwirkung ist in ihrer Auswirkung ebenfalls als progressiv fortschrittlich, sich weiterentwickelnd, zu bezeichnen, da diese die innere Zerrissenheit des Hörgeschädigten, aber auch das Selbstbild und das Selbstwertgefühl, weiterhin negiert. Die Folge davon ist oft psychosomatischer Natur, die insbesondere bei einem hohen Anteil Hörgeschädigter Verspannungen im Nackenbereich, aber auch Kopf- und Bauchschmerzen zu, ausmachen.

„Das ist mir auf den Magen geschlagen" ist eine Metapher, die eine psychosomatische Beschwerde bezeichnet, die für Hörgeschädigte ganz typisch ist. Eine Lösung der inneren Teamkonflikte oder ein Bewusst-Werden der Rolle des Widersachers, in dem Fall desjenigen, der die Hörschädigung verheimlichen möchte, kann zu einer Reduzierung psychosomatischer Beschwerden führen und damit auch zu einer deutlichen Entlastung.

Von daher war das Kapitel „Das innere Team" eines der zentralen Module in der gesamten Fortbildung. Die Übung bestand darin, mit den Jugendlichen Situationen zu erarbeiten, in denen sie die Kommunikation als erfolgreich oder als Misserfolg erlebt haben. Danach wurde gemeinsam mit den Jugendlichen erörtert, durch welche Gedanken die Misserfolge oder die Erfolge im Verlauf und im Nachhinein begleitet wurden. Diese wurden dann visualisiert, so dass die Gedanken den Personen des inneren Teams zugewiesen werden konnten. Die Aufgabe der Jugendlichen bestand nun darin, diese Situationen in Rollenspielen nachzuspielen, um sich auch in die jeweilige Person des inneren Teams hineinzuversetzen. Der Jugendliche, der dabei das „Oberhaupt" spielte, musste dann genau begründen, warum er letztendlich das innere Team zu dieser Entscheidung geführt hat. Da im Vorfeld bereits die positiven Auswirkungen eines offensiven Umgangs mit der eigenen Hörschädigung erarbeitet wurden, fiel es dem „Oberhaupt" leicht, als Entscheidung den offensiven Umgang mit der Hörschädigung in der Kommunikation zu benennen. Dennoch wurde die nützliche Rolle des Widersachers herausgearbeitet, da dieser auch immer wieder die Grenzen in der Kommunikation aufzeigt und sie dem Hörgeschädigten bewusst macht.

Das andere Extrem finden wir bei Hörgeschädigten, die sich in ihrer eigenen Hörfähigkeit, aber auch in ihrer Kompetenz, überschätzen. Diese pflegen einen so offensiven Umgang mit ihrer Hörschädigung, dass sie bei dem Gesprächspartner nicht den Effekt der Entlastung in der Form erreichen, dass Ängste oder Unsicherheiten zurückgenommen werden, sondern Ängste und Unsicherheit verstärkt werden. Hierbei bildet der Widersacher einen wichtigen Part, indem er dem Hörgeschädigten die Grenzen aufzeigt. Meiner Meinung nach ist das „Oberhaupt" geprägt von den Vorerfahrungen des Hörgeschädigten. Hörgeschädigte Menschen, die oft erfolgreiche Kommunikationserlebnisse haben, indem sie offensiv mit ihrer Hörschädigung umgehen, werden in der Lage sein, dem Part des inneren Teams mehr Aufmerksamkeit zu schenken, der ebenfalls den offensiven Umgang einfordert. Häufige Misserfolgserlebnisse führen dazu, dem Widersacher mehr Aufmerksam zu schenken. Es bedarf dann oft einer weiteren Summe von Misserfolgserlebnissen im nicht offensiven Umgang mit der Hörschädigung, bis auch bei diesem Teil der Hörgeschädigten ein Umdenken erfolgt.

Nach meiner Erfahrung im rehamedizinischen Bereich führt dieser Leidensdruck zu erheblichen psychosomatischen Beschwerden bis hin zur Gefährdung von Partnerschaften und Arbeitsplätzen. Erste Maßnahmen wie eine medizinische Rehabilitationsbehandlung sind als Hilfen erforderlich. Diese bringen dem Hörgeschädigten Entlastung. So war eine der Rückmeldungen aus dem Seminar, dass die Jugendlichen fragten: „Warum haben wir dies nicht schon früher gelernt? Das hätte uns doch sehr geholfen." Dieselbe Erfahrung habe ich bei hörgeschädigten Erwachsenen gemacht, die zwischen dem 30. und 40. Lebensjahr mit einem Burn-out-Syndrom in die Rehabilitations-Klinik kamen und nach erfolgter Einführung in die Kommunikationstaktik und Erarbeitung von Kompetenzen im Management einer Kommunikationssituation ebenfalls meinten: „Warum haben wir dies nicht bereits im Schulalter gelernt?".

Anzumerken bleibt, dass es meiner Erfahrung nach irrelevant ist, ob der Hörgeschädigte in einer Regelschule oder in einer Schwerhörigenschule war. In beiden Bereichen ergeben sich erhebliche Defizite in der Aneignung von kommunikationstaktischer und sozialer Kompetenz. Von daher ist „Das innere Team" nach Schulz von Thun ein Modell, was man mit den Jugendlichen insbesondere in Verbindung mit erlebten Kommunikationssituationen und dabei empfundenen Gefühlen und Konflikten nutzen kann, um diese zu visualisieren und in ein Hilfekonzept umzusetzen. „Das innere Team" wurde von den hörgeschädigten Seminarteilnehmern als sehr entlastend empfunden, da diese eben auch in der Selbstberatung erhebliche Konflikte spürten. Hierbei ist es wichtig, dass das innere Team erst nach den Modulen der Kommunikationstaktik und der sozialen

Kompetenz angewendet wird, da dadurch eine gute Grundlage entsteht, dem „Oberhaupt" mit diesem Wissen eine Entscheidungshilfe zu geben.

4.6.2 Meine vielen Gesichter (Virginia Satir)

Virginia Satir, eine der bekanntesten Familientherapeutinnen, lädt den Leser ihres Buches „Meine vielen Gesichter" ein, sich auf spielerischer Art und Weise mit sich selbst auseinander zu setzen. Sie lädt uns zu dem Theaterstück „Das Theater des Inneren" ein, welches immer in uns abläuft. Das Stück, das heute läuft, trägt den Namen „Deine vielen Gesichter".

Das Bühnenbild ist am Anfang dunkel gehalten. Auf der einen Seite befindet sich ein großes Thermometer mit einer goldenen Signallampe, deren Aufleuchten das Spenden von Energie anzeigt, und einer roten Lampe, bei der Energie gefressen wird. Es scheint sich um ein Gefühlsthermometer zu handeln. Auf der anderen Seite befinden sich acht farbige Ringe, die das „Rad der Möglichkeiten" genannt werden. Im Hintergrund der Bühne befinden sich mehrere Türen. Aus diesen Türen werden im Laufe des Stückes viele verschiedene Gesichter/Gefühle herauskommen und mit- bzw. gegeneinander agieren. Außerdem sind auf der Bühne die Regeln für einen guten Menschen wie auch Überlebensregeln festgehalten.

Diese „Gesichter" haben wir alle und mit denen begegnen wir uns und anderen. Wir können liebevoll, stark, intelligent, aber auch ängstlich, destruktiv oder eifersüchtig sein. Häufig halten wir unsere verschiedenen Gesichter entweder für gut oder schlecht, richtig oder falsch, bejahen sie oder lehnen sie ab. Dabei entgeht uns, dass wir reicher und ausgeglichener sein könnten, wenn wir alle Eigenschaften, die zu uns gehören, annehmen würden.

Auf der Bühne des inneren Dialogs findet eine innere Auseinandersetzung mit seinen Emotionen und Bedürfnissen statt. Einiges davon kennen wir gut, benutzen es oft und gerne, anderes wollen/ können wir nicht wahrnehmen. Dadurch bleiben wir in unserem inneren Dialog unvollständig und spüren für uns wichtige Gefühle nicht mehr.

Durch die Darstellung des Thermometers soll uns bewusst gemacht werden, in wieweit der innere Dialog uns belastet oder uns Kraft geben kann. Nach Virginia Satir registriert dieses Thermometer Gefühle. So gibt es auf der einen Seite Gefühle, die Energie verbrauchen und auf der anderen Seite welche, die Energie spenden. Als Energiespender bezeichnet sie Hoffnung, Hilfsbereitschaft, Stärke, neue Möglichkeiten, Veränderung und Entscheidungsfreiheit. Als Energiefresser nennt sie Hoffnungslosigkeit, Hilflosigkeit, Schwäche, keine Chance, keine Veränderung und keine Entscheidungsfreiheit.

Meist ist unser Leben nach den Regeln, ein guter Mensch sein zu müssen, ausgerichtet. Diese Regeln ergeben sich aus der Erziehung, den gesellschaftlichen Normen oder „Überlebensregeln". Diese haben dazu geführt, dass wir uns in einem emotionalen Gefängnis befinden, in welchem wir unsere eigenen Bedürfnisse und positiven Seiten, die nicht konform sind, nicht mehr wahrnehmen können. Vieles entscheidet sich daran, ob es gut geheißen oder abgelehnt wird. Dabei sitzen unsere schärfsten Bewacher in unserem Inneren. In dem Theater gibt es einen Topf mit Deckel, in dem alles hinein kommt, was gefährlich ist. Irgendwann geht der Deckel nicht mehr zu und das Gefährliche kommt nach oben. Unsere Stabilität und unser vermeintliches Funktionieren geraten dann in Gefahr.

In uns schlummern viele Teile, die wir noch nicht entdeckt haben oder wahrnehmen wollten. Wenn sie uns bewusst sind, können wir über sie bestimmen, anstatt dass sie über uns bestimmen. Jeder dieser Teile kann eine Energiequelle sein, ist vielseitig verwendbar oder kann sich mit anderen Teilen harmonisch verbinden. Wichtig ist es, wieder zur Entscheidungsfreiheit zu gelangen, im Gegensatz zum zwanghaften Handeln. Durch die Entscheidungsfreiheit erhält man die Möglichkeit, neue Wege zu gehen und damit seine alten und ausgetretenen Pfade zu verlassen. Diesen Vorgang nennt Satir eine neue innere Landkarte entwerfen.

Viele meiner früheren Patienten waren in ihren Ängsten, Schmerzen, negativen Erfahrungen so festgefahren, dass sie die Möglichkeit der Selbstreflexion verloren hatten. Ihre Selbstwahrnehmung war nur noch eine Vermeidungsfunktion vor weiteren Belastungen, um das „Funktionieren" zu gewährleisten.

Ähnlich wie das unter 4.6.1 vorgestellte „Innere Team" nach Schulz von Thun bietet das Konzept von Virginia Satir „Meine vielen Gesichter" dem Betrachter die Möglichkeit, im Inneren stattfindende Prozesse und Konflikte nach außen abzubilden und sich bewusst zu machen.

Virginia Satir stellt dar, dass in jedem Menschen Energieströme fließen. Dies sind die Gefühle von Ärger, Freude, Angst, Neugierde, Liebe, Begeisterung, Hilflosigkeit und Stärke. Laut Virginia Satir besitzen alle Menschen die Fähigkeit zum Fühlen. Diese Eigenschaft macht sie sich zunutze, um den jeweiligen Energieströmen einen Raum anzubieten, in Interaktion und Kommunikation zu treten. Dies bezeichnet sie als „Das Theater der Inneren".

Betrachten wir die bereits in dem vorherigen Kapitel aufgeführten inneren Konflikte von hörgeschädigten Menschen, so erkennen wir, dass die inneren Konflikte oft Energiefresser darstellen. Insbesondere die Hilflosigkeit und die Schwäche, aber auch die fehlende Chance oder das Nichtstattfinden von Veränderungen durch fehlende Kommunikationstaktik oder durch selbstbewusstes Auftreten mit dem Defizit Hörschädigung führen dazu, dass im Alltag viel Energie gefressen wird.

Die als mögliche Energiespender in Frage kommenden Emotionen Stärke, Entscheidungsfreiheit und Veränderung, die man mit einer aktiven Kommunikationstaktik und/oder mit einem offensiven Umgang mit der eigenen Hörschädigung in den Vordergrund stellen könnte, finden bei dem Großteil der Hörgeschädigten nicht statt.

Virginia Satir führt ebenfalls Regeln für einen guten Menschen an. Diese Regeln lauten:

> Ich muss immer alles richtig machen, ordentlich, intelligent, vernünftig, gut, gehorsam, gesund sein, egal was es kostet oder in welcher Situation ich gerade bin, denn alle anderen sind wichtiger als ich und wie komme ich überhaupt dazu, etwas für mich zu verlangen.

Die Internalisierung dieser Regel führt bei Hörgeschädigten zu der fatalen Folge, dass sie z.B. beim Einfordern von Kommunikationstaktiken den Satz mit „Entschuldigen sie bitte, ich habe sie nicht verstanden" beginnen. Die darin versteckte Emotion heißt ganz einfach Schuld.

Besonders auffallend ist bei der Regel „ein guter Mensch zu sein" der Aspekt des Gesund-Seins. In unserer Gesellschaft ist es oft so, dass die Konfrontation von Tabuthemen wie Behinderung, Tod, Trauer, Krankheit oder Alter dazu führt, dass der Mensch die Konfrontation mit den eben genannten Variablen vermeidet, um nicht an die eigene Verletzlichkeit erinnert zu werden. Nach den Regeln ist es so für einen Hörgeschädigten schon nicht mehr möglich, ein guter Mensch zu sein. Virginia Satir bekam bei der Überschrift „Regeln um ein guter Mensch zu sein" Bauchschmerzen. Übertragen auf die Situation hörgeschädigter Menschen kann dieser Konflikt, des Nicht-Befolgen-Können dieser Regeln und somit auch die Erkenntnis, kein guter Mensch sein zu können, zu einem psychosomatischen Beschwerdebild führen.

Dem gegenüber steht die Aussage „Ich, mein Selbst". Virginia Satir stellt damit dar, was ich alles sein kann: ausgeglichen, fröhlich, liebend, gesund, intelligent, sexy, schöpferisch, humorvoll, kompetent – all dies ist möglich. Beachten wir bei diesen Regeln, dass der Aspekt „gesund sein" hier nicht im Zusammenhang mit der Behinderung bzw. dem Defizit gesehen wird, sondern dass es trotz Behinderung und Defizit möglich ist, sich gesund zu fühlen. Unter dem Aspekt der variablen Kompetenz bietet sich in diesem Zusammenhang an, beim Hörgeschädigten eine gut funktionierende Kommunikationstaktik und ein offensiver Umgang mit der Hörschädigung als kompetente Variable zu verstehen.

Stellen wir uns nun die innerlich ablaufenden Konflikte eines hörgeschädigten Menschen in der Kommunikation mit normal hörenden Menschen auf der Bühne des Theaters des Innern vor, so fallen hierbei zwei Akteure besonders ins Gewicht. Zum einen ist dies die Hilflosigkeit, die sich durch das fehlende Training der Kompetenz, selbständig auf die eigene Hörschädigung aufmerksam zu machen oder Kommunikationstaktik anzuwenden, bestärkt fühlt und dazu neigt, die Hörschädigung nicht nach außen zu tragen. Hierbei wird die Hilflosigkeit unterstützt von der Angst, die hierbei im Zusammenhang mit dem Aufmerksamkeitsfocus zu betrachten ist. Die Angst von Hörgeschädigten, durch das Nichtverstehen oder durch das Outen der eigenen Schwerhörigkeit bei dem Gesprächspartner das Gefühl auszulösen, dass der Hörgeschädigte nichts wert ist, als lästig oder schwierig oder als nicht interessanter Gesprächspartner betrachtet werden könnte, führt dazu, dass die Angst dafür plädieren wird, schwierige Kommunikationssituationen zu vermeiden und sich diesen zu entziehen. Eine besondere Bedeutung kommt hierbei der Stimme im Theaterstück zu, die hier z.B. der Vater, die Mutter, oder der Chef des Hörgeschädigten sein kann.

Eltern hörgeschädigter Kinder, die oft keine ausreichende Trauerarbeit bezüglich der Hörschädigung des Kindes geleistet haben und somit oft auch in ihrer Trauer und damit verbunden in der Handlungsunfähigkeit gefangen sind, neigen dazu, dem hörgeschädigten Kind viele Belastungen abzunehmen. So werden kommunikationstaktische Aspekte selten von dem hörgeschädigten Kind selbst geleistet, sondern in der Regel übernehmen die Eltern diese Rolle. So wird in Situationen des Nichtverstehens von Seiten der Eltern darauf aufmerksam gemacht, wie mit dem Kind zu sprechen ist. Das Gefühl der Hilflosigkeit erfährt dadurch noch mehr Nahrung und wird in dem Sinne dominanter, was sich in dem Theaterstück dann auch deutlich bemerkbar macht. Die Stimme der Eltern „Ich mach das für dich, das schaffst du nicht, das kannst du nicht. Bitte stör nicht mit deiner Hörschädigung" ist permanent während des Theaterstücks zu hören. Nehmen wir die Emotion Liebe hinzu, so wird diese Liebe, die gerade von Seiten der Eltern als etwas Schützendes gemeint wird, in diesem Fall die Angst und Hilflosigkeit verstärken. Der Aspekt der Schutzfunktion der Eltern mündet bei behinderten Kindern oft in eine erlernte Hilflosigkeit. Betrachten wir Kommunikation als eine Möglichkeit, die Beziehung zu einem anderen Menschen aufzubauen und somit auch ein Interesse an der eigenen Persönlichkeit und damit auch eine emotionale Bestärkung der eigenen Persönlichkeit zu erfahren, so spielt die Liebe in diesem Theaterstück eine tragende Rolle. Um positive Gefühle bzw. Liebe anderer Menschen selber ertragen zu können, ist es absolut notwendig, dass man sich selber liebt. Sollte man sich bisher immer nur als Defizit, als Behinderter und inkompetent empfunden haben, so wird auch die Zuwendung und Zuneigung anderer Menschen vom Hörgeschädigten nicht auszuhalten sein. Gerade die eben beschriebenen Energiefresser wie Hilflosigkeit, Schwäche und keine Entscheidungsfreiheit werden dazu führen, dass der Hörgeschädigte sich in seinem Unvermögen, Liebe zu empfangen und sich selber wertvoll zu fühlen, gefangen bleibt. Sollte der Hörgeschädigte in der Lage sein, trotz der Hörschädigung sich ausgeglichen, fröhlich, liebend, gesund, intelligent, sexy, schöpferisch, humorvoll und kompetent zu fühlen, kann er auch eine liebevolle Beziehung zu sich selber entwickeln. Somit wird das Defizit Hörschädigung nur ein Teil der Persönlichkeit werden, aber nicht mehr der zentrale Mittelpunkt des Ichs, des Selbst. Von daher kommt der Liebe die Bedeutung zu, im Theaterstück der Hilflosigkeit und der Angst deutlich zu machen: „So wie ich bin, bin ich okay und das ist gut so". Die Liebe wird sich dann mit der Emotion Hoffnung verbünden, die voraussetzt, dass in jedem Gesprächspartner, den ich über meine Hörschädigung und über mein Kommunikationsbedürfnis informiere, der Wille und der Wunsch vorhanden ist, auf meine Bedürfnisse als Hörgeschädigter einzugehen (siehe hierzu das Brückenmodell von Jochen Müller).

In diesem Zusammenhang kommt auf der Bühne der Macht in unserem „Theater des Inneren" eine wichtige Funktion zu. Dadurch, dass der Hörgeschädigte das Wissen um die Bedingungen für eine funktionierende Kommunikation hat, hat er auch die Macht, diese Situation herzustellen. Indem er offensiv mit der Hörschädigung umgeht und Kommunikationstaktik einfordert, kann er mit dem Weitergeben des Wissens für eine funktionierende Kommunikation sorgen. Hinzu kommt, dass durch die gesicherte Kommunikationsbasis und der Information über die Bedingungen einer funktionierenden Kommunikation durch den hörgeschädigten Gesprächspartner bei dem hörenden Gegenüber Angst reduziert und Gefühle wie Dankbarkeit geweckt werden. Dies führt wiederum zu einer positiven Rückmeldung bis hin zu einem gesteigerten Interesse an dem hörgeschädigten Gesprächspartner. Im Theaterstück würden dann die Akteure Hilflosigkeit und Angst erkennen, dass durch den offensiven Umgang mit der Hörschädigung so etwas wie Stärke, neue Möglichkeiten, aber auch Entscheidungsfreiheit und Veränderung, erlangt werden können. Dies bedeutet wiederum, dass der Hörgeschädigte in der Kommunikation und in der Beziehung mit den Gesprächspartnern über einen Energiespender verfügt. Die Kommunikation wird in diesem Sinne dann nicht mehr als belastend und Energie fressend empfunden, sondern auch zum Gewinn neuer Energie und positiver Emotionen genutzt.

Für Virginia Satir ist die Bereitschaft zum Risiko ein wichtiger Aspekt, um die ersten Schritte in eine neue Richtung zu gehen. Durch das Überwinden von gefährlichen Handlungs- und Gedankenmustern bis hin zu einer neuen Erfahrung durch den offensiven Umgang mit der Hörschädigung und mit Kommunikationstaktik, können neue Überzeugungen entwickelt werden. Wichtig ist hierbei, dass es auch zu Misserfolgserlebnissen kommen kann, wobei wiederum Virginia Satir darstellt, dass es nicht die Absicht des Gesprächspartners ist, böse zu sein, sondern dass es auch im Unvermögen des Gesprächspartners liegen kann, sich nicht auf die Kommunikationstaktik einstellen zu können (siehe auch das Brückenmodell von Jochen Müller).

So beschreibt Virginia Satir in dem Entwurf einer eigenen Landkarte, wobei auf der ersten Karte meist nur ein Weg eingezeichnet sei, der als der einzig richtige beschrieben wird. Übertragen wir dies auf die Situation von Hörgeschädigten, so ist dies vergleichbar mit dem Weg, den Hörgeschädigte in dem geschützten Rahmen der Institution gehen. Wie bereits dargestellt, befinden sich hörgeschädigte Kinder und Jugendliche oft in einem geschützten Rahmen, in dem sie von Menschen umgeben sind, die bereits über die Hörschädigung informiert sind. Der Eintritt in das Berufsleben und der Kontakt mit Menschen, die über die Hörschädigung nicht informiert sind, führen eigentlich dazu, dass dieser Weg nicht mehr ausreicht. So muss bereits frühzeitig dem Hörgeschädigten die Möglichkeit gegeben werden, eine Landkarte zu entwickeln, die mehrere Wege ermöglicht. Hier könnte eine Lösung sein, die Erfahrung des offensiven Umgangs mit der Hörschädigung und der Kommunikationstaktik als ein erfolgreichen Weg für sich in der Landkarte zu markieren, der begangen werden kann.

In diesem Modul wurde mit den Hörgeschädigten das Konzept von Virginia Satir „Meine vielen Gesichter" bearbeitet und dargestellt. Gemeinsam mit den Jugendlichen wurden verschiedene Emotionen herausgearbeitet und auf unterschiedliche Situationen in der Kommunikation mit Hörenden übertragen. Die hörgeschädigten Teilnehmer hatten dann die Aufgabe, in kleinen Rollenspielen die inneren Konflikte auf der Bühne des „Theater im Inneren" darzustellen. Mit dieser Methode hatten die hörgeschädigten Schüler die Möglichkeit, aus der Rolle des Betrachters, aber auch durch das Hineinschlüpfen in die Rolle einer Emotion, diese aus einer für sich ungefährlichen Perspektive zu betrachten und somit diese neu zu bewerten und sich für neue Wege auf der Landkarte zu entscheiden.

Ziel dieses Moduls war es, den hörgeschädigten Jugendlichen aufzuzeigen, dass der bisherige Weg auf der „Landkarte" zu starr ist für die zukünftigen Herausforderungen in der Kommunikation mit Personen, die nicht über die Hörschädigung informiert sind. Es sollte eine Landkarte entworfen werden, die den Jugendlichen deutlich macht, dass sie Stärken und Eigenschaften besitzen, insbesondere das Wissen für das Herstellen von für sie günstige Kommunikationssituationen, die ihnen bisher nicht bewusst waren. Ebenfalls wurde herausgearbeitet, dass es neben der Behinderung, die ein Teil der Persönlichkeit ist, ebenso positive Aspekte und Stärken gibt.

Es war positiv, dass diese Form des Seminars von den Jugendlichen so gut angenommen wurde (siehe auch Auswertung).

4.6.3 Bewerbungstraining

Das Bewerbungstraining ist das Modul, in dem die in den vorherigen Modulen erlernten Taktiken und Verhaltsweisen in Rollenspielen umgesetzt und erprobt wurden.

Der hörgeschädigte Schüler wächst bis zum Ende seiner Schulzeit in einem relativ geschützten Raum auf. Während der Zeit der Frühförderung und/oder des Kindergartens und der Schule ist der hörgeschädigte Schüler mit einer Umgebung konfrontiert, die zum einen über die Schwerhörigkeit informiert ist und zum anderen angehalten ist, sich auf diese Behinderung einzustellen. Die Bewerbung um einen Ausbildungsplatz ist für viele Hörgeschädigte der erste Kontakt mit Personen, die in der Regel weder über die Hörschädigung informiert sind und keine Kenntnisse über den besonderen Umgang mit hörgeschädigten Menschen besitzen. Für viele hörgeschädigte Jugendliche ist das Bewerbungsgespräch das erste Gespräch, in dem sie selber über ihre Hörschädigung aufklären und dem Gesprächspartner die besonderen Bedürfnisse hörgeschädigter Menschen in der Kommunikation darlegen müssen. Von daher bildet das Modul Bewerbungstraining einen hervorragenden Rahmen, die bisher gelernten Kommunikationstaktiken und Inhalte der übrigen Module umzusetzen. Bedenkt man den enormen psychischen Druck, sich um einen Ausbildungs- oder Arbeitsplatz in Konkurrenz mit zahlreichen nicht behinderten Bewerbern zu bewerben, ist eine gute Vorbereitung im offensiven Umgang mit der Hörbehinderung ein stabilisierender Faktor. Vor allem sind hier die Module Kommunikationstaktik aber auch „Das innere Team" zentrale Bestandteile des Trainings. Ein wichtiger Aspekt dabei ist die Darstellung der eigenen Hörschädigung gegenüber dem Gesprächspartner. In diesem Fall ist der Gesprächspartner der Arbeitgeber, der sich die Bedeutung einer Einstellung eines Hörgeschädigten in seinen Betrieb bewusst sein muss. Eine klare und eindeutige Beschreibung der eigenen Hörschädigung stellt eine Entscheidungshilfe für den Arbeitgeber dar. Wichtig ist es hierbei, genau darzustellen, welche Kommunikationsbedingungen für eine erfolgreiche Kommunikation vorhanden sein müssen. Die Auskunft „Ich höre 60%" ist nicht hilfreich. Vielmehr sollten hier Situationen beschrieben werden, in denen die Kommunikation gut klappt und welche, in denen es auch Probleme gibt.

Ergänzend hierzu ist es von Wichtigkeit, den Arbeitgeber über eine behindertengerechte Ausstattung des Arbeitsplatzes zu informieren. Die vermittelten Kenntnisse über technische Hilfsmittel, wie z. B. Smart-Link oder weitere technische Ausstattungen (Maschinen mit visuellen anstelle akustischen Signalen) zur Kompensierung der Hörschädigung können hier mit eingebracht werden. Informationen, wie z. B. über den Lohnzuschuss bei Schwerbehinderten, können dazu führen, dass man als Arbeitnehmer für den Arbeitgeber interessant wird. Kommunikationstaktische Aspekte in der Form der so genannten fünf Sätze („Ich bin schwerhörig. Bitte schauen Sie mich beim Sprechen an. Ich muss vom Mund absehen. Bitte sprechen sie langsam und deutlich" und Benutzen sie kurze Sätze") dienen dazu, die Ängste gegenüber dem Gesprächspartner abzubauen und eigene Kompetenzen voranzustellen.

Es ist notwendig, dass der Hörgeschädigte zu dem Bewerbungsgesprächen mit allen seinen technischen Möglichkeiten ausgestattet ist. Das bedeutet, notwendige Hörgeräte nicht nur zu besitzen, sondern sie auch zu tragen. Hörgerätebatterien sollten ebenfalls in der Reserve vorhanden sein. Die dabei entstehenden innerlichen Dialoge „Wann soll ich meine Hörschädigung mitteilen, was darf ich mitteilen, was soll ich lieber verschweigen" lassen sich in der Rollenspielsituation über das Modell „Das inneren Team" darstellen. So wird das Bewerbungsgespräch an kritischen Punkten gestoppt und der Jugendliche aufgefordert, den nun innerlich stattfindenden Dialog nach außen darzustellen und sich bewusst zu machen, wo die Konflikte im inneren Team momentan liegen und welche Lösung angemessen erscheint. Hilfreich kann es sein, den inneren Dialog über Zeichnungen zu visualisieren oder die Rollen der Teilnehmer des inneren Teams auf die anwesenden Schüler zu übertragen und diese den Dialog darstellen zu lassen. Der betreffende Hörgeschädigte im Rollenspiel kann in dem Fall die Rolle des „Teamchefs" bzw. „Oberhauptes" übernehmen, der letztendlich die Entscheidung treffen muss.

Insbesondere an diesen Übungen im Bewerbungsgespräch kann der theoretische Teil des Moduls „Das innere Team" erprobt und als ein erfolgreiches Konzept von den Jugendlichen erkannt werden. Der Aspekt der Verinnerlichung ist bei dem Modul Bewerbungstraining von entscheidender Bedeutung. Sollten in dem Bewerbungsgespräch Teile der in den Modulen gelernten Techniken Anwendung finden und diese zum Erfolg führen, dann wird dies im Rollenspiel gezeigte Verhalten als erfolgreich gewertet und verinnerlicht. Wiederholt sich dieser Vorgang, kommt es zur Internalisierung des Verhaltens. Somit wäre ein wichtiger Bestandteil des Trainings erfüllt. Für die hörgeschädigten Schüler war es zum größten Teil das erste Mal, dass sie sich in dieser Form mit ihrer Hörschädigung konstruktiv auseinandergesetzt haben. Die in den Rollenspielen geäußerten Emotionen sollten dann anhand des Modells „Das innere Team" besprochen und aufgelöst werden. Emotionen wie: „Das kann ich jetzt nicht sagen", oder „das zu sagen, ist mir jetzt aber peinlich", oder „ich warte erst einmal ab, ob ich versteht und sage erst einmal nichts", lassen sich anhand des Modells „Das innere Team" verdeutlichen und bearbeiten. Der wichtigste Aspekt hierbei ist, dass der betroffene Hörgeschädigte zunächst in die Rolle des Beobachters geht und somit aus einer für ihn ungefährlichen Position an der Lösung mitarbeiten kann. Somit wird der betroffene Hörgeschädigte in der Rolle des Co-Therapeuten zum Oberhaupt des Teams. Dieses Modul sollte zum Ende eines Seminars angeboten werden, da vorangegangene Module eine zwingende Grundlage für dieses Modul darstellen. Es sollte aber nicht das letzte Modul sein, sondern es sollte die Möglichkeit geben, die in dem Bewerbungsgespräch beobachteten Verhaltensweisen und Aussagen zu besprechen.

4.6.4 Training sozialer Kompetenz
Modell von Oliver Rien

In meiner langjährigen therapeutischen Arbeit mit Hörgeschädigten in der Klinik „Am Stiftsberg", aber auch in meiner jetzigen Tätigkeit mit hörgeschädigten Jugendlichen im Berufsbildungswerk Husum, erlebe ich oft erhebliche Defizite in der sozialen Kompetenz dieser Menschen. Die sozialen Defizite schlagen sich vor allem in der Kontaktaufnahme, aber auch im Gesprächsverhalten sowie in den Beziehungen untereinander, nieder. Dabei ist zu beobachten, dass der Mangel an sozialer Kompetenz bei gehörlosen Jugendlichen stärker auftritt als bei schwerhörigen Jugendlichen. Wie bereits in dem von mir veröffentlichen Artikel „Training in sozialer Kompetenz mit hörgeschädigten Jugendlichen" (2005) dargestellt, findet sich die Ursache des Mangels an sozialer Kompetenz in der fehlenden Kommunikation zwischen den Eltern und dem hörgeschädigten Kind. So zeigte die Untersuchung von Prillwitz, Schulmeister und Wudtke (1977), welche die kommunikative Situation hörsprachgeschädigter Vorschulkinder im Familienalltag untersuchte, dass die Vorraussetzung für eine emotionale Bindung und soziales Lernen eine funktionierende Kommunikation zwischen Kind und Eltern ist. Daneben ist eine ausreichende Kommunikationsform zwischen Kind und Eltern für den optimalen Verlauf der Entwicklungsstufen unabdingbar. Sollte dies nicht gegeben sein, erhöht sich die Gefahr des Erwerbs sozialer Defizite und trägt zu einer Entwicklung eines negativen Selbstbildes bei. Durch die späte Versorgung frühkindlicher Hörschäden mit technischen Hilfsmitteln und/oder den Verzicht auf gebärdensprachunterstützter Kommunikation können die oben beschriebenen Faktoren auch bei hörgeschädigten Regelnschülern zu Defiziten in der sozialen Kompetenz geführt haben.

So stellt auch Hintermair (2003) dar, „dass eine angemessene, funktionstüchtige und kindzentrierte Verwendung eines sprachlichen Kommunikationssystems" Bindungsentwicklung fördern und Traumatisierung vorbeugen kann.

In dem von mir entwickelten Training habe ich versucht, für Hörgeschädigte ein visuelles und leicht zu verinnerlichendes Modell zu entwickeln. Dieses Modell hat bereits in zahlreichen Seminaren an Hörgeschädigtenschulen in Hamburg und Bremen, an den Landesbildungszentren in Oldenburg und Potsdam sowie an der Rheinisch-Westfälische Schule für Hörgeschädigte in Essen Anwendung gefunden. Ebenso habe ich dieses Training in sozialer Kompetenz bei erwachsenen Hörgeschädigten durchgeführt, wo es ebenfalls mit großem Erfolg angenommen wurde. Die Rückmeldungen der Erwachsenen, wie auch der Lehrkräfte der hörgeschädigten Jugendlichen, sind sehr positiv. Die Grundlagen des sozialen Kompetenztrainings basierten auf dem Modell von Eileen Gambrill (1995).

Hierbei führt Gambrill achtzehn kommunikative Verhaltensweisen an, deren Beherrschung ein hohes Maß an sozialer Kompetenz gewährleisten. Es handelt sich dabei um die folgenden achtzehn kommunikativen Verhaltensweisen:

> - Nein sagen
> - Widerspruch äußern
> - Versuchungen zurückweisen
> - Gespräche beginnen
> - Gespräche aufrechterhalten
> - Gespräche beenden
> - Um einen Gefallen bitten
> - Gefühle offen zeigen
> - Komplimente machen
> - Komplimente akzeptieren
> - Auf Kontaktangebote antworten
> - Unerwünschte Kontakte beenden
> - Erwünschte Kontakte arrangieren
> - Sich entschuldigen
> - Schwächen eingestehen
> - Verlangen, dass störendem Verhalten ein Ende gesetzt wird
> - Unterbrechungen im Gespräch unterbinden
> - Auf Kritik reagieren

Ursprünglich hatte ich mich mit dem Gruppentraining sozialer Kompetenzen - kurz: GSK - von Hinsch und Pfingsten (2002) beschäftigt. Dieses Training bedarf einer normalen Lese- und Schriftsprachkompetenz. Des Weiteren setzt das Training voraus, dass man sich in Situationen hineindenkt und versuchen muss, darzustellen, wie man in solchen Situationen reagieren würde. Da insbesondere bei Gehörlosen sowohl die Schriftkompetenz als auch die Fähigkeit, sich in Interaktionen mit einer fiktiven Konfliktlösung gedanklich hineinzugeben, nur gering bis kaum vorhanden ist, kam also das Gruppentraining von Hinsch und Pfingsten nicht in Betracht. Deshalb habe ich angefangen ein Training zu entwickeln, dass zum einen der mangelnden Schriftkompetenz, als auch dem Bedürfnis nach visueller Darbietung entgegenkommt.

Den hörgeschädigten Teilnehmern des Trainings werden in einer PowerPoint-Präsentation die achtzehn Punkte vorgestellt. Jeder Punkt wird mit einem praktischen Beispiel aus dem Erfahrungsbereich der Teilnehmenden detailliert besprochen, so dass jedem die einzelnen Merkmale sozialer Kompetenz verdeutlicht werden und er sie nachvollziehen kann. Mit dieser Vorgehensweise wird ein erster Anfang für eine bessere Selbsterfahrung und die Grundlage für eine Selbstreflexion gelegt.

Die Präsentation der Merkmale ist der erste Schritt im Training. Die Teilnehmenden müssen sich intensiv mit dem offensiven Umgang ihrer Hörschädigung beschäftigen. Nur Hörgeschädigte, die offensiv mit ihrer Hörschädigung umgehen und ein angemessenes Kommunikationsverhalten anwenden, werden z. B. das soziale Merkmal 15 „Schwäche eingestehen" in Anwendung bringen können. Schwäche eingestehen, in diesem Fall dem Gesprächspartner zu signalisieren, dass man aufgrund der Schwerhörigkeit den Inhalt nicht verstanden hat, setzt einen offensiven Umgang mit der Hörschädigung voraus.

Soziale Gesprächskompetenz ist dann erreicht, wenn die folgenden drei Komponenten bejaht werden: „Ich kann mich gut mit anderen Menschen unterhalten. Ich kann erfolgreiche Gespräche mit anderen Menschen haben" und besonders wichtig und hierbei der wesentliche Punkt: „Meine Gesprächspartner und ich sind mit dem Gespräch zufrieden".

Gerade in Gesprächssituationen mit Hörgeschädigten entsteht oft das Gefühl, dass ein Gesprächspartner nicht zufrieden ist. Zum einen ist es oft der Hörgeschädigte, der sich in der Gesprächssituation aufgrund seines Defizits nicht als vollwertiger Teilnehmer empfindet. Missverständnisse führen dann schnell zu Gefühlen der Enttäuschung und zum sozialen Rückzug. Zum anderen kann der hörende Gesprächspartner nicht zufrieden sein, wenn er aufgrund nicht angemessenem Kommunikationsverhalten von Seiten des Hörgeschädigten, z. B. bei nicht nachvollziehbaren Aussagen oder falschen Antworten, irritiert und verwundert ist. Wie bereits in den vorherigen Kapiteln beschrieben, kann dieses Gefühl der Unsicherheit oder der Angst im Gespräch mit Hörgeschädigten dazu führen, dass der hörende Gesprächspartner in Zukunft hörgeschädigte Gesprächsteilnehmer meiden oder noch unsicherer gegenübertreten wird.

Ein weiteres Beispiel für Verunsicherungen sind die Situationen zu Gesprächsbeginn und wie erwünschte Kontakte arrangieren werden können. Hörgeschädigte, insbesondere Gehörlose, neigen dazu, beim Gesprächsbeginn den oft selbst hörgeschädigten Gesprächspartner zu berühren. Mit dieser Berührung signalisiert der Hörgeschädigte, dass er jetzt ein Gespräch beginnen möchte. Diese Form der Kontaktaufnahme hat sich bei Hörgeschädigten oft so verinnerlicht, dass sie diese Form der Kontaktaufnahme auch gegenüber hörenden Gesprächspartnern anwenden. Erschwerend kommt hinzu, dass das hörende Umfeld, in diesem Fall die Eltern bzw. die Pädagogen, aber auch der Freundkreis, dazu neigt, mit dem Hörgeschädigten durch Berührung in Kontakt zu treten. Bei hörenden Gesprächspartnern, die diese Verhaltensweise nicht kennen, stellt eine Berührung eine erhebliche Verletzung des persönlichen Raumes dar.

In einer Nähe-Distanz-Übung bitte ich eine hörgeschädigte Person, sich mit dem Gesicht nach vorn neben mich zu stellen. Zwischen mir und der hörgeschädigten Person befindet sich ein Abstand von ca. zwei Metern. Ich frage die hörgeschädigte Person, wie sie sich fühlt und werde mich ihr dann langsam nähern. Dabei frage ich wiederholt, wie ihre Gefühle sind. Wird die Annäherung meist zu Beginn noch toleriert, führt die Verletzung des persönlichen Raumes dazu, dass die Testperson sich zunehmend unbehaglicher fühlt. Oft wird bei der hörgeschädigten Person eine Fluchtreaktion ausgelöst, so dass sie sich bei zunehmender Annäherung meinerseits mit seitlichen Schritten entfernt.

Anhand dieser Übung wird deutlich, dass jeder Mensch einen Sicherheitsabstand benötigt. Dies lässt sich auch besonders gut in einem vollbesetzten Bus beobachten. Jeder, der einmal in einem dicht gedrängten, vollbesetzten Bus gestanden hat, weiß um die Erleichterung, wenn man diesem Gedränge entkommen ist. Nach dieser Demonstration kann mit den Hörgeschädigten diskutiert werden, warum das Berühren im Freundes- und Familienkreis toleriert wird, gegenüber Unbekannten aber nicht akzeptabel ist. Gerade für die hörgeschädigten Jugendlichen ist es wichtig, sich diese Aspekte der Kontaktaufnahme bewusst zu machen, damit sie später in der Arbeitswelt nicht aus Versehen in die gewohnte Kommunikationsform des Berührens zurückfallen. Es ist für die Jugendlichen nachvollziehbar, dass z. B. später in der hörenden Arbeitswelt normal hörende Kollegen, die keine Erfahrung im Umgang mit Hörgeschädigten haben, von dieser Form der Kontaktaufnahme unangenehm berührt sein können. Von daher ist es günstig, alle 18 Merkmale sozialer Kompetenz in dieser Form immer im Zusammenhang mit der speziellen Problematik Hörgeschädigter in Übungen gemeinsam zu erarbeiten.

Sollten diese 18 Merkmale verstanden und verinnerlicht worden sein, wird die Gruppe der hörgeschädigten Teilnehmer in Kleingruppen von max. vier Personen aufgeteilt. Diese haben nun die Aufgabe, die ihnen zugeteilten Merkmale in Rollenspielen zu erarbeiten und später den übrigen Teilnehmern vorzustellen. Pro Merkmal sozialer Kompetenz sollten zwei Rollenspiele erfolgen. In einem soll die Situation „falsch" dargestellt werden, in der anderen erfolgt eine „richtige" Darstellung. Diese Darstellungen werden dann mit den übrigen Teilnehmern diskutiert.

Die Rückmeldung bezüglich dieses Trainings war sehr positiv, da viele hörgeschädigte Teilnehmer in der Reflexion vergangene Konflikte aus einer neuen Betrachtungsweise heraus anschauen konnte. Dieses Training dient nicht nur zur Vorbereitung auf das spätere Arbeitsleben, sondern auch dem täglichen Umgang in der Schule, dem Alltag und dem familiären Bereich. Die Rollenspiele haben vor allem die Funktion, Theorie und Praxis zu verknüpfen. Im Idealfall werden die sozialen Kompetenzen als Lösungsmöglichkeiten verinnerlicht und finden dann bei zukünftigen kommunikativen Situationen ihre Anwendung. Sozialkompetentes Auftreten führt dazu, Verunsicherungen und Ängste gegenüber dem Gesprächspartner abzubauen, aber auch dessen Ängste und Verunsicherungen entgegenzuwirken. Kommt dazu noch ein offensiver Umgang mit der Hörschädigung unter der Anwendung der Kommunikationstaktik, so wird der hörgeschädigte Gesprächspartner als kompetent und hilfreich erlebt wird.

Betrachtet man die dysfunktionalen Überzeugungen sozial unsicherer Klienten (nach Clark und Wells, 1995) so findet man viele in dem inneren Aufmerksamkeitsfocus hörgeschädigter Jugendlicher wieder. Dysfunktionale Überzeugungen sind z. B.: „Ich darf kein Zeichen von Schwäche zeigen. Niemand darf merken, dass ich Angst habe. Ich muss intelligent und geistreich wirken. Wenn ich Fehler mache oder Gefühle zeige, werden mich andere ablehnen. Ich muss von jedem gemocht und anerkannt werden. Wenn andere mich wirklich durchschauen, werden sie mich nicht mehr mögen. Wenn ich anderen widerspreche, werden sie mich ablehnen oder denken, ich sei dumm. Wenn mich jemand nicht mag oder respektiert, muss das an mir liegen, z. B. weil ich wertlos und dumm bin."

In den Gesprächen mit hörgeschädigten Jugendlichen, aber auch mit hörgeschädigten Erwachsenen, konnten sich zahlreiche Merkmale dysfunktionaler Überzeugungen finden. Ein offensiver Umgang mit der Hörschädigung und das Einsetzen von Kommunikationstaktik helfen, dysfunktionale Überzeugungen bei Behinderten vorzubeugen. Hierbei kann das soziale Kompetenztraining deutlich unterstützend wirken und die bisher angewandte Kommunikationstaktik und der offensive Umgang mit der Hörschädigung verstärkt werden. Wichtig ist es hierbei, das Erlernte auch in der realen Situation anzuwenden, indem man den Jugendlichen kleine Aufgaben im Alltag gibt, wie z. B. „Bestelle ein Brötchen beim Bäcker" oder „Frage nach einem bestimmten Paar Schuhe". Die Aufgabe hierbei ist es, gleich auf die Hörschädigung hinzuweisen und mit kommunikationstaktischen Möglichkeiten das Gespräch zu steuern.

5. Darstellung der Untersuchungsergebnisse

In den nun folgenden Kapiteln stelle ich die Untersuchungsergebnisse dar.

5.1 Antworten auf die Fragestellung

Die Auswertung der Fragebögen der Module hat gezeigt, dass die Module insgesamt von den hörgeschädigten Regelschülern als wichtig betrachtet wurden. Von daher kann davon ausgegangen werden, dass jedes Modul, das von einem Beratungslehrer benutzt wird, hilfreich für die hörgeschädigten Regelschüler sein wird.

Einschränkend muss gesagt werden, dass das Modul Trauerarbeit nach Rückmeldungen aus Fortbildungsseminaren für Beratungslehrer von den Beratungslehrern selbst kritisch betrachtet wurde. Zwar wird von ihnen die absolute Notwendigkeit dieses Moduls anerkannt, sowohl die Trauerarbeit für die Eltern als auch für die Schüler. Es wird jedoch von den Beratungslehrern angemerkt, dass es bei diesem Modul zu erheblichen Rollenkonflikten kommen kann, da sie die Position des Beratungslehrers in diesem Fall verlassen und in eine therapeutische Tätigkeit übergehen würden. Die Rückmeldungen der Beratungslehrer waren geprägt von Befürchtungen der Überforderung oder der Angst, in Konflikt mit den Klienten, sowohl Eltern als auch hörgeschädigte Schüler, geraten zu können. Von daher ist das Modul Trauerarbeit zwar ein sehr wichtiges Modul, sollte aber von den Beratungslehrern selbst nicht angeboten werden.

Es ist eindeutig, dass ich als Selbstbetroffener eine Vorbild- und Identifikationsrolle übernommen habe. Auch hier stellt sich die Frage, wie die hörenden Beratungslehrer in die Lage versetzt werden können, die Modulinhalte ohne die persönlichen Berichte eines hörgeschädigten Referenten zu vermitteln. Sinnvoll ist es, zu bestimmten Themen Hörgeschädigte einzuladen und sie von ihren Erfahrungen, besonders von Grenzen und Lösungswegen, berichten zu lassen. Diese

Form der Vermittlung scheint nachhaltiger zu sein und es kann eher eine Internalisierung von Inhalten der Module stattfinden.

Die Frage, ob das TZI-Modell eine gute Grundlage für dieses Training war, kann zweifellos bejaht werden. Das Globe wurde von den hörgeschädigten Schülern äußerst positiv angenommen. Die positiven Bestandteile des Settings waren die geringe Gruppengröße, die es ermöglichte, untereinander zu einem intensiven Austausch zu kommen. Ein weiteres positives Setting waren die vier Wochenenden, die in regelmäßigen Abständen dazu beigetragen haben, dass die Kontakte der hörgeschädigten Regelschüler untereinander behutsam aufgebaut und dann intensiver gestaltet werden konnten. Vergessen darf man jedoch dabei auch nicht, dass die Unterstützung der Eltern ebenfalls dazu gehört.

Betrachtet man demgegenüber die Arbeitsweise der Beratungslehrer, so ist es oft der Fall, dass hörgeschädigte Regelschüler einmal im Jahr zusammentreffen. Aufgrund der langen zeitlichen Distanz zum nächsten Treffen ist es schwierig, in so einem knappen Zeitraum Beziehungen aufzubauen, die dann über ein Jahr aufrechterhalten werden können.

Häufige Aussage der hörgeschädigten Regelschüler war, dass sie sich insbesondere auch auf die übrigen hörgeschädigten Regelschüler immer wieder aufs Neue gefreut haben, wobei die Themen genauso eine wichtige Rolle spielten wie das lange Wochenende.

Diese Aussage bestätigt, dass die Schüler gerne und freiwillig ihre Wochenendfreizeit für das Training gaben, da sie sich auf einander wie auch auf die Themen freuten. Durch die Übersicht der einzelnen Module und derer Verknüpfung in dem Jetzt wie auch in der Zukunft machte es den Teilnehmern leicht, die Verbindung ihrer Persönlichkeit mit der Gemeinschaft zu erkennen. Durch das Gleichgewicht von ES, WIR und ICH waren, wie auf den Fragebögen von den Teilnehmern vermerkt, die Module erfolgreich

Gerade in dem Bereich Trauerarbeit, aber auch in dem Erleben von eigenen Grenzen, deren Wahrnehmung und dem Umgang mit der eigenen Hörschädigung, wäre ein Austausch in einer größeren Gruppe in dieser Form wohl recht schwer gewesen. Dies waren Themen, die von vielen hörgeschädigten Regelschülern in dieser Form noch nie ausgesprochen worden sind. Viele Themen wurden auch erst während des Trainings von den hörgeschädigten Regelschülern gespürt, wahrgenommen und verinnerlicht.

Bis auf das Modul „Zwischen den Welten" wurden alle Module mit großem Interesse und Neugier verfolgt und bearbeitet.

Die Rückmeldungen zu den Modulen zeigten auch, dass alle Module einen direkten Bezug zu den jeweiligen Lebenserfahrungen der hörgeschädigten Schüler hatten und insgesamt konnte die neu gewonnene Erfahrung als hilfreich für die zukünftige Gestaltung von hörgeschädigtengerechten Situationen angesehen werden.

Insbesondere die beiden Konzepte „Das innere Team" und „Meine vielen Gesichter" hatten bei den Modulen und der Fragestellung „Ich habe mich im Modul wohl gefühlt" den besten Wert, nämlich „stimmt genau", erhalten. Hier zeigt sich, dass dieses schwierige Thema, die eigenen inneren Konflikte, die sich in jeder Kommunikationssituation abspielen, sich nach außen so transportieren lässt, dass diese positiv bearbeitet werden können. Auch hier zeigt sich, dass bereits bewährte Modelle, das TZI-Modell nach Ruth Cohn, „Das innere Team" nach Schulz von Thun und „Meine vielen Gesichter" nach Virginia Satir, stützende Elemente eines Prozesses zur positiven Verarbeitung der Behinderung und Erarbeitung von Handlungskompetenzen sind. Insbesondere die Rolle des Seminarleiters spielt in dem TZI-Konzept nach Ruth Cohn eine tragende Rolle. Von daher können die erfolgreichen Module eine Handhabe für Beratungslehrer sein, sind aber gleichzeitig durch die Rolle des hörgeschädigten Seminarleiters begrenzt. Deshalb muss sich die Fragestellung um einen wichtigen Faktor aufgrund der Ergebnisse meiner Arbeit erweitern. Das Training meiner Module durch Beratungslehrern beinhaltet auch das Heranziehen eines hörgeschädigten erwachsenen Fachmanns, der zum einen persönliche Erfahrungsberichte weitergeben kann, zum anderen aber gleichzeitig Vorbild in der Anwendung der Technik und Kommunikationstaktik sein kann.

5.2 Forschungsperspektiven

In meinem Training hat sich das TZI-Konzept nach Ruth Cohn als Grundlage für ein Entwicklung förderndes Lernen bewährt. Bei allen teilnehmenden hörgeschädigten Regelschülern konnte, wenn nicht während des Trainings, dann durch den Fragebogen nach einem halben Jahr nach Trainingsende, eine Entwicklung beobachtet werden. Diese Entwicklung lässt sich beschreiben mit einem besseren Umgang mit der Hörschädigung, dem Anerkennen von Grenzen und daraus resultierend die Anwendung von Kommunikations- und Hörtaktik. Daraus entwickelte sich weniger Leidensdruck, was wiederum zu einem positiven Erleben führte. Durch die positive Erfahrung der Anwendung von Kommunikationstaktik bzw. das Anwenden von Technik konnten belastende Kommunikationssituationen vermieden oder gemildert werden. So wurde die eigene Persönlichkeit weniger als Defizit erlebt und es konnten dadurch positivere Anteile der eigenen Persönlichkeit gespürt und anerkannt werden. Diese Entwicklung fördernden Elemente führten dazu, dass der hörgeschädigte Regelschüler kompetent im Umgang mit der eigenen Behinderung ist.

Die Forschungsperspektive lässt die Frage offen, inwieweit das TZI-Konzept, das unter diesen speziellen Bedingungen des Settings hervorragend funktioniert hat, auch eine Anwendung in einer Regelschulklasse finden kann. Sollte eine Regelschulklasse auf der Grundlage dieses Konzepts unterrichtet werden, so könnte durch das Anwenden der Axiome und Postulate nach Ruth Cohn ein hörgeschädigtengerechter Unterricht stattfinden. Neben den Entwicklung fördernden Aspekten des hörgeschädigten Regelschülers selbst würden die übrigen Schüler von dem Konzept ebenfalls profitieren. So stellt sich die Forschungsperspektive nicht nur im Sinne eines Trainings für hörgeschädigte Regelschüler dar, sondern sollte auch in die Regelschulklasse übertragen werden. Gerade die von mir ausgeführten Unsicherheiten und Ängste bei hörenden Gesprächspartnern im Kontakt mit Hörgeschädigten sollten ebenfalls aufgearbeitet werden. Von daher kann man davon ausgehen, dass ein Einüben nach den Konzepten von Schulz von Thun „Das innere Team" und „Meine vielen Gesichter" nach Virginia Satir mit den hörenden Regelschülern ebenfalls zu einer Visualisierung der inneren Konflikte führt. In diesem Rahmen könnten die Unsicherheiten und Ängste in der Kommunikation mit hörgeschädigten Klassenkameraden in Rollenspielen dargestellt werden, damit eine Lösung für solche Konflikte gefunden werden kann. Es geht in erster Linie darum, den hörgeschädigten Regelschüler kompetent zu machen, aber auch das bewährte System ebenfalls in der Regelschule mit den hörenden Klassenkameraden zu installieren. So hätten wir auf der einen Seite den kompetenten hörgeschädigten Regelschüler im Umgang mit seiner Hörschädigung und auf der anderen Seite den hörenden Klassenkameraden, der eigene Gefühle wie Angst und Unsicherheiten im Kontakt mit dem hörgeschädigten Klassenkameraden benennen und bearbeiten kann.

Die Forschungsperspektive, inwieweit die von mir angewandten Konzepte erfolgreich waren, konnte voll und ganz bestätigt werden. Wichtig ist hierbei, inwieweit das Setting, insbesondere die Rolle des hörgeschädigten Seminarleiters, aber auch der besonders fruchtbare Kontakt der hörgeschädigten Regelschüler untereinander, als zukünftige Trainingsvariablen auf andere hörgeschädigte Schüler übertragen werden kann.

5.3 Auswertungen

In den nachfolgenden Kapiteln werden die Ergebnisse der Modulfragebögen ausgewertet. Ebenfalls findet eine Darstellung der Lebensläufe der Schüler sowie die Auswertung der Fragebögen an die Familien, die hörgeschädigten Regelschüler und die Klassenlehrer statt.

Daneben wird dargestellt, wie die Arbeit der Beratungslehrer von den jeweiligen Jugendlichen beurteilt wurde.

Die von mir gewünschten Hausaufgaben werden ebenso aufgeführt wie die Beobachtungen des Dozenten.

In den Ausführungen in Kursivschrift erscheinenden Passagen stellen meine Kommentare zu den jeweiligen Punkten dar.

5.3.1 Bewertungen der Module von Seiten der Schüler

Bezüglich der Bewertung der Module habe ich zwei Konzepte übernommen. Das eine war ein Fragebogen aus dem Buch „Gruppentraining sozialer Kompetenz" von Hinsch und Pfingsten, den ich auf meine Bedürfnisse umgeschrieben habe. Auf jedem Fragebogen sind das Thema und der Name des Teilnehmers vermerkt.

Die Fragen mit jeweils einer Skala von 1 bis 5 lauteten:
Ich war mit dem Verhalten des Trainers insgesamt sehr zufrieden / sehr unzufrieden
Ich fand die Erklärungen des Trainers gut verständlich / schwer verständlich
Nach dem Modul habe ich den Eindruck, dass mir das Training weiterhilft: stimmt genau / stimmt gar nicht
Ich hatte Schwierigkeiten richtig mitzumachen: keine Schwierigkeiten / große Schwierigkeiten
Ich habe mich im Modul wohl gefühlt: stimmt genau / stimmt gar nicht
Negativ fand ich an dem Modul (Platz für Text)
Positiv fand ich an dem Modul (Platz für Text)

Mit den Fragen 6 und 7 sollte dem Probanden die Möglichkeit gegeben werden, freie Antworten ergänzend zu dem Modulthema zu geben.

Neben dem Modulfragebogen bat ich die Teilnehmer, einen Aufsatz über den Verlauf zu schreiben. Diesen werde ich später darstellen.

Ein weiteres Instrument der Bewertung war die in Punkt 3.3 dargestellte Form der Metaplantechnik. Wie bereits in Punkt 3.3 dargestellt, sollte der Jugendliche selber die Möglichkeit haben, visuell die eigenen Fortschritte beobachten und einschätzen zu können. Bei der Bearbeitung setzte sich der Jugendliche nochmals intensiv mit sich und seinen Fortschritten auseinander. So ergaben sich zum einen die Modulfragebögen als Dokumentation des Ergebnisses und zum anderen der Metaplan zur visuellen Darstellung des Informationsgewinnes.

Die Schüler wurden angehalten, nach jedem Modul einen Modulfragebogen auszufüllen und am Metaplan Zielskala die Veränderungen vorzunehmen (siehe Foto Zielskala).

5.3.2 Auswertung der Modulergebnisse

Die hörgeschädigten Regelschüler wurden angewiesen, nach jedem Modulkomplex eine Bewertung nach dem vorher dargestellten Modulfragebogen vorzunehmen. Hier noch einmal zum besseren Verständnis die Liste der einzelnen Module:

1. Aufbau des Ohres
2. Medizin
3. Kommunikationstaktik, der ideale Schwerhörige, DaZiel
4. Hörkurven
5. Technik
6. Schwerbehindertenausweis
7. Multimedia
8. Zwischen den Welten
9. Entspannungstraining

10. Trauerarbeit
11. Das innere Team und meine vielen Gesichter
12. Bewerbungsgespräch
13. Soziale Kompetenz

1. Ich war mit dem Verhalten des Trainers insgesamt
   sehr zufrieden 1 2 3 4 5 sehr unzufrieden

Abbildung 8
N=5 in allen fünf Abbildungen

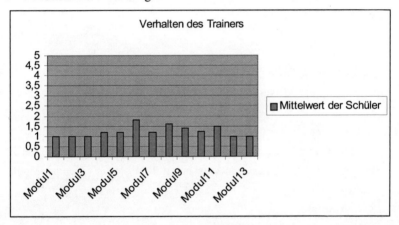

2. Ich fand die Erklärungen des Trainers

　　　　　　　　　　gut verständlich　1　2　3　4　5　schwer verständlich

Abbildung 9

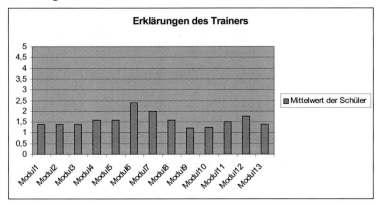

3. Nach dem Modul habe ich den Eindruck, dass mir das Training weiterhilft

　　　　　　　　　　stimmt genau　1　2　3　4　5　stimmt gar nicht

Abbildung 10

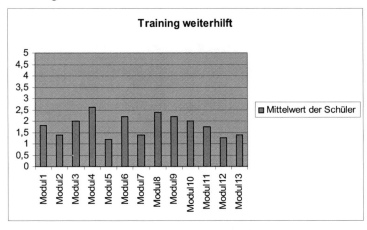

4. Ich hatte Schwierigkeiten, richtig mit zu machen

keine Schwierigkeit 1 2 3 4 5 große Schwierigkeiten

Abbildung 11

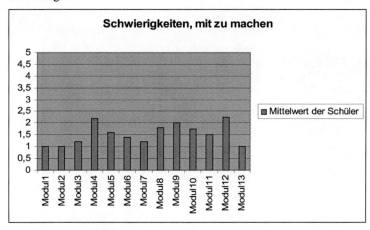

5. Ich habe mich im Modul wohl gefühlt

stimmt genau 1 2 3 4 5 stimmt gar nicht

Abbildung 12

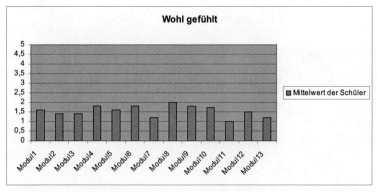

Auffällig ist, dass bei den Fragen 1 – 5 alle Werte im positiven Bereich liegen.

Das Verhalten des Trainers wurde überwiegend mit „sehr zufrieden" beschrieben. Einzig das Modul 6 „Der Schwerbehindertenausweis" erhielt den schlechtesten Wert, welcher bei 1,8 lag.

Das Modul Schwerbehindertenausweis zeigte auch in den übrigen Einzelbewertungen Werte, die eher zu 2 – 3 tendierten. Dies lag sicherlich daran, dass das Thema Schwerbehindertenausweis von allen Modulen der „trockenste" und theoretischste Stoff war.

Interessant ist bei der Frage 4, ob die hörgeschädigten Regelschüler Schwierigkeiten hatten, richtig mitzumachen, dass der Wert zu „keine Schwierigkeiten" tendierte. Dies zeigt, dass die Darstellung und die Diskussion bezüglich des Schwerbehindertenausweises und seine Nachteilsausgleiche bzw. gesetzlichen Ansprüche trotz des trockenen Stoffs so interessant aufbereitet war, dass die hörgeschädigten Regelschüler gut daran teilnehmen konnten.

Dies wird wiederum bestätigt durch den Wert 1,8 bei der Frage, ob sich die hörgeschädigten Regelschüler in dem Modul wohl gefühlt haben. Dieser Wert zeigt einen hohen Wohlfühlwert.

Auf die Frage, ob die Erklärungen des Trainers gut oder schwer verständlich waren, wird das Modul 6 mit dem höchsten Wert von 2,4 bewertet. Dieser Wert zeigt dennoch, dass die Erklärungen des Trainers als verständlich empfunden wurden.

Bei den Erklärungen des Trainers wurde das Modul 9 – Entspannungstraining am positivsten eingeschätzt. Dies zeigt zum einen, dass das Entspannungstraining so hörgeschädigtengerecht aufbereitet werden konnte, dass die hörgeschädigten Regelschüler trotz ihrer Hörschädigung davon profitierten.

Der Nachteil bei dem Entspannungstraining war, dass bei diesen Übungen die Augen geschlossen werden müssen. Dennoch gelang es durch Antippen und

Nutzung taktiler Informationsweitergabe, eine optimale Vermittlung des Entspannungstrainings zu erreichen.

Auf die Frage, ob die Module jeweils den Eindruck verschafft haben, dass das Training helfen könnte, erzielte das Modul 5 mit einem Wert von 1,2 das beste Ergebnis.

Das Modul 5 beinhaltete die Vermittlung von technischen Hilfen und zeigt deutlich, wie hilfreich es war. Wie bereits aufgeführt war es auffällig, dass hörgeschädigte Jugendliche selten über die Notwendigkeit oder Funktion von Lichtklingeln informiert sind. Dieses Modul beinhaltete auch den geringsten Anteil eigener Veränderung bzw. Auseinandersetzung mit der eigenen Hörschädigung.

Den mit 2,6 negativsten Wert erreichte das Modul 4 „Hörkurven". Dies wiederum lässt den Schluss zu, dass bei diesem Modul die hörgeschädigten Regelschüler am geringsten den Aspekt einer Umsetzung in den Alltag erkennen konnten.

Interessant sind bei diesem Modul die Antworten, die frei formuliert werden konnten. So wurde von einer Teilnehmerin erwähnt, dass das Thema unter einem anderen Gesichtspunkt schon einmal in der Schule besprochen wurde.

Ebenso wurde die Unruhe der übrigen Teilnehmer negativ angemerkt. Eine Teilnehmerin meinte, die anderen wären unruhig gewesen und hätten genervt. Dadurch sei die Konzentration dieser Teilnehmerin relativ schnell „flöten" gegangen. Eine dritte Teilnehmerin bemerkte, dass sie sich von den anderen geärgert gefühlt hätte. Dies lässt darauf schließen, dass das Globe dadurch beeinträchtigt wurde, dass die Störungen, die ja im Konzept von Ruth Cohn Vorrang haben, nicht beseitigt wurden. Dies hat sicherlich dazu beigetragen, dass dieses Modul insgesamt eine negative Bewertung erhielt.

Auf die Frage, ob dieses Training weiterhilft, wurde das Modul 12 „Das Bewerbungsgespräch" überaus positiv bewertet. Dies zeigt, dass die theoretischen Grundlagen des „Inneren Teams" und „Meine vielen Gesichter" in dem Bewerbungsgespräch so geübt werden konnten, dass die hörgeschädigten Regelschüler davon überzeugt waren, sich in zukünftigen Situationen hörgeschädigtengerecht verhalten zu können.

Auf die Frage des Wohlfühlens in den jeweiligen Modulen zeigte sich insgesamt in fast allen Modulen ein ausgeglichener Wert. Am wohlsten fühlten sich die Teilnehmer in der Arbeit „Das innere Team"/"Meine vielen Gesichter". Dies bestätigt, dass die Konzeption „Meine vielen Gesichter"/"Das innere Team" in einer Form dargestellt wurde, die eine Atmosphäre der persönlichen Entwicklung, aber auch des Einlassens auf diese Thematik, ermöglichte.

Der schlechteste Wert, eine 2,0, zeigt sich bei dem Modul 8 – Zwischen den Welten. Die CD „Zwischen den Welten" beinhaltet auch zum großen Teil die Darstellung von gehörlosen Menschen in ihrem Erleben und ihrem Umgang mit der Hörschädigung.

Das Thema Gehörlosigkeit ist für hörgeschädigte Regelschüler sehr abstrakt, da sie bislang nicht mit gehörlosen Menschen konfrontiert wurden. Von daher gelang es den hörgeschädigten Regelschülern nicht, zu den gehörlosen Darstellern in diesem Film eine Beziehung aufzubauen bzw. sich in deren Problematik einzufühlen. Es könnte aber auch gerade nach dem Behandeln der Thematik Hörsturz die Angst hinzugekommen sein, durch einen Hörsturz und in dessen Folge durch eine Ertaubung ähnlichen Grenzen und Situationen wie die im Film gezeigten gehörlosen Menschen ausgesetzt zu sein,. Von daher kann durch die Konfrontation mit gehörlosen Menschen auch die Konfrontation mit der Angst eines kompletten Hörverlustes einhergehen.

Betrachtet man die Mittelwerte aller Module bei den jeweiligen Fragen, so lässt sich darstellen, dass bei der Frage 1 nach dem Verhalten des Trainers der mit 1,24 beste Wert erreicht wurde. Von daher wurde von allen fünf Fragen die Frage nach dem Verhalten des Trainers am positivsten beantwortet.

Dem folgt die Frage 4, die sich mit der Schwierigkeit des Mitmachens beschäftigt, mit einem Mittelwert von 1,53. Dieser Wert zeigt, dass insgesamt gesehen die hörgeschädigten Regelschüler in der Lage waren, allen Modulinhalten gut zu folgen.

Die Antworten zu den Fragen nach den Erklärungen des Trainers und dem eigenen Befinden während der Module ergaben einen Mittelwert von 1,85. Auch dieser Wert zeigt, dass die Erklärungen sowie das Wohlfühlen von den hörgeschädigten Regelschülern über die gesamten Module hin positiv bewertet wurden.

Den schlechtesten Mittelwert erhielt die Frage nach der Umsetzbarkeit des Trainings. Die Antwort „stimmt" wurde am Häufigsten gegeben. Das Problem hierbei war, dass in vielen Modulen trotz der vielen praktischen Anteile insgesamt die Umsetzbarkeit erst nach Beendigung der Trainingseinheiten erfahren werden kann. Die hörgeschädigten Regelschüler sollten bei positivem Verlauf des Trainings das Gelernte im Alltag und in der Kommunikation mit anderen Menschen so umsetzen, dass sie hörgeschädigtengerechte Situationen schaffen können. Von daher ist die Umsetzbarkeit der Theorie erst nach Ablauf des Trainings konkret zu bewerten. Trotzdem zeigt der Mittelwert 1,82, dass die Umsetzbarkeit des Trainings insgesamt als stimmig empfunden wurde.

Die Module 4 und 6 wurden am schlechtesten bewertet. Der theoretische Anteil war bei diesen am größten.

Die Module 13 – Soziales Kompetenztraining- und 2 – Medizin- sind die Module, die insgesamt am besten von den hörgeschädigten Schülern bewertet wurden. Aufgrund der Tatsache, dass die Werte bis auf einen unter der 2,5 blieben, zeigt, dass alle Module durchweg von den hörgeschädigten Regelschülern positiv beurteilt wurden. Dies wiederum führt zu der Annahme, dass jedes Modul in dem gesamten Konzept seine Notwendigkeit und Berechtigung hat.

Negative Rückmeldungen betrafen oft die Störung durch von anderen Teilnehmern verursachten Nebengeräuschen, wobei sich die Teilnehmer über die Verursacher der Störgeräusche beschwerten. Die Hilfsregel „Störungen haben Vorrang" wurde nur selten von der Gruppe angewandt. Trotz der Visualisierung der Regeln blieb die Gruppe relativ inaktiv. Mein Fazit daraus lautet, dass das Einsetzen der Regeln absolut sinnvoll ist, jedoch eine längere Einführungszeit benötigt. Weiterhin ist der Gruppenleiter in der Pflicht, bei Störungen sofort auf die vereinbarten Regeln hinzuweisen und eine gemeinsame Lösung herbeizuführen. Diese sollte dann ebenfalls visualisiert werden, damit bei einer gleichen Störung auf die vorangegangenen Lösung verwiesen werden kann oder es zu einer neuen Entscheidung kommt.

Unter den freien Antworten in Punkt 6 zu der Frage, was negativ gefunden wurde, fanden sich nur wenig Aussagen.

Bei Frage 7 bezüglich des positiven Empfindens während des Moduls wurden oft die Notwendigkeit und die Vorstellung der Umsetzbarkeit besonders aufgeführt. Immer wieder wurde erwähnt, dass es interessant gewesen sei und dass man sich fest vornehmen würde, dieses auch umzusetzen.

5.3.3 Schriftliche Stellungnahme zu den ersten drei Wochenenden

Wie bereits in 3.3.2.4 beschrieben, bat ich die hörgeschädigten Schüler um eine subjektive Bewertung mit einer schriftlichen Hausarbeit nach den ersten drei Trainingswochenenden.

In den ersten drei Trainingswochenenden waren vor allem die Auseinandersetzung mit der Schwerhörigkeit, den Informationen und der Psychologie der Hörgeschädigten Themen. Für mich war wichtig zu erfahren, wie diese drei Wochenenden erlebt wurden und ob die Teilnehmer schon Veränderungen bei sich bemerkt haben. Leider war es so, wie oft auch in der Schule, dass nicht alle Jugendlichen die Hausarbeit gemacht hatten. Von meiner Seite wurde dies weder negativ angemerkt noch besonders kommentiert. Da das Trainingswochenende schon eine enorme Investition von Freizeit der Schüler war, war es für mich verständlich, dass sich einige für das Nichterledigen der Hausarbeit entschieden. Auch im Hinblick auf das Modell von Ruth Cohn war es mir wichtig, dass das Globe weiterhin stabil und angenehm blieb.

In den folgenden Unterpunkten werde ich die drei empfangenen Hausarbeiten im Originalwortlaut wiedergeben, damit ein direkter Eindruck bei dem Leser entstehen kann. (Kursiv = meine Kommentare)

5.3.3.1 Schriftliche Stellungnahme von Gabi

Mein Aufsatz:
Ich fand die ganzen drei Wochenenden total Klasse. Ich habe zuerst gedacht: Na toll, keine Lust und so, aber als wir uns dann alle kennen gelernt haben, war ich schon begeistert. Besonders Klasse fand ich es, dass Oliver und Silke alles total locker gesehen haben. Auch total gut, dass sie uns gleich das Du angeboten haben. Ich fand es auch total Klasse, dass wir viel Freizeit hatten und wir mal in die Stadt konnten oder im Kino waren. Ich bin froh, dass wir uns alle auch mit den Betreuern total gut verstehen und auch Kontakt halten. So können wir uns untereinander austauschen oder ähnliches. Aber auch die Themen, die wir bearbeitet haben, sind Klasse und auch interessant. Selbst das Thema Technik fand ich nicht langweilig. Ich habe viel Neues und Nützliches gelernt, was ich für später auch brauchen könnte. Jetzt weiß ich, was ich für Rechte habe, wie ich noch besser mit der Schwerhörigkeit umgehen kann. Das Seminar hat mir sehr sehr geholfen.

Gerade bei Gabi, die in ihrer eigenen Eigenschätzung und auch in der Einschätzung ihrer Eltern so gut wie keine Probleme mit der Schwerhörigkeit haben soll, zeigt der Aufsatz, dass sie sich zunehmend kritisch mit ihrer Hörschädigung auseinander gesetzt hat. Nach dem TZI-Modell nach Ruth Cohn wird deutlich, wie wichtig die einzelnen Variablen für das Gelingen des Trainings waren. Hierbei spielten sowohl ich als Seminarleiter, so wie auch die studentische Hilfskraft mit unserem Verhalten eine wichtige Rolle. Auch der Wechsel zwischen Freizeit und Training wurde von ihr besonders erwähnt und positiv in den Vordergrund gestellt. Als ebenso wichtig und positiv wird von ihr der Austausch mit anderen Hörgeschädigten bewertet.

5.3.3.2 Schriftliche Stellungnahme von Sonja

Fazit der drei Seminarwochenenden
Ich bin mit der Erwartungshaltung zu den Seminarwochenenden gefahren, dass ich andere schwerhörige Regelschüler kennen lerne. Bis dahin kannte ich schon andere Schwerhörige, aber diese waren entweder auf einer Schwerhörigenschule oder schon lange aus der Schule heraus. Wir haben uns alle prima verstanden und ich hoffe, dass der Kontakt auch über das Projekt hinaus halten wird. Es ist eben etwas anderes, wenn der andere genau dieselben Schwierigkeiten hat, auch wenn die Hörsituation eine andere ist. Ich habe viel gelernt an den Wochenenden: Was soziale Kompetenz bedeutet, was einen idealen Schwerhörigen ausmacht. Bis dato hatte ich immer den Eindruck, ich müsse mich an die Gesellschaft anpassen, weil die Mehrheit nun mal hörend ist. Das ging zu sehr auf meine Kosten. Ich hätte es vor dem Seminar für kranken Egoismus gehalten, andere aufzufordern, sich meiner Situation anzupassen. Damit habe ich im Moment noch Schwierigkeiten. Die Masche „Ich bin doch diejenige, die hier das Problem hat" sitzt noch zu tief. Es ist ein Prozess, der seit Beginn des Treffens zur Doktorarbeit eingesetzt hat und ich kann mit Stolz sagen, ich habe schon einiges geschafft. Wichtig ist aber auch, dass man Verständnis für sein hörendes Gegenüber hat. Es reicht eben nicht zu sagen: „Ich bin schwerhörig und du passt dich mir jetzt gefälligst an". Zu einem großen Teil kann ich die Schwierigkeiten der Hörenden gegenüber den Schwerhörigen sehr gut nachvollziehen: Ich bin selbst unter Hörenden groß geworden und habe erst in der Pubertät Kontakte zu anderen Schwerhörigen aufbauen können. Am Anfang war auch ich stark verunsi-

chert, weil ich mich selbst wie eine Hörende verhielt. Ich war es nicht gewohnt, mein Gegenüber anzuschauen. Ich fühlte mich angegafft, ich hatte auch Verständnis für mein schwerhöriges Gegenüber, weil ich weiß, warum es das tut. Dieses Verständnis hat ein Hörender nicht. Ihm ist es einfach nur unangenehm. Ein wichtiges Aha-Erlebnis war für mich die psychologische Erklärung dafür, dass sich manche Menschen von Gehandicapten aller Art distanzieren. Ich hatte damit ein riesiges Problem, weil das ein verletzenden Erlebnis ist, wenn sich ein anderer Mensch von einem abwendet, ohne einen wirklich zu kennen: Einzig und allein aufgrund der Tatsache, dass man ein Handicap hat. Der wahre Grund ist die Angst des Konfrontiert-Werdens mit einer Lücke, die man selbst haben könnte. Ich glaube, es wird auch künftig wehtun, wenn ein Mensch so reagiert, aber zumindest habe ich jetzt die Möglichkeit, das zu verstehen. In einigen Bereichen („Modulen") wusste ich schon eine ganze Menge und es gab kaum etwas Neues. Ich habe mich schon viel mit der Schwerhörigkeit auseinandergesetzt und durch viel Kontakt mit Schwerhörigen, die mir vermittelten, dass es normale Kommunikation geben kann und dass Schwerhörigkeit nichts mit unperfekt zu tun hat gelernt, mein Handicap zu akzeptieren und damit zu leben. Ich habe in meinem kurzen Leben schon viele positive und negative Erfahrungen sammeln können. Schon vor dem Seminar hatte ich das Ziel, jetzt als Teenager oder vielleicht auch später, mein Wissen weiter zu vermitteln. Ich hatte es nicht leicht und ich denke, es geht auch anderen so. Fehlinformationen, bzw. das Nicht-Informiert-Sein können fatale Folgen haben. Ich möchte anderen Menschen helfen. Durch die Arbeit von Oliver Rien bin ich in diesen Gedanken nur bestärkt worden. Mir ist wieder einmal klar geworden, wie wichtig es ist, dass Selbstbetroffene anderen Betroffenen helfen. So gut Ärzte, Akustiker etc. auch Bescheid wissen, niemand kann dieselbe Art von Verständnis aufbringen, wie ein Selbstbetroffener und es geht fast nichts über einen Bericht aus erster Hand. Meine Erwartungen, der Erwerb von neuem Wissen über die Schwerhörigkeit und die Kommunikation mit Gleichgesinnten betreffend, sind erfüllt worden. Allerdings hatte ich mir von den Wochenenden mehr Abwechslung erwartet in Bezug auf Unternehmungen. Wir haben viele Stunden gesessen und waren zweimal abends im Kino. Einmal im Kino war in Ordnung, ein zweites Mal auch gerade noch. Ich hatte aber erwartet, dass man vielleicht abends mal essen geht oder sich zu einer Runde Spiele hinsetzt oder … irgendetwas, wo man zusammen ist und mehr voneinander kennen lernt, als wenn man ins Kino geht oder auf die Leinwand starrt. Der Film in der Jugendherberge fällt eigentlich in die gleiche Kategorie, aber das war dann schon mal etwas anderes.

Bei Sonja fällt besonders der letzte kritische Absatz ihres Aufsatzes auf. Dieser zeigt eine hohe sozialer Kompetenz und großes Selbstbewusstsein gegenüber dem Seminarleiter. Sie ist auch in der Lage, konstruktive Kritik zu äußern. Selbstreflektorisch seniert sie über Behinderte allgemein und auch über sich als Selbstbetroffene. Sie zieht daraus für sich das Fazit, dass sie sich aktiv im Behindertenbereich engagieren will. Des Weiteren kritisiert sie die Freizeitaktivitäten, findet jedoch etwas Positives darin. Ich hätte mir schon gewünscht, dass sie ihre Kritik zeitnah angebracht hätte, damit ein Draufeingehen noch möglich gewesen wäre. Bei Sonja braucht man keine Bedenken zu haben, dass sie jetzt und später nicht zu Recht kommt. Besonders schön ist zu erfahren, dass der Wunsch von Sonja, als Selbstbetroffene später andere Menschen zu informieren, die mit ähnlichen Problemen der Hörschädigung zu kämpfen haben, sich erfüllt hat. Selbst für Personen wie Sonja, die über Hörschädigungen schon recht gut informiert sind, sich mit ihrer Hörschädigung positiv auseinander gesetzt und bereits Kontakte zu anderen schwerhörigen Jugendlichen aufgebaut haben, kann das Training dazu führen, eigene Kompetenzen und persönliche Strategien zu überdenken oder sich diese bestätigen zu lassen. Sonja ist somit ein schönes Beispiel, dass das Training nicht nur bei hörgeschädigten Menschen in Anwendung kommen sollte, die Defizite im Umgang mit der eigenen Hörschädigung aufweisen.

5.3.3.3 Schriftliche Stellungnahme von Nina

Hallo Oliver, das ist mein Aufsatz.
Die drei Wochenenden waren super. Das erste Wochenende hat mir sehr gefallen. Wir alle haben uns auf Anhieb gut verstanden und ich habe jetzt noch guten

Kontakt zu allen. Deine Erklärungen waren gut zu verstehen und man konnte viele umsetzen, z. B., dass wir die Musik nicht zu laut aufdrehen dürfen, sonst schädigen wir unsere Ohren noch mehr. Dass Du von Deiner Familie erzählt hast und dass Deine Tochter wegen falscher Medizin ertaubt ist. Ich fand es auch toll, dass Du am Wochenende mit uns ins Kino gegangen bist. Der Kinofilm, den wir geguckt haben, war toll. Die CD, die wir vom ersten Seminar von Dir bekommen haben, war gut.

Das zweite Wochenende war auch toll. Ich fand es gut, dass wir auch ins Lokal gegangen sind, wo Schwerhörige und/oder Taube arbeiten. Dass Du auch für uns einen Bus gemietet hast und eine Sporthalle, hätte ich nicht gedacht. Es hat mir da sehr gefallen und das Eis und die Getränke haben sehr lecker geschmeckt. Ich fand es auch super, wie man das Problem gelöst hat mit der Speisekarte. Da hat man dann einfach angekreuzt, was man haben will. Ich fand es auch gut, als wir vom Kinobesuch gleich danach ans Meer gefahren sind.

Das dritte Wochenende war sehr schön. Ich fand das Seminar toll. Erst recht, wo du uns beigebracht/erzählt hast, das es Entspannungsübungen gibt. Die werden uns/mir gut weiterhelfen, sich zu entspannen. Das Buch, das wir von Dir bekommen haben, ist prima. Meine Eltern und ich haben schon viel darin gelesen und sehr wichtige Hinweise, z. B. in Bezug auf Arzneien gefunden. Ich kann sogar schon ein bisschen das Fingeralphabet. Und dass wir am dritten Wochenende nicht ins Kino gegangen sind, sondern in unserem Aufenthaltsraum einen Film geguckt haben, war eine tolle Sache. Er war sehr spannend und am Schluss wurde es aber ein bisschen eklig. Ich finde es auch toll, dass Du uns alle Sachen gibst, die wir im Seminar gemacht haben und uns auch einige Fotos auf die CD brennst. Ich freue mich riesig auf das vierte Wochenende,
Deine Nina.

Interessant ist der Eindruck, den das zweite Wochenende bei Nina hinterlassen hat. Am zweiten Wochenende waren wir im Schlosscafe, einem Cafe in Husum, das von dem Berufsbildungswerk Husum betrieben wird. In dieser Ausbildungsstätte werden auch im Servicebereich hörgeschädigte Auszubildende eingesetzt.

Um die Kommunikationsbarrieren zwischen Gästen und gehörlosen/schwerhörigen Auszubildenden zu beseitigen, gibt es die Möglichkeit, seine Bestellung schriftlich über das Ankreuzen aufzugeben. Hier haben Hörende im Alltag die Möglichkeit, die spezielle Problematik Hörgeschädigter kennen zu lernen. Umgekehrt haben hörgeschädigte Auszubildende im Bereich der Hauswirtschaft und im Servicebereich die Möglichkeit, in diesen sonst für sie ausgeschlossenen Bereichen positive Erfahrungen in der eigenen Wahrnehmung der Behinderung aber auch das Austesten von eigenen Fähigkeiten, Kompetenzen und Grenzen zu erfahren. Für Nina war dieses Erlebnis offenbar so einschneidend, dass sie es zum zentralen Thema des zweiten Wochenendes gemacht hat. Hier wird auch noch einmal die Wertigkeit der Auseinandersetzung mit der Hörschädigung im Umgang mit anderen Hörgeschädigten wichtig. Diese Auseinandersetzung ist im Bereich der integrativen Regelbeschulung oft nicht möglich, da es an alternativen Gesprächspartnern, die ebenfalls von einer Hörschädigung betroffen sind, fehlt. Nina erwähnt die Seminareinheiten nur allgemein und findet sie toll. Für sie scheint der Freizeitbereich den größten Stellenwert einzunehmen. Sie scheint zu Hause wenig Abwechslung zu haben.

5.3.4 Beobachtungen des Dozenten

Aus meiner Sicht und aus der Sicht der studentischen Hilfskraft ergaben sich interessante Beobachtungen, die später über das Studium der Videoaufzeichnungen bestätigt wurden. Des Weiteren konnten über das Studium der Videoaufzeichnungen weitere wichtige Beobachtungen gemacht werden. So ließen sich in dem Verhalten der teilnehmenden Schüler im Verlauf der Trainingsmodule erhebliche Veränderungen feststellen.

Insbesondere bei Sonja konnte nach anfänglicher Zurückhaltung aufgrund ihrer im Vergleich zu den anderen Jugendlichen hochgradigen Schwerhörigkeit eine enorme Entwicklung verzeichnet werden. Zu Beginn der Module forderte Sonja selbstbewusst für sich die lautsprachunterstützenden Gebärden als Kommunikationsform vom Dozenten ein. Anfängliche Störungen wie nichthörgeschädigtengerechtes Verhalten der anderen hörgeschädigten Jugendlichen wurden stillschweigend hingenommen. Nur auf meinen Hinweis, dass sie etwas so nicht verstanden haben konnte, machte Sonja auf die für sie ungünstigen Bedingungen aufmerksam und forderte daraufhin immer hörgeschädigtengerechtes Verhalten von den jeweiligen betroffenen Jugendlichen ein. Im Laufe der Module, mit fortschreitender Dauer und Auseinandersetzung mit der eigenen Hörschädigung und in Verbindung mit den hinzugewonnenen neuen Informationen, gelang es Sonja zunehmend, ohne Anstoß von außerhalb für sich optimale Kommunikationsbedingungen bei den anderen hörgeschädigten Jugendlichen einzufordern.

Nachdem dies anfänglich auf recht verletzende, aggressive Art geschah, konnte in Rollenspielen und in Diskussionen untereinander ein von Respekt und Rücksichtnahme getragenes Aufmerksammachen auf misslungene Kommunikationsbedingungen zustande kommen. Hier war die Hilfsregel von Ruth Cohn „Sprich mit Ich und nicht mit man" sehr hilfreich. Es war schön zu beobachten, wie Sonja sich von der anfangs aufgrund ihres Hörstatus benachteiligten Schülerin in der Gruppe zunehmend zu einer in sich ruhenden Person mit einer deutlichen Vorbildfunktion für die übrigen Teilnehmer wandelte.

Den von Sonja geäußerten Wunsch, später im Umgang mit anderen Betroffenen ihre eigene Vorbildfunktion mit einbringen zu können, konnte sie sich bereits während der Module erfüllen. Die anderen hörgeschädigten Teilnehmer konnten von der starken Hörschädigung Sonjas, ihrem Umgang mit dieser und der zunehmend sicherer angewandten Kommunikationstaktik, deutlich profitieren. Die anderen Teilnehmer erkannten Sonja als Vorbild an und profitierten davon, da sie versuchten, ihr nachzueifern. Sonja konnte diese Entwicklung später in den schriftlichen Protokollen und den Nachbesprechungen bestätigen.

Bei Gabi ließ sich beobachten, wie sich ihre am Anfang selbstsichere Ausstrahlung in Form eines ausgeprägten, sich selbst schützenden Verhaltens, relativierte. Gabi gelang es im Verlauf der Module zunehmend bei sich zu beobachtenden Schwächen, aber auch Situationen des Nichtverstehens zu erkennen, anzunehmen und dafür konstruktive Lösungswege zu entwickeln. Zwar war Gabi nach wie vor nicht bereit, beide Hörgeräte zu tragen, dennoch profitierte sie von den kommunikationstaktischen Übungen und dem damit verbundenen Erkennen eigener Grenzen in Kommunikationssituationen. Dies wurde ebenfalls durch den Vergleich des Interviews mit dem abschließenden Fragebogen bestätigt. Im schützenden Milieu der Module, aber auch durch das tragende TZI-Konzept, gelang es Gabi, ihren Schutzmechanismus, in ihrem Fall das selbstsichere und teilweise barsche Verhalten, zu reduzieren und zunehmend persönliche Anteile zuzulassen. Mit zunehmender Seminardauer wurde Gabi aktiver, bei Störgeräuschen der übrigen Teilnehmer oder bei ungünstigen Bedingungen Veränderungen einzufordern und damit selbst aktiv zu sein. Insbesondere bei der Thematik Trauerarbeit zeigte Gabi eine große emotionale Betroffenheit.

Peter hatte eine besondere Stellung in der Gruppe, da er der einzige Junge unter den teilnehmenden hörgeschädigten Regelschülern war. Da wir in der Übernachtungssituation keine Trennung nach Geschlechtern vorgenommen hatten, konnte Peter mit den übrigen weiblichen Teilnehmern in einem Zimmer übernachten. Dies hat geholfen, ihn in die Gruppe zu integrieren und sein Selbstbewusstsein zu steigern.

Nach anfänglich doch deutlich pubertärem Auftreten zeigte sich im zunehmenden Verlauf der Seminare eine stetig steigende Ernsthaftigkeit in der Teilnahme an den Seminaren. Insbesondere setzte sich Peter mit seiner Hörschädigung in den Rollenspielen zum Bewerbungstraining mit den eigenen Grenzen und Bedürfnissen auseinander. Das Konzept des „Inneren Teams" ermöglichte es ihm, eigene Wünsche und Ansprüche wie auch Ängsten und Grenzerfahrungen im „Dialog des inneren Teams" aufzuarbeiten und daraus resultierend für sich angenehme Entscheidungen zu treffen. Die anfänglich pubertären Anteile in seinem Verhalten waren zum Ende der Module nicht mehr zu beobachten. Die Ernsthaftigkeit des Themas der Hörschädigung, aber auch das Erfahren der Grenzen und die Teilnahme an den Biographien der übrigen Hörgeschädigten hatten ihn so betroffen gemacht, dass die eigene Auseinandersetzung mit der Hörschädigung gefördert werden konnte. Es gelang ihm zum Abschluss zunehmend eigene

Schwächen und Grenzen wahrzunehmen und sich die Möglichkeit offen zu halten, adäquat und hörgeschädigtengerecht darauf zu reagieren.

So wurde insbesondere sein Berufswunsch Bürokaufmann oder eine ähnliche Ausbildung im Kaufmännischen Bereich thematisiert, um zukünftige Konflikte zu diskutieren und vorbeugend Lösungswege zu erarbeiten.

Bei Nina ließ sich am Anfang, ähnlich wie bei Peter, ein unsicheres Verhalten in Form pubertären Auftretens beobachten. Für Nina war es wichtig, durch sportliche Leistungen, die sie in den jeweiligen Einheiten des gemeinsamen Sports präsentieren konnte, Eindruck zu machen. Dies trat im Verlauf der Seminare und Module zunehmend in den Hintergrund.

Trotz ihres jungen Alters gelang es Nina, sich in den Diskussionen und der Auseinandersetzung mit der eigenen Hörschädigung gut einzubringen. Auch hier ließ sich im Verlauf der Seminare und Module eine zunehmende Reifung beobachten. Sie nahm eigene Grenzen wahr und konnte über diese Erkenntnis Lösungswege erarbeiteten.

Nina profitierte deutlich von der tragenden, wohlwollenden Atmosphäre der Teilnehmer untereinander. Ihre Rolle als „Nesthäkchen" konnte sie durch zunehmende aktive Beteiligung und das gefundene Vertrauen in der Gruppe langsam, aber stetig, ablegen.

Anjas Interesse war zu Beginn deutlich auf die Freizeit ausgerichtet. Es gelang ihr zu Beginn der Module nur schwer, sich mit einer gewissen Ernsthaftigkeit auf die von mir angebotenen Themen zu konzentrieren. Teilweise wirkte sie in ihrem Verhalten sehr überheblich, besonders dadurch, dass sie den Eindruck vermitteln wollte, alles schaffen zu können.

Anja schätzte ihre Hörschädigung nicht als gravierend ein. Im zunehmenden Verlauf der Seminare, aber auch in der ständigen Konfrontation mit der eigenen Hörschädigung, wie auch durch das Einfordern von besseren Kommunikationsbedingungen und der Stärkung der Eigenverantwortlichkeit, gelang es Anja, sich zunehmend auf die Seminare einzulassen.

Gerade bei Anja wären weitere Einheiten in späteren Lebensabschnitten notwendig, damit sie ihre Behinderung als Teil der Persönlichkeit akzeptiert. Bei Anja wurde sehr deutlich, dass noch keine erfolgreiche Trauerarbeit weder von ihr, noch von ihren Eltern geleistet wurde. Aufgrund der Aussagen von Anja wie auch den Eltern auf dem letzten Fragebogen lässt sich schlussfolgern, dass anscheinend eine Trauerarbeit in Gange gekommen ist. Diese letzten positiven Aussagen waren nicht zu erwarten, da Anja wie auch ihre Eltern sich immer auf Distanz befanden.

5.3.5 Unterstützung der Beratungslehrer aus der Sicht der Schüler

Bei der Vorstellung meiner Person und des Konzeptes fragte ich die Schüler, inwieweit sie Informationen über Kommunikationstaktik, Hörgerätetechnik, Hörkurven und Schwerbehindertenausweis hatten. Die Aussagen der Schüler waren ernüchternd. Sie sagten, sie hätten das entweder noch nie gehört oder erfahren und dann wieder vergessen. Im Verlaufe der Seminare erfuhr ich, dass viele von ihnen bereits an einem Schulungswochenende und/oder an Kompaktseminaren von Seiten der Beratungslehrer teilgenommen hatten. Viele der dort vermittelten Informationen waren bei den Schülern nicht mehr präsent. Vor allem stand bei den Beratungslehrern die Aufklärung der Mitschüler über den Umgang mit Hörgeschädigten im Vordergrund. Es stellte sich auch heraus, dass die Schüler bei der Beratung der verschiedenen Themenbereiche noch nicht im richtigen Alter waren und damit noch nicht das notwendige Interesse aufbringen konnten.

Insgesamt wurde die Begleitung durch die Beratungslehrer jedoch positiv bewertet, da die Schüler sich bei meinem Seminar wieder an Inhalte von früher erinnern konnten, jedoch war es ihnen jetzt möglich, diese in einem neuen Kontext zu erfassen. Es zeigte sich bei den Teilnehmern, dass die Wichtigkeit der

Schwerbehindertenausweise unterschätzt wurde. Des Weiteren stellte sich heraus, dass die Selbstbetroffenheit des Trainers ein guter Motivator für das Training war. Durch die Möglichkeit und die Selbsterfahrung des schwerhörigen Trainers und die daraus resultierenden Darstellungen vieler erlebter Beispiele konnte eine Brücke zwischen Sachwissen und Nutzen geschlagen werden. Dieses ist von Seiten der Beratungslehrer nicht leistbar. Die Anwesenheit des Beratungslehrers in der Regelschulklasse wurde von den Schülern fast übereinstimmend als ausreichend bezeichnet.

5.3.6 Lebensläufe der Schüler

Ich hatte mich entschieden, die Schüler zu Beginn des Trainings zu interviewen.

Zum einen wollte ich einen vertrauensvollen Kontakt aufbauen, der es mir ermöglichte, in die Biographien der hörgeschädigten Regelschüler Einblick zu gewinnen. Zum anderen sollte demonstriert werden, wie in einer entspannten Atmosphäre mit wenigen Nebengeräuschen optimale Kommunikation möglich ist.

Während die einzelnen Schüler zu den Interviews von mir aus dem Raum gebeten wurden, beschäftigten sich die übrigen Schüler mit dem Spiel Tabu, das ein erster spielerischer Einstieg in die Thematik war. Bei diesem Spiel kommt es auf gute Kommunikationstaktik wie auch gute räumliche Bedingungen an.

Ich habe bei der Wiedergabe der Antworten oft die Worte der Teilnehmer benutzt, um dem Leser einen besseren Einblick in den Sprachcode zu geben.

5.3.6.1 Gabi

Gabi ist 15 Jahre alt und geht auf die Hauptschule. Gabi hat einen jüngeren Bruder, der ebenfalls hörgeschädigt ist.

Sie gab an, selber von Geburt an schwerhörig zu sein, was aber erst in der 3. bzw. 4. Klasse festgestellt wurde. Den Grund für ihre Schwerhörigkeit kennt sie nicht. Gabi konnte ihre Schwerhörigkeit nicht genau einschätzen und meinte, sie denkt, es sei nicht so schlimm, da sie ja auch hätte taub sein können. Sie bezeichnet ihre Hörschädigung als mittelgradig. Mit Alltagssituationen hat sie nach eigener Aussage keine Probleme. Wenn ihr Umfeld Bescheid wisse, würde es super klappen.

Die Kommunikation in der Familie würde bereits sehr gut klappen und sei super, ebenso im Freundskreis und in der Schule. Wobei sie bezüglich der Schule einräumt, dass dort die Kommunikation meistens klappt, dort würde keine besondere Rücksicht auf ihre Schwerhörigkeit genommen, weil aus ihrer Sicht keine Notwendigkeit besteht.

Über den Schwerbehindertenausweis weiß sie, dass es einen gibt und dass damit auch bestimmte Vergünstigungen verbunden sind. Sie wisse aber nicht genau welche.

Ebenfalls habe sie gehört, dass es Lichtklingeln gibt, diese habe sie aber zu Hause nicht.

Auf die Frage, ob sie unter ihrer Behinderung leide, entgegnete sie: „Ich leide eigentlich nicht, weil mich alle so akzeptieren wie ich bin. Aber wenn ich schlecht drauf bin, dann rege ich mich halt auch darüber auf, oder im Schwimmbad manchmal".

Ihr Hauptwunsch ist, dass sich ihre Schwerhörigkeit nicht verschlechtert und sie gesund bleibt. Sie selbst hält sich für sehr selbstbewusst, weshalb sie auch gut mit ihrer Hörschädigung umgehen könne. Manchmal denkt sie schon darüber nach, wie ihr Leben verlaufen wäre, wenn sie nicht schwerhörig wäre. Aber so wie es jetzt ist, ist es für sie gut. Sie habe sich angewöhnt, in der Schule beide Hörgeräte zu tragen, sie nachmittags aber herauszunehmen.

Als Berufswunsch gibt sie Sozialpädagogische Assistentin an, danach möchte sie vielleicht Erzieherin werden. Sie erzählt, dass sie im Praktikum mit normal hörenden Kindern gespürt habe, dass sie die Kommunikation mit ihnen schon erschöpfen würde. Die Möglichkeit, dass eigene Kinder auch schwerhörig sein könnten, empfindet sie als nicht so schlimm.

Den Erfolg des Seminars sieht sie darin, dass sie mehr Wissen erwirbt und viele Informationen erhält. Zurzeit fehle ihr aber häufig der Mut, offensiv mit ihrer Hörschädigung umzugehen.

5.3.6.2 Peter

Peter ist 15 Jahre alt und geht auf die Realschule. Peter hat einen Bruder, der 16 Jahre alt ist.

In der Familie lebt auch der Opa, der seit kurzem schwerhörig geworden sei. Die Eltern leben zusammen.

Peter beantwortet die Frage nach dem Beginn seiner Schwerhörigkeit mit: „Seit meiner Geburt". Er berichtet, dass ihm im Alter von 8 Wochen eine Niere entfernt werden musste, da diese "eingequetscht" gewesen sei. Er sieht in dieser Nieren-OP die Ursache für seine Schwerhörigkeit. Meine Frage, ob er evtl. ototoxische Antibiotika bekommen habe, konnte er nicht beantworten.

Die Hörschädigung wurde erst im 4. Lebensjahr diagnostiziert. Den Eltern war aufgefallen, dass er stotterte und nicht normal reden konnte.

Nach der eigenen Einschätzung seiner Hörschädigung befragt, meinte er: „Ja, wie ich die einschätze? Also, normal". Auf meine Nachfrage, ob leicht- oder mittelgradig, schätzte er diese als mittelgradig ein.

Peter ist mit zwei Hörgeräten ausgestattet, die er immer trägt. Meine Frage, wie es ihm im Alltag mit seiner Schwerhörigkeit ergehe, beantwortete er mit: „Normal eigentlich – immer gut". Er habe niemals Probleme und die Freunde würden akzeptieren, dass er schwerhörig sei.

Peter hat Kontakt zu einem schwerhörigen Freund, der in Oldesloe zur Schule geht und den er noch aus Norderstedt kennt. Sie treffen sich regelmäßig einmal im Monat.

In der Schule gibt es nach Peters Angaben keine Kommunikationsprobleme. Die Lehrer wissen, dass Peter schwerhörig ist. Sie sprechen extra etwas lauter. Nur wenn die Schüler in den hinteren Reihen seiner Klasse laut sind, ist es für Peter schwierig, den Lehrer zu verstehen.

In der Familie klappt die Kommunikation gut, da seine Mutter immer darauf achtet, dass sie nur mit ihm spricht, wenn sie auch mit ihm in einem Zimmer ist.

Auf meine Frage, ob die Lehrer darauf achten, nicht zu sprechen, wenn sie etwas an die Tafel schreiben, entgegnet Peter „Ja, meistens eigentlich".

Über den Schwerbehindertenausweis ist Peter nicht informiert.

Eine Lichtklingel kennt er aufgrund eines Fernsehbeitrags.

Über gesetzliche Ansprüche, die er als Hörgeschädigter evtl. hat, ist ihm nichts bekannt.

Meine Frage, ob er unter seiner Behinderung leide, hat Peter falsch verstanden (er interpretierte leiden als „weinen"), deshalb meinte er nur, dass die Hörgeräte kaputt gehen würden, wenn er doll schwitze. Es stellte sich heraus, dass Peter beim Tennis spielen die Hörgeräte anbehält.

Hörgeräte trägt er seit seinem 10. Lebensjahr. Die jetzigen sind nach seinen Angaben ca. 2 – 3 Jahre alt.

Auf meine Frage, ob ihn seine Schwerhörigkeit belaste oder ihm egal sei, antwortete er: „Ja, ist eigentlich egal, Hauptsache ich kann hören". Auf meinen Hinweis, er könnte doch nicht hören, meinte er: „mit Hörgeräten".

Peter besucht z. Zt. eine Realschule und will später auf ein Gymnasium gehen. Eigentlich wollte er auf eine normale Schule gehen, aber seine Eltern haben vorgeschlagen, dass er auf das Lohmühlen-Gymnasium, ein Aufbaugymnasium mit einem Zweig für Hörgeschädigte, wechselt.

Peters Berufswunsch ist das Studium „Kaufmännischer Assistent" oder eine Tätigkeit als Bürokaufmann.

Auf meinen Hinweis, dass er in diesem Beruf telefonieren können müsste, sagt er, dass er normal mit einem Telefon telefonieren könne, allerdings müsste er das Telefon über einen Lautsprecher lauter stellen.

Peter wünscht sich später Kinder und Familie.

Den Erfolg des Trainings würde Peter darin erkennen, wenn er sich in der Freizeit und mit Freunden besser unterhalten könnte.

5.3.6.3 Sonja

Sonja ist 16 Jahre alt und hat keine Geschwister. Sie geht aufs Gymnasium.

In ihrer Familie gibt es offiziell keine Hörschädigung. Sonja glaubte aber, dass ein Großonkel Hörgeräte trägt.

Seit wann sie selbst schwerhörig ist, weiß Sonja nicht genau, meinte aber, seit etwa dem 4. oder 5. Lebensjahr Hörgeräte zu tragen. Sie sagt, dass sie evtl. aufgrund einer Infektion schwerhörig sei, denn Schwierigkeiten habe es bei der Geburt angeblich keine gegeben. Andererseits meint sie, dass sie häufig krank gewesen sei, und dass sie evtl. an einer Mittelohrentzündung gelitten habe. Auf einer Seite sei sie taub, wobei man davon ausginge, dass hier keine Progredienz vorliegt. Auf die Frage, ob sie Sprachentwicklungsverzögerungen hatte, meinte sie, dass sie nur ganz wenig gesprochen habe und u. a. auch deswegen aufgefallen sei. Die Ärzte hätten eine mögliche Diagnose „Hörschädigung" nicht in Erwägung gezogen, sondern gemeint, sie sei „nur zu faul" zu sprechen und das würde so mit der Zeit kommen. Irgendwann haben die Eltern sie mal gerufen und sie habe erst reagiert, als die Eltern ins Blickfeld gekommen seien. Da war klar, dass etwas mit ihr nicht stimmen würde.

Auf die Frage, wie sie ihre Schwerhörigkeit einschätze, meinte sie, das sei sehr unterschiedlich. Sie habe eine progrediente Schwerhörigkeit, so dass es mal hoch, mal runter gehe. Es gäbe zwei Arten, die stressbedingt seien, dann könne sie fast gar nicht hören. Im Moment habe sie den Eindruck, dass sie eher schlechter höre, obwohl man gesagt habe, dass der Tieftonbereich besser geworden sei. Allgemein meinte sie, dass es momentan schlecht aussehe (dabei schaut sie etwas resigniert). Meinem Hinweis, dass sie auf Grund ihrer progredienten Schwerhörigkeit wohl damit rechnen müsse, wahrscheinlich einmal taub zu werden, stimmte sie mit „Das sei wohl so" zu. Sie meinte, dass ihre Schwerhörigkeit anfangs als mittelgradig eingestuft worden sei, jetzt gehe es mehr in die Richtung hochgradig. Sonja denkt, dass irgendwann das Hörgerät nicht mehr weiter helfen wird.

Meine Frage, ob sie sich auch für ein Cochlea-Implantat entscheiden würde, bejaht sie. Sie hoffte, dass das CI weiterentwickelt und verbessert wird. Sie weiß, dass sie diesbezüglich vorher noch Tests machen muss. Über das CI ist sie nur ein bisschen informiert.

Den Alltag stellte Sonja auf Grund ihrer Schwerhörigkeit als sehr schwierig und von ihrer Tagesform abhängig dar. Sie versucht, sich einen Ausgleich zur Schule zu schaffen und gibt an, zwar Freundinnen zu haben, mit denen sie sich gut versteht, aber gerade in einer Phase zu sein, in der sie sich viel mit Schwerhörigen und Gleichbetroffenen trifft. Sie meint, die Treffen mit Schwerhörigen seien sehr wichtig, da sie sich dadurch „irgendwie so ein bisschen wieder erholt und einen Ausgleich zu Schulkollegen hat".

Den Umgang mit den Eltern schilderte Sonja als schwierig. Beide sind hörend, haben jedoch für ihre Schwerhörigkeit nur wenig Verständnis und beginnen erst allmählich, sich damit zu beschäftigen. Auch mal zu sagen: "Halt, stopp! Ich bin schwerhörig, bitte guck mich an, wenn Du mit mir sprichst und so", das habe sie früher nicht gemacht, weil sie immer so normal erzogen worden sei. Irgendwann habe sie angefangen, mal darüber nachzudenken. Dies sei in der 7./8. Klasse gewesen, wo sie in eine ziemlich tiefe Krise gestürzt sei. Sie war damals etwa 13/14 Jahre alt. Die Eltern waren zu dem Zeitpunkt ziemlich sauer auf den Arzt gewesen, der sie von klein auf betreut hatte und die Eltern nicht auf diese mögliche Krise vorbereitet hatte. Die Krise war eine Identifikationskrise, weil sie seit ihrer frühesten Kindheit immer die einzige Hörgeschädigte war. Irgendwann war es einfach schwierig für sie, nicht mehr richtig mithören zu können und sich ausgegrenzt zu fühlen. Dies ging alles so schnell, dass sie mit ihren Eltern nicht darüber reden konnte. Sie würde aber auch so nicht mit ihnen über die Schwerhörigkeit sprechen. Man kann also sagen, dass die Kommunikation mit Freunden im Alltag und der Familie z. Zt. nicht mehr so gut klappt.

Sie habe von der Beratungslehrerin von klein auf gute Betreuung erfahren und viele Informationen über Hörschädigungen bekommen.

Auf meine Frage, warum sie trotzdem an meinem Seminar teilnähme, meint sie, dass sie immer noch gern ihren Horizont erweitern und auch etwas aus anderer Sicht kennen lernen möchte. Als weiteren Grund führt sie die Möglichkeit an, andere hörgeschädigte Jugendliche aus Schleswig-Holstein kennen zu lernen und Kontakte aufzubauen, was sie als sehr wichtig für sich selbst ansieht.

Sonja berichtete, dass sie während ihrer Krise an eine Depression gelitten habe. Sie wollte damals auf das Lohmühlen-Gymnasium, da dort auch andere hörgeschädigte Schüler zur Schule gingen. Die Eltern waren aber mit dieser Idee nicht einverstanden, da sie bis dahin „so normal" war. Die Eltern waren mit der Tatsache, dass das Lohmühlen-Gymnasium mit dem Schwerhörigenzweig sich auf die Bedürfnisse von Schwerhörigen einstellt, nicht einverstanden. Sonja glaubt, dass die Eltern diesbezüglich Ängste hatten und haben. Die damalige Klassenlehrerin hatte ihr vorgeschlagen, sich in der Freizeit vermehrt mit Schwerhörigen zu treffen. Dies gefiel den Eltern ebenfalls nicht, da sie sich dann nachmittags überwiegend mit Hörgeschädigten traf. Sie war dann z. B. auch immer mehr mit Hörgeschädigten in Hamburg in Kontakt gekommen, da diese auch einen sehr großen Leidensdruck haben. Zu den Informationsveranstaltungen von und für Hörgeschädigte würden die Eltern nie hinfahren (schaut etwas bedrückt). So gab es z. B. ein Treffen in Norderstedt von integrativ beschulten Kindern, die sich einmal im Monat treffen würden. Die Kinder spielen miteinander und die Eltern können sich bei Kaffee und Kuchen austauschen. Diese Treffen werden privat von der Mutter eines hörgeschädigten Kindes organisiert.

Sie bezeichnet die Betreuung durch Beratungslehrer nicht durchweg als gut. Sie habe verschiedene gehabt, die jedoch aufgrund ihrer guten Schulleistungen selten mit ihr Kontakt hatten. Die letzte aber war sehr involviert.

Sonja hat sehr darunter gelitten, dass sie in der Schule nicht darüber aufgeklärt wurde, wie sie anderen Menschen ihre Hörschädigung vermitteln könne. Erschwerend kommt hinzu, dass durch die progrediente Schwerhörigkeit diese immer stärker ausgeprägt wird, so dass diese zunehmend sichtbar und offensichtlich wird. Sonja will sich bezüglich ihrer Schwerhörigkeit aber nicht verstecken. Am Anfang (bis zur 8. Klasse) habe sie sehr darunter gelitten, dass sie mit ihrer Hörschädigung und den Hörgeräten auffallen würde, insbesondere mit der Mikroportanlage. Sie habe aber lange an sich selbst gearbeitet und viele Informationen eingeholt. Sie sei dann auch in die Wagnerstraße, in ein Zentrum für Schwerhörige gegangen, habe dort Kontakt mit der Jugendgruppe aufgenommen und meint, dass sie dort ganz tolle Erfahrungen sammle. So habe sie jetzt angefangen, als Ausdruck ihres Selbstbewusstseins, ihr Hörpassstück zu färben. Außerdem ist sie gerade dabei, ihren Freunden auch ein bisschen Gebärdensprache beizubringen, was diese ganz toll finden. Sie meint, in Hamburg im Schwerhörigenverein und in der Jugendgruppe eine Heimat gefunden zu haben, obwohl dies eine Stunde Fahrt vom Heimatort bedeutet.

Sonja hat zwar einen Schwerbehindertenausweis, meinte aber, damit insgesamt nichts anfangen zu können und ihn jahrelang auch abgelehnt zu haben. Die Frage, ob dieser Ausweis das Merkzeichen RF (Rundfunkgebührenbefreiung) enthält, verneinte sie. Hinzu kam ihrerseits der Hinweis, dass die Eltern auch mit dieser Thematik Probleme haben. Sehr interessiert war Sonja an dem Hinweis, dass sie ab einem gewissen Schwerbehindertengrad sich das Recht erwirbt, für 60 € im Jahr im gesamten Bundesland und im Stadtbereich Hamburg kostenlos mit dem Nahverkehrsnetz fahren zu können. Diese Information nahm sie dankbar auf, da die häufigen Reisen nach Hamburg ihr Taschengeld belasten würden.

Ebenfalls bestehen Defizite im Bereich der Information über Technik wie zum Beispiel der Lichtklingel. Als einzige Kompensationsmöglichkeit wurde die Türklingel an die Telefonanlage angeschlossen, so dass die zahlreichen Telefone im Haus auch klingeln, wenn jemand die Türklingel betätigt. So kann Sonja in den Räumen mitbekommen, ob es an der Tür klingelt. Nach Sonjas Angaben hilft ihr das aber nicht, wenn sie schläft oder die Hörgeräte nicht trägt.

Wegen den gesetzlichen Ansprüchen hat Sonja im Internet beim Schwerhörigennetz über das Pinboard viel mit Hörgeschädigten gechattet. (Pinboard ist eine Plattform, wo Hörgeschädigte Fragen eingeben können, so dass andere Hörgeschädigte darauf antworten können. Diese Plattform ist für jeden Nutzer einsehbar und bietet ein wichtiges visuelles Forum für Fragen und Informationen zu Hörbehinderungen).

Die Frage, ob sie unter ihrer Behinderung leidet, konnte sie nicht plausibel beantworten. Zum einen sei sie ziemlich selbstbewusst geworden und zum anderen würde sie sich nicht mehr ohne Hörschädigung, da es ein Teil von ihr sei, akzeptieren.

Sonja besucht die Klasse eines Gymnasiums mit 26 Schülern. Wobei sich wegen des kleinen Klassenraumes keine U-Form der Tische herstellen läßt. Auch seien die Lichtbedingungen nicht sehr gut. Nur im Spanischunterricht, an dem nur 10 Schüler teilnehmen, sei die U-Form möglich, was Sonja sehr gut findet. Ihr Wunsch und ihr Ziel sei, zum nächsten Schuljahr das Lohmühlen-Gymnasium besuchen zu können (Anmerkung des Autors: sie hat es geschafft).

Auf die Frage, was sie sich vom Leben wünsche, meint sie, dass sie früher gesagt hätte: Weisheit. Jetzt meint sie aber, sie würde gern Sprachen studieren. Deswegen sei Hören auch ziemlich wichtig, und sie überlege viel, inwieweit ihr ein Cochlea-Implantat irgendwann einmal weiterhelfen könne (sie wurde 2006 implantiert). Sie spiele seit frühster Kindheit Klavier und Keyboard, was ihr sehr wichtig sei. Einer ihrer Lebensträume sei ein Steinwayflügel. Außerdem wünscht sie sich ganz viele Kinder.

Obwohl die Eltern zu Beginn ziemlich skeptisch waren, konnte sich Sonja durchsetzen, an diesem Seminar teilzunehmen. Wie schon vorher beschrieben, gab es dagegen von Seiten der Eltern Vorbehalte.

Sonja würde erkennen können, dass das Training erfolgreich war, wenn sie im Umgang mit Hörenden sicherer würde. Außerdem möchte sie gern ihr Wissen bezüglich der Ansprüche an den Schwerbehindertenausweis erweitern. Sehr wichtig seien ihr die Kontakte, die sie bereits geknüpft habe mit den anderen Jugendlichen und das diese weiter bestehen würden. Sonja wünschte sich ausdrücklich, auch nach dem Training mit mir in Kontakt bleiben zu können, da sie meint, dass sie überzeugt ist, von mir noch aufgrund meiner Kompetenz viel Unterstützung bekommen zu können. Für meine Bereitschaft, diesen Wunsch zu erfüllen, bedankte sie sich.

5.3.6.4 Nina

Nina ist fast 13 Jahre alt und hat eine jüngere Schwester, die ebenfalls schwerhörig ist. Ihre Eltern leben zusammen. Es gibt keine weitere Hörschädigung in ihrer Familie. Sie geht auf die Realschule.

Ihre Schwerhörigkeit besteht seit dem 9. Lebensjahr. Meine Frage nach dem Grund ihrer Schwerhörigkeit beantwortete sie mit: „Einfach so", und gibt weiter an, bei ihrer Schwester habe es ungefähr im gleichen Alter angefangen. Sie wären häufiger zum Arzt gegangen, der aber nichts festgestellt habe. Erst bei einem Arztwechsel sei die Hörschädigung diagnostiziert worden und sie habe Hörgeräte bekommen. Jedenfalls hätten ihre Eltern ihr nicht erklärt, woher die Hörschädigung komme. Sie glaube, gehört oder auf einem Zettel gelesen zu haben, dass sie eine Mittelohrentzündung hatte. Nina schätzt ihre Schwerhörigkeit als mittelgradig ein.

Meine Frage, ob sie seitdem besser hören würde, bejaht sie. Ich habe sie dann gefragt, ob sie vorher schon bemerkt habe, dass etwas nicht stimme. Nina antwortet, dass sie eigentlich gar nicht so bemerkt hätte, dass sie schlecht hören könne. Sie habe auch über Hörgeräte und wofür man diese braucht, gar nichts gewusst. Auf meine Frage, ob sie nicht das Gefühl gehabt habe „Mensch, das ist ja schwer, wenn jemand mit mir spricht. Ich muss mich immer so anstrengen", meint Nina, das Gefühl sei nur ganz leicht da gewesen.

Auf die Frage, wie es ihr im Alltag mit ihrer Schwerhörigkeit ergehe, meint sie, sie habe viele Freunde, die alle ganz normal mit ihr umgehen. Sie würden nur, wenn sie bemerken, dass Nina sich nicht gut fühlt, fragen, ob es ihr wegen der Schwerhörigkeit nicht gut gehe. Sie habe aber keine Probleme mit den Hörgeräten, sondern sei manchmal nicht gut gelaunt. Wenn sie nicht gut gelaunt sei, würden die Freunde oft denken, dass das mit ihrer Schwerhörigkeit zu tun hat.

Meine Frage, ob sie auch schwerhörige Freunde hätte, verneint sie. Sie habe einmal eine schwerhörige Brieffreundin aus Schleswig gehabt.

Alltägliche Probleme, wie z. B. beim Brötchenkauf in der Bäckerei, sieht Nina als eher gering an. Meistens könne sie die Verkäuferin gut verstehen und müsse nur selten nachfragen. In der Regel würde alles ganz gut klappen.

In der Familie geht auch alles ganz gut. Nina gibt zu, öfter nachzufragen, weil sie sich nicht anstrenge zuzuhören und manchmal habe sie auch keine Lust, zu hören (lacht dabei).

Meine Nachfrage, wie es ihr in der Schule ergeht, beantwortete sie mit: „Eigentlich ganz gut".

In der Schulklasse von Nina befinden sich 26 Schüler. Die Sitzordnung besteht aus nacheinander aufgestellten Tischreihen. Nina sitzt nicht in der ersten, sondern lediglich in der zweiten Reihe, weiß allerdings nicht, warum sie in der zweiten Reihe sitzt. Sie meint dazu, dass sie in beiden Reihen gut hören könne, aber in der zweiten Reihe eine bessere Sicht zur Tafel habe. Außerdem würde sich die Lehrerin immer so hinstellen, dass Nina sie gut sehen könne. Sie würde auch beim Diktat nicht herumlaufen, sondern immer stehen bleiben.

Auf die Frage, ob sie etwas über den Schwerbehindertenausweis wisse, entgegnet sie, sie habe keinen, glaube aber, dass ihre Schwester einen hätte.

Über Technik ist sie überhaupt nicht informiert, ebenso nicht über gesetzliche Ansprüche.

Nina gibt an, unter ihrer Behinderung nicht zu leiden, sondern sie akzeptiert zu haben. Dass sie früher gesund war und die Schwerhörigkeit erst später erworben hat, ist ihr nach eigenem Bekunden egal. Im Urlaub, sagte sie, würde sie fast gar kein Hörgerät tragen und trotzdem alles verstehen. Zitat: „Also, ich verstehe ohne Hörgeräte auch noch – aber nicht so gut".

Für ihr Leben wünscht sie sich, zunächst den Realschulabschluss zu machen. Sie weiß noch nicht, ob sie später auf ein Gymnasium gehen wird. Beruflich strebt sie eine Ausbildung als Hörgeräteakustikerin an, da sie das sehr interessiert.

Den Erfolg des Trainings werde sie darin sehen, wenn sie einige Sachen anders mache.

5.3.6.5 Anja

Anja ist 13 Jahre alt und besucht die Realschule. Anja hat einen normal hörenden Bruder. Ihr Vater trägt ebenfalls Hörgeräte. Ihre Eltern sind nach Anjas Angabe glücklich verheiratet und die Familie sei intakt.

Die Schwerhörigkeit wurde bei Anja im Alter von fünf Jahren festgestellt. Auf die Frage, warum sie schwerhörig sei, gibt sie an, dass sich die Härchen in der Schnecke nicht mehr richtig bewegen. Als Ursache nannte sie die Windpockenerkrankung der Mutter während der Schwangerschaft. Gleichzeitig weist sie aber auch darauf hin, dass die Eltern des Vaters ebenfalls Hörprobleme hätten. Diese seien aber altersbedingt.

Meine Frage, woher sie wisse, dass die Härchen sich nicht richtig bewegen, sagt sie, ihr Hörgeräteakustiker habe ihr das gesagt.

Sie selber schätzte ihre Hörschädigung mittelgradig ein. Sie habe zwei Hörgeräte, allerdings könne sie z. Zt. wegen einer Druckstelle am Ohr nur eins tragen.

Im Alltag gehe sie ganz normal mit ihrer Schwerhörigkeit um. Meine Nachfrage, ob sie z. B. beim Bäcker keine Probleme habe, verneint sie mit: „Eigentlich nicht". Nur wenn jemand neben ihr flüstere, sei es ein bisschen schwierig. Wenn jemand leise spricht und Nebengeräusche auftreten, sei es schwieriger. In der Familie klappt die Kommunikation ganz gut, wobei in Situationen, wenn aus einem anderen Raum gesprochen würde, Anja zu der sprechenden Person gehen müsste. Als Beispiel führt sie an, dass die Mutter manchmal von der Küche aus mit ihr im Wohnzimmer spreche. Sie gehe dann in die Küche, aber manchmal käme die Mama auch zu ihr. Ihre Mutter denke nicht immer an ihre Schwerhörigkeit.

Auf die Frage, ob es im Freundeskreis Probleme gäbe, lacht Anja und meint: „Es sei alles Paletti". Sie habe nur normal hörende Freunde und keine, die ebenfalls schwerhörig sind. Zu einer schwerhörigen Person, die sie einmal kannte, bestehe kein Kontakt mehr.

Meine Frage, ob sie gern Kontakt zu anderen Hörgeschädigten haben würde, bejaht sie, und sie hoffe, zu den Jugendlichen dieses Seminars Kontakte aufbauen zu können.

In der Schule kommt sie ganz gut zurecht, allerdings haben die Lehrer manchmal - z.B. bei einem Übungsdiktat - vergessen, auf sie Rücksicht zu nehmen. Wenn der Lehrer an der Tafel etwas schreibt und gleichzeitig dabei spricht, kann Anja ebenfalls gut verstehen, da sie ganz vorne sitzt.

Die Tische in der Klasse seien nicht in U-Form sondern in Reihen angeordnet. Wenn jemand ganz hinten spricht oder Kinder ganz leise reden, kann Anja nichts verstehen. Sie hat festgestellt, dass sie Jungenstimmen besser verstehen kann, da sie meistens lauter und kräftiger sprechen würden.

Informationen zum Thema Schwerbehindertenausweis hat Anja bekommen, meinte aber, dass sie keinen Schwerbehindertenausweis benötigt.

Über technische Hilfsmittel ist sie nicht informiert. „Das kriege ich alles noch hin". Sie gibt an, die Klingel hören zu können, räumt aber auf Nachfrage ein, sie auch zu überhören, wenn gerade Musik läuft.

Zu gesetzlichen Ansprüchen von Schwerhörigen hat sie keinerlei Informationen, wobei sie auch hier meint, dies nicht beanspruchen zu müssen.

Auf die Frage, ob sie unter ihrer Behinderung leide, meint sie, dass dies früher der Fall gewesen sei, dass sie jetzt aber alle so akzeptierten, wie sie ist und dass sie viele Freunde in der Klasse habe. Sie kommt jetzt mit allen zurecht. Auf meine Frage, ob ihre Freunde früher ihre Schwerhörigkeit nicht akzeptiert hätten, erzählt sie, dass sie selbst früher unglücklich damit gewesen sei. Jemand hätte ihr gesagt, dass sie ihre Schwerhörigkeit wieder „loswerden" könnte. Als sie mitbekommen habe, dass sie ihre Schwerhörigkeit „nie wieder loswerde", habe sie das sehr belastet.

Auf meiner Frage, wie sie diese positive Veränderung geschafft habe, erzählte sie eine kleine Geschichte: Ein Mädchen aus ihrer Klasse habe sie immer geärgert und die Jungs hätten sich dem angeschlossen. Eines Abends habe sie mit ihren Eltern dieses Mädchen überraschend besucht. Seitdem seien sie eigentlich beste Freunde und es gäbe keine Konflikte mehr in der Klasse. Auf meine Feststellung „Kinder sind grausam", lachte Anja und nickte zustimmend.

Sie berichtete weiter, dass es in der Schule mit Beginn der Orientierungsstufe Fluktuationen gegeben habe, da die Schüler sich auf die Hauptschule, Realschule oder auf das Gymnasium verteilt haben. Anja selbst ist in der 7. Klasse einer Realschule.

Als Berufswunsch gibt Anja an, früher hätte sie Tierärztin werden wollen, aber jetzt möchte sie gern erst einmal das Abitur machen. Ob sie dieses Ziel erreicht, sieht Anja selbst eher kritisch, weil sie nicht so fleißig sei. Den Realschuleabschluss wolle sie aber auf jeden Fall machen, auch wenn sie auf die Hauptschule wechseln sollte. Ihre beruflichen Perspektiven sieht Anja einerseits im Bereich der Tierärztin, andererseits kann sie sich auch etwas mit Sport oder mit Musik vorstellen. Sie habe früher mal Blockflöte gespielt. Außerdem würde sie gerne reiten. Sie hat früher an einer Voltigiergruppe teilgenommen.

Wegen ihrer Behinderung hofft Anja, sich irgendwann operieren lassen zu können. Momentan gäbe es halt keine operative Möglichkeit, ihre Schwerhörigkeit zu lindern. Sollte es so etwas geben, würde sie sich sofort operieren lassen.

Auch strebt sie eine technische Versorgung an, die man nicht sehen könne. Sie ist der Meinung, dass Hörgeräte nicht so schön aussehen. Wichtig sei für sie, dass sie Freunde habe, die ihre Schwerhörigkeit akzeptieren.

Für ihr weiteres Leben wünscht sich Anja eine Familie, Tiere und ein Haus.

Das Training wird sie als erfolgreich bewerten, wenn sie dadurch mehr über Hörschädigungen erfahren würde.

5.3.7 Fragebögen an die Familien vor dem Training

In den folgenden Unterpunkten werde ich die Aussagen der einzelnen Familien zusammenfassen und kommentieren (Text kursiv).

5.3.7.1 Fragebogen an die Familie von Gabi

Die Familie berichtet, dass ihr Kind seit ca. 1990 hörgeschädigt sei. Kenntnisse darüber, wie es zu dieser Hörschädigung gekommen ist, liegen ihr nicht vor.

Im Interview berichtete mir Gabi, dass sie einen hörgeschädigten, jüngeren Bruder hat. Dies lässt vermuten, dass es innerhalb der Familie eine genetische Disposition zur Hörschädigung geben könnte. Die Unkenntnis der Eltern zeigt, dass sie bezüglich einer evtl. genetischen Disposition entweder nicht aufgeklärt wurden oder sie dieses Thema für sich abwehren, indem sie es nicht zur Kenntnis nehmen.

Sie empfinden die Hörschädigung ihrer Tochter als mittelgradig. Die Sprachentwicklung wurde als normal beschrieben, wobei angegeben wurde, dass Gabi im Alltag ohne Problem gut zurechtkommt. Die Kommunikation mit der Familie wird als ganz normal bezeichnet.

Auch von Gabi wird die Kommunikation in der Familie, im Freundeskreis und in der Schule als „super" beschrieben. Später hat sie in dem Interview eingeräumt, dass die Kommunikation zumindest in der Schule meistens klappen würde, dort würde aber keine besondere Rücksicht auf ihre Schwerhörigkeit genommen. Aufgrund der Tatsache, dass es eine mittelgradige Schwerhörigkeit ist und Gabi auch in der Regel nur auf einer Seite ein Hörgerät trägt, denke ich, dass es schon in der Familie zu Verständigungsproblemen kommen könnte. In den Seminaren reagierte Gabi häufig auf Nebengeräusche, die ihr das Verstehen erschwerten, empfindlich. Im Interview räumte sie ein, dass sie während ihres Praktikums im Kindergarten mit normal hörenden Kindern gespielt habe, jedoch in der Kommunikation mit ihnen schnell erschöpfen würde. Dies zeigt auch, dass sie im Alltag in Situationen gerät, die zumindest in der Kompensation der Schwerhörigkeit einen erhöhten Energieaufwand beinhalten und damit zur schnellen Erschöpfung führen.

Auf die Frage, wie Gabi in der Schule kommuniziert, gaben die Eltern an: „Wie andere Kinder auch". Die Frage, welche Informationen sie zum Thema Hörschädigung in der Schule erhalten hätten, wurde Frau E. als betreuende Beratungslehrerin genannt. Über den Schwerbehindertenausweis ist man insofern informiert, dass die Möglichkeit einer Beantragung bestehe. Über technische Hilfsmittel oder gesetzliche Ansprüche lagen keine Informationen vor. Die Frage, wie Gabi selbst mit ihrer Behinderung umgeht, wurde nicht beantwortet. Die Frage nach dem Umgang der Eltern mit der Behinderung ihrer Tochter wurde beantwortet mit: „Wir sehen keine Behinderung". Die Gründe für eine integrative Beschulung wurden wie folgt benannt: „Es gab keinen Grund für eine andere Beschulung".

Die oben aufgeführten Antworten zeigen, dass Gabis Hörschädigung in der Familie negiert wird. Meine Hypothese lautet, dass hier von Anfang an eine Trauerarbeit versäumt wurde. Zudem machen die Elternantworten sehr deutlich, dass auch Gabi nicht über ihre Hörschädigung nachdenken darf. Dass auch der hörgeschädigte Bruder nicht als solcher genannt wird, macht die hochgradige Traumatisierung der Familie nochmals deutlich. Für mich liegt hier ein klassischer Fall von „Du darfst nicht merken" vor, also eine verdeckte Familienregel. Das Familiensystem funktioniert unter den jetzigen Umständen, sollte jedoch z. B. eines der Kinder irgendwann einmal offensiv mit seiner Hörschädigung umgehen, gerät das gesamte System aus den Fugen. Spätestens dann wäre es wünschenswert, dass sich die Familie um professionelle Hilfe bemüht. Dass Gabi das Seminar für sich als erfolgreich wertet, ist ein guter Schritt zum positiven Umgang mit der Hörbehinderung und ein Schritt zur Akzeptanz.

Es lagen von den Eltern keine Wünsche an das Training vor. Auf die Frage, woran die Familie erkennen könnte, dass das Training erfolgreich war, wurde geantwortet, dass könne man noch nicht sagen.

Insgesamt erscheint die Wahrnehmung über die Hörbehinderung der Tochter und bei der Tochter selbst identisch zu sein. Alle scheinen nicht in der Lage zu sein, das Ausmaß der Behinderung im vollen Umfang zu erfassen, was mir auch wiederum das Auftreten von Gabi bestätigte. Gabi trat als sehr selbstbewusstes und kompetentes Mädchen auf, das mit seiner Rhetorik die übrigen Teilnehmer „gut in die Taschen stecken konnte". Ich denke, diese erworbene Taktik ist ein Schutzmechanismus. Wenn jemand einen elaborierten Sprachcode verwendet, kommt niemand auf die Idee, dass diese Person eine Hörschädigung hat. Aus dem Verhalten der Eltern heraus ist es eine logische Schlussfolgerung, dass sie keine Wünsche haben und im Grunde auch keine Veränderungen hinterher sehen können, da sie die Hörschädigung bei ihrer Tochter negieren.

5.3.7.2 Fragebogen an die Familie von Peter

Der Familie ist bekannt, dass die Hörschädigung erst mit vier Jahre festgestellt wurde, wobei sie davon ausgehen, dass die Hörschädigung seit der Geburt bestehen würde. Als Ursache der Hörschädigung wurde kein Grund angegeben. Die Hörschädigung wird als mittelgradig eingeschätzt. Die Sprachentwicklung war bei Peter dadurch auffällig, dass sein Wortschatz gering war und die Aussprache sich nur unzureichend entwickelte. Seit dem Tragen der Hörgeräte hätte er diese Defizite aber gut aufgeholt. Insgesamt wird die Sprachentwicklung als befriedigend empfunden.

Diese Antworten zeigen, dass die Familie mit der derzeitigen Sprachentwicklung nicht zufrieden zu sein scheint. Die Frage ist hierbei, in wieweit die noch vorhandenen Sprachdefizite, die mir als hörgeschädigter Seminarleiter nicht aufgefallen sind, von den Eltern adäquat eingeschätzt werden. Peter selbst gab im Interview an, dass ihm im Alter von acht Wochen eine Niere operativ entfernt wurde, und dass er in dieser Nierenoperation die Ursache für seine Schwerhörigkeit sieht.

Von der Familie wird beschrieben, dass Peter im Alltag „gut bis sehr gut" zurechtkäme. Die Kommunikation mit den einzelnen Familienmitgliedern wird als normal beschrieben. In den übrigen Bereichen ist es genauso.

Interessant war, dass ein von mir in der Frage niedergeschriebener Fehler (statt „kommuniziert" hatte ich „kommunizieren" geschrieben) von der Familie korrigiert wurde. Dies zeigt, dass sie sich sehr genau mit dem Text auseinandergesetzt hatten.

Auf die Frage, welche Informationen sie zum Thema Hörschädigung von der Schule erhalten haben, findet sich die Antwort: „Null". Die Fragen, inwieweit die Familie und ihr Kind über den Schwerbehindertenausweis, technische Hilfsmittel und gesetzliche Ansprüche informiert seien, wurde geschrieben, dass der Schwerbehindertenausweis sowie auch technische Hilfsmittel vorhanden sind. Sie verfügten auch über gute Informationen im Bereich der gesetzlichen Ansprüche.

Im Interview gab Peter selbst an, dass er über den Schwerbehindertenausweis sowie über technische Hilfsmittel und Ansprüche nicht informiert sei. Eine Lichtklingel kenne er nur aus einem Fernsehbeitrag. Dieses unterschiedliche Wissen von Eltern und Sohn kann ich mir nicht erklären, zumal die Eltern auch noch über technische Hilfsmittel und eine Schwerbehindertenausweis für ihren Sohn verfügen wollen. Aber davon scheint Peter nichts zu wissen. Ich kann nur vermuten, dass eine der Aussagen eine Schutzbehauptung ist, da die Aussagen von Eltern und Kind in keinster Weise übereinstimmen

Auf die Frage, wie Peter mit seiner Behinderung umgeht, berichtet die Familie, dass er seine Behinderung akzeptiert habe und sich seinem Umfeld gegenüber altersgerecht verhalte. Auf die Frage, wie die Familie mit der Behinderung des Sohnes umgeht, berichtet sie, dass Daniel, der keine Hörschädigung hat, im Vergleich zu seinem Bruder gleich behandelt wird. Es werde Rücksicht genommen auf Peters Lärmempfinden, ansonsten werde aber normal mit ihm gesprochen. Er würde durch regelmäßige Kontrolluntersuchungen und eine optimale Versorgung seitens der Akustiker unterstützt.

Interessant ist der Hinweis auf das Lärmempfinden, so dass hier von einer Hyperakusis auszugehen ist. Dieses wird von Peter im Interview bestätigt, da er berichtet, dass er bei Nebengeräuschen in der Klasse Schwierigkeiten hätte, den Lehrer zu verstehen.

Die Gründe für die integrative Beschulung wurden damit erklärt, dass er so normal wie irgend möglich aufwachsen solle. Als Wunsch an das Training wurden

Tipps für Peter genannt, die er aufnehmen und umsetzten könne. Auf die Frage, woran die Familie erkennen würde, ob das Training erfolgreich war, wurde keine Antwort gegeben.

Im Interview wurde deutlich, dass Peter nicht optimal mit seiner Hörschädigung umgeht. So gibt er im Interview an, dass er beim Tennis die Hörgeräte nicht ablegt, obwohl er wisse, dass durch starkes Schwitzen die Hörgeräte in ihrer Leistungsfähigkeit beeinträchtigt und beschädigt werden können. Ebenfalls wurde dies auch deutlich an dem Berufswunsch des Bürokaufmanns, bei dem ihm nicht bewusst war, dass er in diesem Beruf viel telefonieren muss, und dass er nur normal mit jemandem telefonieren kann, wenn das Telefon über einen Lautsprecher lauter zu stellen ist. Diese beiden in dem Interview dargestellten Situationen zeigen, dass hier noch erheblicher Informationsbedarf zumindest für Peter besteht. Dieses scheinen auch die Eltern zu wissen, da sie sich ja nur Tipps für ihren Sohn wünschen. Es liegt die Hypothese nahe, dass die Eltern versteckte Schuldgefühle haben, da ihre Aussagen oft Diskrepanzen aufweisen. Zum einen liegt die Diskrepanz in der Aussage selbst und zum anderen in der Antwort von Peter. Die Eltern scheinen ihre Kraft hauptsächlich dem Normalitätsprinzip zu widmen.

5.3.7.3 Fragebogen an die Familie von Sonja

Die Familie hat den Fragebogen vollständig ausgefüllt. Sie war die einzige Familie, die sich die Mühe gemacht hat, auf jede Frage eine Antwort zu geben.

Die Hörschädigung von Sonja sei zum ersten Mal mit vier Jahren aufgetreten. Nach einer halbjährigen Diagnostik wurde festgestellt, dass sie links taub sei und rechts eine leichtere bis mittlere Schwerhörigkeit bestünde. Die Ärzte konnten keine Ursachen finden, vermuteten aber eine schleichende Hörverschlechterung, die mit vier Jahren erstmals deutlich wurde. Die Hörschädigung wird als mittel- bis hochgradig angegeben.

Sonja schätzte ihre Hörschädigung anfänglich als mittelgradig, zunehmend als hochgradig ein. Da Sonja bereits auf lautsprachbegleitende Gebärden angewiesen ist und sich auch schon mit einer Cochlearimplantation auseinander gesetzt hat, gehe ich davon aus, dass sie bereits an einer an Taubheit grenzende Schwerhörigkeit leidet.

Die Eltern geben an, dass sich Sonjas Sprache normal entwickelt habe. Sie verfügt über einen umfangreichen Wortschatz, den sie vor allem durch umfangreiches, intensives Lesen erworben hat. Einschränkend wird von der Familie angegeben, dass sie vor allem in letzter Zeit oft recht leise und undeutlich (nuschelnd) spricht.

Das vermehrt auftretende leise und undeutliche Sprechen lässt sich dadurch erklären, dass sich die eigene Wahrnehmung der Sprache durch die progrediente Schwerhörigkeit erschwert hat.

Auf die Frage, wie Sonja im Alltag zurechtkommt, berichten die Eltern, sie käme recht gut zurecht. Dank frühester Förderung im Vorschulalter nutzt sie andere Mittel und Wege, um Defizite des Hörens auszugleichen. Die Kommunikation mit Sonja in der Familie wird folgendermaßen beschrieben: Wir sprechen „normal" miteinander, achten dabei aber auf die richtige Sitzordnung und vor allem auf Blickkontakt, weil Sonja oft von den Lippen ablesen möchte und muss. Im Freundeskreis und in der Schule würde ihr Kind ebenso kommunizieren. Ergänzend wird mitgeteilt, dass sie mit ihren schwerhörigen und zum Teil gehörlosen Freunden auch in der Gebärdensprache kommuniziert. Im alltäglichen Leben wird beschrieben, dass Sonja über Sprache, mit ihrem Hörgerät und in der Schule mit Mikroport-Anlage am alltäglichen Leben teilnehmen würde. Auf die Frage, welche Informationen zum Thema Hörschädigung Sonja in der Schule erhalten habe, berichten die Eltern: „Keine". Zeitweise habe es Unterstützung durch die Beratungslehrerin der Schwerhörigenschule Schleswig gegeben.

Für mich scheint es hier eine große Diskrepanz zu geben zwischen der Aussage, dass keine Informationen erhalten wurden, es aber eine Betreuung durch die Beratungslehrerin gab.

Auf die Frage, in wieweit die Familie über Schwerbehindertenausweis, technische Hilfsmittel und gesetzliche Ansprüche informiert sei, wird berichtet, dass Sonja einen Schwerbehindertenausweis besitzt, der aber den derzeitigen aktuellen Gegebenheiten nicht mehr entspräche (damit ist die Hörverschlechterung gemeint). Es würde in diesem Bereich noch Informationsbedarf bestehen. Bezüglich der technischen Hilfsmittel würde ein regelmäßiger Austausch vor allem über den Akustiker erfolgen. Über gesetzliche Ansprüche sei man nicht informiert. Auf die Frage, wie Sonja mit ihrer Behinderung umgehen würde, kam es zu einer sehr ausführlichen Erklärung der Eltern. So berichten sie: Bis zum Eintritt in die Pubertät gab es keinerlei Probleme. Etwa im siebten Schuljahr wurden ihr ihre Behinderung und die Verschlechterung bewusst, was sie psychisch stark belastete. Seitdem sucht sie stark nach ähnlich Betroffenen, um sich mit ihren auszutauschen. Seit dem ist auch ihr Wunsch, integrativ beschult zu werden, immer stärker geworden. Ihr Bedürfnis, sich mit normal hörenden Mitschülern und Freunden zu treffen, hat stark nachgelassen.

Diese Aussagen decken sich mit denen aus dem Interview und auch mit denen aus Gesprächen, die ich mit Sonja führte. Mit der zunehmenden Verschlechterung des Hörvermögens sucht Sonja immer mehr die Kommunikation in Gebärdensprache, da diese für sie weitaus stressfreier und nicht so anstrengend ist. Dass die Eltern auf diese Veränderung des Freundeskreises von Sonja, trotz ihrer guten und intensiven Auseinandersetzung mit der Hörschädigung ihrer Tochter, ärgerlich reagieren, zeigt, dass der nächste Schritt zur Ertaubung noch nicht bearbeitet wurde und noch von sich geschoben wird.

Auf die Frage, wie die Familie mit der Behinderung von Sonja umgehen würde, entgegnet die Familie, dass sie zu helfen versucht, wo es geht und ansonsten so normal wie möglich mit ihr umgehen würde. Auf die Frage, warum ihr Kind integrativ beschult werden sollte, wird entgegnet, dass es Sonjas Wunsch gewesen sei, integrativ beschult zu werden, obwohl sie zunehmend darunter litt, die einzige Schwerhörige in der Schulklasse zu sein. Es fiel ihr zunehmend schwerer, die Anforderungen in einem sehr auf Gespräche fixierten Unterricht zu erfüllen. Sie war unzufrieden, da sie bedingt durch die Hörschädigung in ihren Lieblingsfächern Deutsch, Englisch und Latein nicht mehr die mündlichen Leistungen erbringen könne, wie sie wolle und zu denen sie unter anderen Umständen in der Lage wäre.

Die Antwort zeigt die große Ambivalenz der Eltern so wie auch die von Sonja. Die Argumentation der Eltern entspricht nicht dem Wunsch nach einer integrativen Beschulung, da die aufgeführten Beschreibungen eher dagegen sprechen, integrativ beschult zu werden.

Auf die Frage, welche Wünsche die Familie an das Training hat, wurde vor allem Unterstützung für Sonja im Leben und sonstige praktische Hilfen genannt. Es ist der Familie unklar zu erkennen, wann das Training erfolgreich sein würde.

Die Frage nach wichtigen Punkten, die sie noch erwähnen möchten, gab die Familie an, dass ihre Erfahrungen beim Schulwechsel von Sonja gezeigt haben, dass die bundeslandübergreifende Unterstützung Hörgeschädigter unzureichend ist.

Sonja wurde zuerst im Bundesland Schleswig-Holstein beschult und durch Beratungslehrer begleitet. Der Wechsel erfolgte dann nach Hamburg auf das Lohmühlen-Gymnasium.

Beim Betrachten des Interviews wurde deutlich, dass es erhebliche Diskrepanzen in der Wahrnehmung der Eltern gegenüber der Wahrnehmung Sonjas bezüglich der Hörschädigung gibt. Z. B. gibt Sonja an, von klein auf an von der Beratungslehrerin eine gute Betreuung erfahren und auch viele Informationen über die Hörschädigung erhalten zu haben. Dagegen sagen die Eltern aus, dass ihnen solche Informationen fehlen. Sonja gibt im Interview weiter an, dass die Eltern Ängste hatten, dass der Wechsel von der normalen Schule auf „ein Gym-

nasium mit Schwerhörigenzweig" sich negativ auf Sonjas Entwicklung auswirken könnte. Die Eltern haben auch nicht akzeptiert, dass Sonja zunehmend den Kontakt zu anderen Hörgeschädigten sucht.

5.3.7.4 Fragebogen an die Familie von Nina

Die Familie gibt an, dass Nina seit März 2000 hörgeschädigt ist. Somit besteht ihre Hörschädigung seit dem 9. Lebensjahr. Nina bestätigt dies in ihrem Interview. Die Frage nach der Ursache dieser Hörschädigung beantwortete die Familie mit einem Fragezeichen. Auffällig ist hier, dass die jüngere Schwester ebenfalls im 9. Lebensjahr von einer Hörschädigung betroffen wurde. Ob eine genetische Disposition der Hörschädigung der Kinder zugrunde liegt, ist weder den Eltern noch Nina bekannt, so dass auch hier davon ausgegangen werden kann, dass eine optimale Beratung und Aufklärung nicht stattgefunden hat. Die Hörschädigung wird von den Eltern als mittelgradig eingeschätzt. Die Sprachentwicklung wird als normal beschrieben.

Die Frage, wie Nina im Alltag zurechtkommt, wird mit ausgeglichen beantwortet. Die Kommunikation findet mit den Familienmitgliedern als auch im Freundeskreis, im alltäglichen Leben und in der Schule durch Sprache ganz normal statt.

Eine genetische Disposition liegt meiner Meinung nach den Hörschädigungen der Mädchen zugrunde. Warum die Eltern diesen Umstand nicht wissen, lässt mehrere Hypothesen zu. Ich neige jedoch zu der Auffassung, dass die Eltern möglichst die Hörschädigung negieren und alles so „normal" wie möglich handhaben. Nina gibt an, öfter nachfragen zu müssen, weil sie sich nicht anstrengt, zuzuhören. Diese Angabe zeigt mir, dass Zuhören für Nina doch anstrengend ist. Wahrscheinlich ergeben sich daraus auch schulische Konzentrationsprobleme. Im Alltag muss sie nach ihren Angaben seltener nachfragen, in der Regel würde alles ganz gut klappen. Diese Antworten zeigen, dass die Kom-

munikation nicht so reibungslos zu laufen scheint, wie das von Seiten der Eltern als „normal" angesehen wird.

Gefragt nach den Informationen, die Nina in der Schule erhalten habe, wird angegeben: Keine.

Die Eltern geben an, dass Nina keinen Schwerbehindertenausweis habe, da sie nur einen Behinderungsgrad von 20% besitzt. Über technische Hilfsmittel werden sie durch den Akustiker informiert, gesetzliche Ansprüche sind ihnen nur wenige bekannt.

Auf die Frage, wie Nina selbst mit ihrer Behinderung umgeht, wird beschrieben, dass dies problemlos sei und fast unmerklich für Außenstehende. Von Nina wird der Umgang mit ihrer Behinderung als normal beschrieben, wobei z. B. im Sommer beim Baden, öfter auf die Empfindlichkeit der Hörgeräte hingewiesen werden muss.

Diese Antwort zeigt, dass der Hinweis von außen kommen muss. Nina hat offenbar noch nicht die Kompetenz bzw. die Erkenntnis über die Empfindlichkeit von Hörhilfen verinnerlicht. Von daher ist sie die ideale Kandidatin für dieses Training, da sie unabhängig von den Eltern lernen soll, eigenverantwortlich mit dieser Problematik umzugehen. Die Antworten der Eltern zeigen, dass sie gerne dem „Normalitätsprinzip" folgen.

Die Frage nach dem Anlass, Nina integrativ beschulen zu lassen, wurde nicht beantwortet.

Auf die Frage nach den Wünschen an das Training erfolgt der Hinweis, dass es bisher so ein Trainingsangebot nicht gegeben hätte und von daher keine Wünsche bestehen würden.

Der Familie war es wichtig zu erwähnen, dass die Schwerhörigkeit erst in der zweiten Klasse festgestellt wurde.

Diese Aussage deckt sich nicht mit der Aussage, dass die Schwerhörigkeit seit dem 9. Lebensjahr besteht. Es sei denn, dass Nina im 9. Lebensjahr noch die 2. Klasse besucht hat, was für mich aber unwahrscheinlich ist. Ich vermute einen progredienten Verlauf der Hörschädigung.

Ebenso wichtig ist es der Familie, zu erwähnen, dass sie sich eine bessere Kenntnis der HNO-Ärzte wie auch eine schnellere Überweisung zu Fachärzten wünschen.

Auf die Frage, was ich noch wissen solle, wird geantwortet, dass Nina ein normales Kind mit Freunden in der Schule und der Nachbarschaft sei und ein gutes soziales Verhalten zeige.

Diese Antwort bestätigt mir wieder, dass die Eltern, wie oben schon erwähnt, gerne alles so „normal" wie möglich wollen und es so dann auch angehen werden. Mir scheint diese Art der Verdrängung kein adäquater Umgang mit der Hörschädigung zu sein und hält Nina davon ab, offensiv mit ihrer Schwerhörigkeit

5.3.7.5 Fragebogen an die Familie von Anja

Der Fragebogen stand mir leider nicht zur Verfügung.

5.3.8 Fragebogen nach dem Training

Ein halbes Jahr nach dem Training habe ich drei Fragebögen verschickt. Ein Fragebogen war an die Eltern der hörgeschädigten Schüler gerichtet, ein weiterer Fragebogen an die hörgeschädigten Schüler selbst und ein dritter an die Klassenlehrer.

In den folgenden Abschnitten werde ich die verschiedenen Aussagen der Fragebögen darstellen und einander gegenüberstellen.

5.3.8.1 Fragebogen an die Eltern von Gabi

Die Eltern haben Gabi nach den Trainingswochenenden entspannt und glücklich erlebt. Auf die Frage, was Gabi von den Wochenenden berichtet habe, schrieben die Eltern, dass insbesondere das Freizeitgeschehen (Was gab es zu essen, was hat man abends gemacht, Kino usw.) geschildert wurde. Des Weiteren hatte Gabi berichtet, mit wem sie in einem Zimmer gewohnt hat, wo die anderen herkamen und dass die übrigen hörgeschädigten Regelschüler nett gewesen sind. Die Frage, ob sie bei Gabi eine Veränderung im Umgang mit der Hörbehinderung beobachtet haben, beantworteten die Eltern mit: „Ja, ein wenig".

Diese Aussage ist umso positiver zu bewerten, als dass die Eltern auf dem Anfangsfragebogen schrieben, dass ihre Tochter keinerlei Probleme mit der Hörschädigung habe. So ist ein anderer Umgang mit der Hörbehinderung ein Zeichen dafür, dass es mit der vorherigen Hör- und Kommunikationstaktik nicht geklappt hat.

Die Frage, ob Gabis Eltern von den Unterlagen profitieren konnten, wurde bejaht. Dabei wurden die technischen Hilfsmittel und die Kommunikationstaktik im Besonderen angeführt.

Auch hier ist wieder erstaunlich, dass die Kommunikationstaktik, welche in dem Kompendium beschrieben wird, von den Eltern als hilfreich angenommen wurde. Wie schon in meinem vorherigen Kommentar, wird auch hier deutlich, dass die Wahrnehmung des problemlosen Umgangs mit der Hörschädigung von Gabi korrigiert werden konnte.

Auf die Frage, wann so ein Training sinnvoll sei, meinten die Eltern, dass dies ab dem 14. Lebensjahr zu empfehlen ist.

In den Zeilen des Fragebogens, in denen die Eltern Wünsche und Gedanken aufschreiben konnten, merkten sie an, dass Gabi auch jetzt noch Kontakt zu einigen aus der Gruppe habe. Außerdem würden sie regelmäßig telefonieren, sich ab und zu besuchen und viel schreiben.

Der besondere Erfolg dieses Trainings war die sich entwickelnde Freundschaft einiger hörgeschädigten Regelschüler untereinander. Selbst ein halbes bis Dreivierteljahr nach dem Training hatten sie Kontakt zueinander. Von daher hat sich der Wunsch einiger Teilnehmer, mehr Kontakt zu anderen hörgeschädigten Regelschülern zu bekommen, erfüllt. Somit konnte ein zentrales Anliegen dieses Trainings zumindest bei Gabi als erfolgreich bezeichnet werden.

5.3.8.2 Fragebogen an die Eltern von Peter

Die Eltern berichten, dass Peter immer sehr müde nach den Wochenenden gewesen sei, wobei sie vermuteten, dass die Nächte wohl sehr lang waren. Ingesamt wirkte Peter aber erwachsener. Er habe berichtet, dass ihm die Wochenenden viel Spaß gemacht hätten. Besonders die verschiedenen Aktivitäten, wie z. B. Kino, Stadtbummel und gemeinsame Mahlzeiten, seien sehr lustig gewesen. Ebenfalls fand er toll, dass er bei den Mädchen übernachten durfte. Dort wurde oft noch lange erzählt und gelacht.

Was im Seminar besprochen und erarbeitet wurde, erzählte er nicht. Er sagte, das wäre geheim und sollte in der Gruppe bleiben. Auf die Frage, ob Herr Rien denn nett gewesen sei, antwortete er: „Oliver ist einer der nettesten Menschen auf der Welt".

Zur Frage, ob ein anderer Umgang mit der Hörbehinderung beobachtet wurde, berichten die Eltern, dass eine spezielle Veränderung nicht aufgefallen sei. Peter würde schon immer sehr offen mit seiner Hörbehinderung umgehen und seine Bedürfnisse einfordern.

Von den Unterlagen konnten Peters Eltern deutlich profitieren, da sie dieses als Nachschlagewerk nutzen. Die Unterlagen seien gut aufgemacht und sehr interessant. Insgesamt konnte in den Bereichen technische Hilfsmittel, gesetzliche Ansprüche, Schwerbehindertenausweis und Kommunikationstaktik nichts umgesetzt werden, da sie schon vorher gut informiert gewesen seien. Diese Informationen erlangten sie aufgrund von Eigeninitiative oder auch durch die Hörgeschädigtenschule in Schleswig.

Auf die Frage, ob das Training sinnvoll sei und ab welchem Alter man es anbieten solle, entgegneten die Eltern, dass sie das Seminar gut fanden, da Arbeit und Spaß offensichtlich im richtigen Verhältnis gestanden hätten. Aus Peters Erzählungen haben die Eltern entnommen, dass auch das Arbeiten interessant gewesen sei und alles in netter, lockerer Atmosphäre stattgefunden hat.

Sinnvoller hätten es die Eltern gefunden, wenn man die Seminare für unterschiedliche Altersgruppen angeboten hätte und zwar für eine Altersgruppe von 10 – 12 Jahre und eine Gruppe für die älteren, sich in der Pubertät befindlichen Kinder.

Von den Eltern wurde beobachtet, dass die Pubertät für hörgeschädigte Kinder noch schwieriger als ohnehin schon sei. Hier wünschen sich die Eltern ein Seminar, wo unter vertraulicher, verständnisvoller Leitung auch auf dieses spezielle

Problem eingegangen wird. Beide Seminare sollten dementsprechend möglichst jeweils von Mädchen oder Jungen besucht werden.

Auch hier ist interessant, dass die Eltern ursprünglich den Eindruck hatten, dass Peter problemlos mit seiner Behinderung umgeht. Insgesamt sahen sie wenige Probleme im Alltag mit der Hörbehinderung ihres Sohnes. Umso interessanter ist der Wunsch nach getrennten Gruppen, wo die Zeit der Pubertät im Leben eines Hörgeschädigten eine belastendere Rolle zu spielen scheint als bei einem Nichtbehinderten. Hier wird deutlich, dass die Eltern sich in dieser Phase ihres Sohnes bestimmte Unterstützung wünschen. Diese Problematik wurde im Eingangsfragebogen von den Eltern nicht angeführt. Umso erstaunlicher ist, dass Peter nach den Seminaren erwachsener wirkte, so dass man hier sagen könnte, dass in dieser schwierigen Phase durch das Seminar ebenfalls eine Stabilisierung eingetreten ist.

5.3.8.3 Fragebogen an die Eltern von Sonja

Die Eltern erlebten Sonja nach den Wochenenden im Wesentlichen unverändert. Einschränkend wurde gesagt, dass sie mit vielen neuen und interessanten Informationen wiedergekommen sei. Sie habe von den Tagesabläufen, den beteiligten Personen und den neuen Informationen berichtet. Einen anderen Umgang mit der Hörbehinderung war von den Eltern bei Sonja nicht beobachtet worden.

Auf die Frage, ob sie von den Unterlagen profitieren konnten, verneinten die Eltern, da sie keine Unterlagen von Sonja gesehen haben.

Im Bereich technische Hilfsmittel berichteten die Eltern, dass Sonja durch das Training sensibilisiert wurde, sich mit ihrem Akustiker intensiv über ihr neues Hörgerät und evtl. zusätzliche Hilfsmittel auseinanderzusetzen.

Im Bereich Kommunikationstaktik berichteten die Eltern, dass Sonja sich bemühe, das im Training Gelernte umzusetzen.

Von den Eltern wurde angemerkt, dass das Training für Sonja sinnvoll gewesen sei. Da sie aber von Sonja wenig Einblicke in die genaueren Inhalte erhalten haben, seien sie nicht in der Lage einzuschätzen, ab welchem Alter dieses Training sinnvoll sei. Insgesamt fanden sie die Trainingswochenenden sehr sinnvoll und würden es begrüßen, wenn alle schwerhörigen Kinder in den Genuss solcher Veranstaltungen kommen würden. Dabei sollten diese für zwei Altersstufen (für Schüler bis zum 5. Schuljahr und für Schüler bis zum 10./13. Schuljahr angeboten werden.

Auffällig hierbei ist, dass Sonja das Kompendium bzw. die Unterlagen nicht an ihre Eltern weitergegeben hat. Dies ist für mich wieder ein Zeichen, dass gerade im Umgang mit der Hörbehinderung zunehmend eine Loslösung seitens Sonja von ihrer Familie stattfindet, da sie sich in der Beurteilung ihrer Behinderung aber auch auf das Beschreiten neuer Lebenswege von den Eltern missverstanden fühlt. Sonja hatte bereits vor dem Training einen für sich guten Weg gefunden, sich zunehmend mit einer eventuell anstehenden Ertaubung und einer Versorgung mit einem Cochlea-Implantat auseinander zusetzen. Durch das Training wurde sie darin noch bestärkt. Außerdem fühlte sie sich bestätigt, weiterhin den Kontakt mit hörgeschädigten Menschen ihrer Altersgruppe auszubauen.

Es bleibt offen, warum die Eltern das Training gut fanden. Trotz der mangelnden Informationen, die Sonja an ihre Eltern weitergegeben hat, wurde das Training von den Eltern begrüßt.

5.3.8.4 Fragebogen an die Eltern von Nina

Die Eltern haben ihr Kind nach den Trainingswochenenden als total überdreht erlebt. Sie hatten den Eindruck, dass sich nach den Wochenenden alles nur um

Nina drehen sollte, was bei einem weiteren Kind mit einer Schwerhörigkeit nicht möglich war und ist. Nina habe interessant über die Wochenenden berichtet, wobei die Themen nur kurz angerissen wurden.

Ein anderer Umgang mit der Hörbehinderung wurde in der Form beobachtet, dass sie nun stets mit ihrem Namen angesprochen werden wollte.

Insgesamt können die Eltern von den Unterlagen profitieren, da sie in den Unterlagen gute Tipps und Anleitungen finden.

In den Bereichen technische Hilfsmittel, gesetzliche Ansprüche und Schwerbehindertenausweis wie auch in Kommunikationstaktik konnte weiter nichts umgesetzt werden. Gesetzliche Ansprüche würden nicht vorliegen und bei einer Schwerbehinderung von 20% sei es nicht möglich, etwas zu erreichen.

Im Bereich Kommunikationstaktik wurde darauf hingewiesen, dass Nina schon mehrfach in der Hörgeschädigtenschule in Schleswig war und dort Seminare besuchte.

Von den Eltern wurde dieses Seminar ab dem 14. Lebensjahr für sinnvoll gehalten, wobei alle Schüler etwa im gleichen Alter sein sollten.

Auffällig ist, dass über die Unterlagen ausgesagt wurde, dass sie gute Tipps und Anleitungen enthalten, aber ein konkretes Umsetzen in bestimmten Bereichen nicht für notwendig bzw. möglich erklärt wurden. Gerade im Hinblick auf die Tatsache, dass das Geschwisterkind ebenfalls hörgeschädigt ist, ist es im Bereich technische Hilfsmittel als negativ zu betrachten, dass nicht der Erwerb einer Lichtsignalanlage ins Auge gefasst wird.

5.3.8.5 Fragebogen an die Eltern von Anja

Die Eltern berichten, dass Anja fröhlich und aufgeschlossen, aber auch nachdenklich, erlebt wurde. Nach Meinung der Eltern sei das Seminar für Anja sehr informativ gewesen. Über die gesammelten Informationen sei berichtet und auch gesprochen worden. Anja erzählte von den besprochenen Themen sowie über Ausflüge und Unternehmungen.

Im Umgang mit der Hörbehinderung wurde keine Veränderung im Verhalten beobachtet.
Von den Unterlagen wurde natürlich profitiert, da alle Unterlagen im Hause gemeinsam mit Anja besprochen wurden.

Insgesamt fanden die Eltern, dass das Seminar Anjas Bewusstsein bezüglich der Hörbehinderung geschärft hat.

Diese Art von Seminaren erscheint ab dem 12. Lebensjahr sinnvoll.

Die Auskunft, dass sämtliche Themen sowie die Unterlagen zu Hause intensiv besprochen wurden, hat mich überrascht. Das Verhalten von Anja war geprägt von großem Interesse an den Freizeiten und Unternehmungen. Im Unterricht selber fiel sie öfter durch ein kindliches Verhalten auf, bei dem ich den Eindruck hatte, dass bestimmte Themen keinen Zugang zu ihr fanden. Umso positiver überrascht war ich, dass die Themeninhalte zu Hause besprochen wurden.

5.3.9 Fragebögen an die Schüler

Parallel zu den Fragebögen an die Eltern habe ich auch noch einmal die Schüler befragt, mir mit der Beantwortung der Fragebögen darzulegen, welche Auswirkungen die Seminare auf den Umgang mit der Schwerhörigkeit gehabt haben.

5.3.9.1 Gabi

Gabi berichtet, dass sie die Trainingswochenenden sehr interessant gefunden und viel gelernt habe, was später hilfreich für sie war. Hinterher habe sie sich informierter gefühlt. Sie habe zu Hause nicht im Detail erzählt, was besprochen wurde. Schwerpunktthema zu Hause sei insbesondere der Schwerbehindertenausweis gewesen.

Auf die Frage, ob sie einen anderen Umgang mit der eigenen Hörbehinderung bei sich selber beobachtet habe, entgegnete Gabi, dass sie ihre Hörgeräte jetzt immer tragen würde.

Nachgefragt hätte sie auch vorher schon immer, das habe sich nicht verändert. Das sei schon immer selbstverständlich gewesen. Verändert habe sich aber, dass sie jetzt z. B. immer das Licht anmachen würde. Darauf würde sie mehr achten, das hätte sie früher nicht als wichtig empfunden.

Von dem Kompendium konnte Gabi profitieren. Immer wenn sie etwas wissen möchte, schaut sie zuerst im Kompendium nach, ob für sie etwas Wichtiges zu dem Thema darin steht.

Zur Umsetzung des Erlernten befragt, gibt sie an, dass sie sich vorgenommen hat, in Zukunft technische Hilfsmittel gerade im Bereich der anstehenden Ausbildung zu beantragen. Einen Schwerbehindertenausweis möchte sie z. Zt. nicht beantragen, da ihre berufliche Ausbildungssituation momentan akut anstehen würde. Insgesamt würde sie mehr auf die Regeln der Kommunikationstaktik achten. So wird darauf geachtet dass immer Licht an ist und dass laut und deutlich gesprochen wird.

Dazu befragt, ob es hilfreich gewesen sei, dass der Referent selber hörgeschädigt ist und die begleitenden Gebärden benutzt habe, antwortete sie, es sei sehr hilfreich gewesen. Man konnte besser über Sachen mit ihm reden, als mit einem normal hörenden Menschen. Die Gebärden habe sie sehr gut gefunden, obwohl sie ihr nicht geholfen haben, da sie sie nicht konnte.

Gabi fand das Training sinnvoll. Am besten fand sie die geringe Anzahl der Teilnehmer. Ihrer Meinung nach müsste man das Training ab der achten Klasse, so zwischen dem 13. oder 14. Lebensjahr anbieten. Ihr habe das Training viel gebracht, da sie viel gelernt und erfahren habe. Zudem habe sie jetzt mehr Kontakt zu anderen Schwerhörigen.

Gabi wünscht sich, dass solche Seminare, wie z. B. das Bewerbungstraining, auch für Berufstätige angeboten werden sollten. Gabi meint, dass leider viele Schwerhörige viel zu wenig Selbstbewusstsein hätten. Man müsste mehr Kontakt untereinander haben und auch über diese Thematik sprechen.

Die Aussage, dass leider viele Schwerhörige viel zu wenig Selbstbewusstsein hätten und dass gerade der Austausch untereinander in dieser Thematik wichtig sei, fand ich von Gabi sehr interessant. Wie bereits berichtet, strahlte Gabi in ihrem Auftreten viel Selbstbewusstsein aus. Insgesamt kann dies aber auch als Mechanismus des Umgangs mit der eigenen Hörschädigung bewertet werden. Ebenfalls interessant ist die Aussage, dass Gabi allgemein von dem Training deutlich profitieren konnte, obwohl sie zu Beginn des Trainings der Meinung war, dass sie alles „gut im Griff" hätte.

5.3.9.2 Peter

Peter hat die Wochenenden als Training für sich selber erlebt. Dennoch schränkt er ein, dass er nach den Wochenenden sehr erschöpft gewesen sei, sich die Mühe aber trotzdem für jedes Wochenende gelohnt habe. Insgesamt habe er zu Hause von den Wochenenden berichtet, wie es war, was er gelernt und unternommen habe.

Im Umgang mit der eigenen Hörschädigung ist Peter aufgefallen, dass er jetzt öfter bei Freunden und Lehrern nachfrage. Aufgefallen sei ihm auch, dass er mehr auf den Mund schauen und absehen würde. In der Kommunikationstaktik habe er nun verstärkt das Lippen-Absehen als für sich richtige Taktik in Anwendung gebracht.

Die Tatsache, dass der Referent selber hörgeschädigt ist und begleitende Gebärden im Seminar benutzte, konnte Peter nicht bewerten, da er die Gebärdensprache nicht verstehen konnte. Trotzdem fand er es gut, dass sie vom Referenten angewendet wurde. Ebenfalls gut fand er die Betroffenheit des Referenten, weil er sich genau so fühlen würde wie die hörgeschädigten Schüler selber und deshalb auch die eigene Erfahrung als Hörgeschädigter mit einbringen konnte.

Die Wochenenden wurden als nützlich empfunden, da Peter viele gelernte Sachen bereits umsetzen konnte, dazu gehören z. B. das auf die Lippen-Schauen, das Licht anmachen und das Nachfragen, wenn etwas nicht verstanden wurde.

Bei Peter fällt auf, dass der von sich im Umgang mit der eigenen Hörschädigung sehr überzeugte Peter zunehmend während des Seminars eigene Grenzen erkannteund in der Lage war, das Gelernte gleich in Anwendung zu bringen. Die von ihm beschriebenen Verhaltensveränderungen zeigen, dass er zumindest im kommunikationstaktischen Bereich alles optimal umsetzen konnte. Bemerkenswert ist, dass die von Peter beschriebenen Veränderungen von Seiten der Eltern so nicht registriert wurden.

5.3.9.3 Sonja

Sonja berichtet, dass sie die Wochenenden toll gefunden habe. Die Atmosphäre war locker und freundschaftlich, sowohl unter den Jugendlichen als auch zwischen dem Seminarleiter und der studentischen Hilfskraft. Positiv wurde bewertet, dass nicht „Unterricht gemacht wurde", sondern auch viele gemeinsame Unternehmungen stattfanden. Sonja fand beide Teile, Freizeit und Training, gut aufgeteilt, wobei sie bemerkt, dass sie Spaß an beiden Teilen hatte. Hinterher sei es ihr richtig gut gegangen. Ein Wochenende, fast nur unter Schwerhörigen, ohne Kommunikationsprobleme und Dank FM-Anlage und lautsprachbegleitenden Gebärden, wurde als stressfrei empfunden. Sie habe mit den neuen Freunden viel Spaß gehabt, aber auch mehr Sicherheit im Umgang mit Hörenden erworben. Insgesamt war es fast wie nach einem Urlaub.

Zu Hause habe sie nicht viel von den Wochenenden erzählt, da eine mangelnde Kommunikation mit den Eltern herrschen würde. Wenn sie etwas erzählte, dann war es über die gemeinsamen Unternehmungen sowie den Tagesablauf. Von den Themeninhalten habe sie bewusst nicht viel erzählt, weil die Schwerhörigkeit in der Familie eher ein Tabuthema oder zumindest mit gravierenden Konflikten behaftetes Thema ist. Sie habe viel mehr mit Freunden und mit ihrem Freund darüber gesprochen.

Auf die Frage, ob sie einen anderen Umgang mit der eigenen Hörbehinderung bei sich selber beobachten konnte, berichtet Sonja, dass sie schon vor dem Seminar eine positive Einstellung zu ihrer Schwerhörigkeit gehabt habe, wobei sie einfügt, dass dies allerdings nicht mit ihren Eltern zusammenhängen würde. Durch das Training sei ihr bewusst geworden, wie viel Stress das Hören für Hörgeschädigte bedeutet.

Seit den Trainingswochenenden würde sie sowohl zu Hause als auch in der Schule darauf achten, dass immer das Licht an ist, dass die Fenster bei lautem Außenlärm geschlossen werden und sie Leute, die sie mit ihrem Verhalten stören, wie z. B. Geräusche mit Stiften, darauf aufmerksam macht. Dabei sei sie jetzt wesentlich geduldiger als früher. Sie verwendet jetzt noch öfter ihre FM-Anlage und bemühe sich, Hörende auf ihre Situation als Schwerhörige hinzuweisen.

Auf die Frage, ob sie von den Unterlagen profitieren kann, entgegnet sie, dass in der Klasse während und nach den Seminaren oft Fragen aufkamen, die sie dann im Kompendium nachschlagen konnte. Dabei ging es vor allem um Fragen zum Schwerbehindertenausweis und Schwerbehindertenrecht.

Als technisches Hilfsmittel hat Sonja inzwischen eine Lichtklingelanlage beantragt. Bezüglich des Schwerbehindertenausweises berichtet Sonja, dass sie diesen neu beantragen möchte. Im Bereich der Kommunikationstaktik achtet sie neben den bereits aufgeführten Punkten verstärkt darauf, bei Veranstaltungen auf dem richtigen Platz zu sitzen.

Auf die Frage, ob es hilfreich gewesen sei, dass der Referent selber hörgeschädigt ist und wie sie die begleitenden Gebärden von ihm empfunden habe, entgegnet Sonja, dass dies sehr hilfreich gewesen sei. Zum einen fand sie den hörgeschädigten Referenten in seiner Rolle als Vorbild sehr hilfreich, zum anderen empfand sie ihn als kompetenten Ratgeber, der auch praktische Erfahrung mit der Thematik hat und sich das Wissen somit nicht nur eingepaukt habe. Insgesamt wurde der Referent als authentisch und lebendig empfunden. Als hochgradig Schwerhörige haben ihr die Gebärden viel gebracht. Sie konnte den Seminarinhalten entspannter und konzentrierter folgen. Dadurch sei auch mehr im Gedächtnis haften geblieben. Ein positiver Nebeneffekt sei, dass sie ihren Gebärdensprachwortschatz erweitern konnte und nach den Wochenenden unter den Hörenden munter weiter „gefuchtelt" habe.

Sonja fand das Training sinnvoll. Die Grundlagen der Schwerhörigkeit sollten in einem Alter von 10 – 12 Jahren vermittelt werden, hierbei in erster Linie der kommunikationstaktische Teil. Den psychologischen Teil sollte man frühestens ab dem 14. Lebensjahr, eher noch mit 15/16 Jahren, vermitteln.

Insgesamt hat das Training bei Sonja das Bewusstsein für die Schwerhörigkeit geschärft und ihr Möglichkeiten im Umgang mit der Schwerhörigkeit aufgezeigt. Hierbei wurden insbesondere die Bereiche technische Hilfsmittel, Kommunikationstaktik und Psychologie erwähnt. Sonja sei jetzt sicherer geworden, welche Ansprüche sie als Schwerhörige stellen dürfe. Auch sei sie nun in der Lage, ihre „Hörtests" zu entschlüsseln.

Zum Schluss des Fragebogens hatten die Schüler noch die Möglichkeit, Wünsche und Gedanken niederzuschreiben. Hiervon nahm Sonja reichlich Gebrauch. Sie beschrieb in diesem Teil, dass das Training sehr wichtig für ihre persönliche Entwicklung im Bereich neuen Wissens und neuer Kontakte sowie für stressfreie und wunderschöne Wochenenden gewesen sei.

Mittlerweile habe sie an der Schwerhörigenschule Schleswig ein Praktikum machen können und hatte zeitweise einem Seminar für Eltern von hörgeschädigten Kindern beiwohnen können, was sie als sehr lehrreich empfunden habe. Da sie die einzige Hörgeschädigte im Seminar gewesen sei und die Referenten alle hörend waren, sei sie zufällig in die Referentenrolle geschlüpft. Dabei wurde sie von den Eltern mit zahlreichen Fragen gelöchert.

Anhand dieser Schilderung wird deutlich, wie wichtig es für Eltern hörgeschädigter Kinder ist, in Kontakt mit hörgeschädigten und kompetenten Erwachsenen oder auch Kindern und Jugendlichen zu sein und Fragen stellen zu dürfen.

Sonja berichtet, dass sie das Angebot machte, bei Folgeseminaren ebenfalls zu referieren und dabei die Trainingswochenenden als Grundlage zu nehmen. Es ist Sonja wichtig, dass Hörende und Hörgeschädigte aufgeklärt werden über das Handicap und dennoch bestehende Potentiale im Sinne der Vorbildfunktion ausgespielt werden können. Sie möchte vermeiden, dass andere Familien oder Eltern von hörgeschädigten Kindern dieselben Fehler machen, die ihre eigene Familie gemacht hat.

Sonja erwähnt, dass sie von dem Engagement des Referenten in Sachen Aufklärung sehr beeindruckt gewesen sei und dies bewundern würde. Die Zeit mit den anderen Schülern, der studentischen Hilfskraft und dem Referenten hätte ihr viel bedeutet und viel gebracht. Sicherlich werde einiges erst noch später kommen, doch sie habe bereits viel Neues gelernt und umsetzen können. Sonja wünscht sich, dass der Kontakt zum Referenten weiterhin bestehen bleibt. Auch wünscht sie sich eine Dokumentation ihres Interviews, um später ihre eigene Entwicklung mitverfolgen zu können.

Während der Trainingsseminare, aber auch bereits im Interview und in den Hausaufgaben, sowie den schriftlichen Rückmeldungen, waren die Konflikte mit ihren Eltern das zentrale Thema. In diesem Bereich wäre es wichtig gewesen, bereits bei der Diagnose der Hörschädigung eine gute Trauerbegleitung bei den Eltern als auch beim hörgeschädigten Kind durchzuführen. Gerade bei einer progrienten Schwerhörigkeit, die längerfristig zur Ertaubung führt, ist eine fortlaufende Trauerarbeit mit dem zunehmenden Verlust und dem Anstoßen an Grenzen, absolut insistiert. Insgesamt war Sonja bezüglich der Auseinandersetzung mit der eigenen Hörschädigung aber auch mit dem persönlichen Reifeprozess am weitesten entwickelt. Es freut mich, dass sie trotz ihrer bereits im Vorfeld gesammelten Erfahrungen im Bereich Hörschädigung noch deutlich von dem Seminar profitieren konnte.

5.3.9.4 Nina

Nina berichtet, dass die Wochenenden sehr schön waren und immer viel Spaß gemacht haben. Sie seien nicht anstrengend gewesen, sondern sehr hilfreich. Danach wäre sie wieder in die Normalität zurückgekehrt, hätte aber mehr Impulse als vorher gehabt. Zu Hause habe sie berichtet, was alles gemacht wurde und wie ihre Eindrücke von den einzelnen Themen und Freizeitangeboten waren.

Auf die Frage, ob sie einen anderen Umgang mit der eigenen Hörbehinderung bei sich beobachten würde, entgegnet Nina, dass sie jetzt viel mehr nachfragen würde. Auch würde sie die Leute jetzt bitten, sie beim Reden anzugucken oder sich zumindest in ihre Richtung zu bewegen. Sie habe von den Unterlagen gut profitieren können.

In den Bereichen technische Hilfsmittel, gesetzliche Ansprüche und Schwerbehindertenausweis decken sich die Aussagen von Nina mit denen ihrer Eltern. Sie verneint, in diesen Bereichen etwas umgesetzt zu haben.

Auf die Frage, welchen Eindruck es auf sie gemacht hat, dass der Referent selber hörgeschädigt ist und begleitende Gebärden benutzte, sagt Nina, dass sie es sehr schön fand, dass der Referent das Seminar gemacht hat. Die Gebärden hätten sie nicht gestört und seien sogar manchmal hilfreich gewesen.

Das Training wird als sinnvoll empfunden und ist ihrer Meinung nach bereits etwas für Jugendliche ab dem 13. Lebensjahr. Es habe ihr etwas mehr Selbstbewusstsein gegeben und sie sei in Sachen Hörgeräte und alles was dazu gehört, mutiger geworden. Auch traue Nina sich jetzt mehr zu, Fremden zu sagen, dass sie schwerhörig sei.
Auf die Frage nach Wünschen und Gedanken entgegnet Nina, dass sie sich auf das Wiedersehen freut.

Nina hat einige Standpunkte von den Eltern übernommen und verinnerlicht. Dies ist sehr schade, da sie in den Trainingswochenenden selbst gezeigt hat, wie anstrengend es für sie ist, Gesprächen gerade bei Nebengeräuschen oder Unruhe zu folgen. Ich denke, dass Nina noch nicht die volle Tragweite ihres Hörverlustes erfasst hat. Hinderlich hierbei ist sicherlich der geringe Grad der Behinderung, der Nina und Eltern suggeriert, dass die Hörschädigung in ihrem Ausmaß nicht so groß sei.

5.3.9.5 Anja

Anja berichtet, dass ihr die Trainingswochenenden gefallen haben und dass sie auch viel dazu gelernt hat. Sie habe zu Hause darüber gesprochen, welche Themen behandelt wurden. Hierbei führt Anja als Beispiel Themen über den Hörsturz und Tinnitus an. Erwähnt werden aber auch die Rechte von Hörgeschädigten und alles andere. Anja verneint, dass sie bei sich einen anderen Umgang mit der eigenen Hörschädigung beobachten könne.

Auf die Frage, ob sie von den Unterlagen profitiert, antwortet sie mit ein wenig.

In den Bereichen technische Hilfsmittel, gesetzliche Ansprüche, Schwerbehindertenausweis und Kommunikationstaktik habe sie nichts umsetzen können.

Anja fand es sehr hilfreich und sehr gut, dass der Referent selber hörgeschädigt ist und Gebärdensprache benutzte. Insbesondere fand sie dies gut, weil sie mit jemandem reden konnte, der das Problem Hörschädigung selber hat.

Auf die Frage, ob das Training sinnvoll sei und ab welchem Alter man es anbieten sollte, meint Anja, dass das Training in einem Alter zwischen 14 – 17 Jahren angeboten werden sollte. Viele Sachen, die sie nie gewusst habe, würde sie jetzt wissen und sie haben ihr schon weitergeholfen.

Wie bereits erwähnt, machte Anja von allen Teilnehmern den kindlichsten Eindruck. Sie schien sich vor allem für das Freizeitangebot und den Austausch mit den anderen hörgeschädigten Jugendlichen zu interessieren. Probleme im eigenen Umgang mit der Hörschädigung wurden in der Regel relativiert oder negiert. Jedoch ist Anja der Meinung, dass sie von dem Training profitiert hat. Ich denke, in erster Linie bestand das Profitieren des Trainings im Kontakt mit anderen hörgeschädigten Jugendlichen. Durch die Beobachtung der anderen hat Anja für sich Lösungswege finden können. Es zeigte sich gerade bei ihr, dass sie zu denjenigen gehört, die besser von den anderen durch Nachahmung und Identifikation lernt.

5.3.10 Fragebögen an die Lehrer

Von einer Befragung der Beratungslehrer habe ich abgesehen, da diese nur noch über einen größeren Zeitraum in Kontakt mit den hörgeschädigten Jugendlichen sind. So entschied ich mich für die Befragung der Klassenlehrer, da diese im täglichen Kontakt mit den hörgeschädigten Schülern am ehesten Verhaltensveränderungen wahrnehmen sollten.

Aus dem Rücklauf mit recht kritischen Aussagen von Seiten der Klassenlehrer wurde mir bewusst, dass im fehlenden Kontakt zu den Klassenlehrern eine erhebliche Fehlerquelle in der Arbeit dieses Trainings zu sehen ist. So wurde aus dem Rücklauf bekannt, dass die Klassenlehrer in keiner Weise über dieses Training informiert gewesen waren. Dementsprechend kritisch wurde der Fragebogen, der an sie gerichtet war, von den Klassenlehrern aufgenommen. Ich bin jedoch davon ausgegangen, dass die Beratungslehrer im regelmäßigen Kontakt zu den Klassenlehrern stehen und sie über wichtige Ereignisse informieren.

5.3.10.1 Klassenlehrerin von Gabi

Auf die Frage, wie sie Gabi im letzten halben Jahr erlebt hat, antwortet die Klassenlehrerin, dass Gabi ohne Probleme im Englisch- und Erdkundeunterricht mitarbeiten würde. Sie würde hierbei keinerlei Hörprobleme signalisieren. Gabi hätte von den Wochenenden nichts berichtet. Auf die Frage, ob sie bei Gabi einen anderen Umgang mit der Hörbehinderung, z. B.: „macht das Licht an, trägt die Hörgeräte mehr, fragt nach oder sich in der Klasse umgesetzt hat", beobachtet habe, berichtet sie, dass sie den Sitzplatz nicht verändert habe und auch nicht auffallend mehr nachfragen würde. Gabi hat von dem Kompendium und den Unterlagen bezüglich der Seminare nichts vorgezeigt.

Auf die Frage, ob sie dieses Training sinnvoll finde, wurde nicht geantwortet.

Auf die offene Frage antwortet die Lehrerin, dass es vielleicht sinnvoll gewesen wäre, die Lehrerschaft über die Schule zu informieren, da Gabi dazu neigen würde, ihre Probleme zu verdrängen und sich nur auf Nachfragen dazu äußere. Von daher wäre es ihr nicht möglich gewesen, auf kleine Veränderungen zu achten. Auffällige Veränderungen fanden nicht statt.

Für mich war es eigentlich selbstverständlich gewesen, dass die Beratungslehrer die Klassenlehrer informieren würden. Von daher habe ich es aus meiner Sicht nicht als notwendig erachtet, die einzelnen Klassenlehrer über das Training in Kenntnis zu setzen. Ein von mir angebotener Informationsbesuch in der Schulklasse der Teilnehmer wurde von diesen abgelehnt, somit war auch diese Kontaktmöglichkeit zu den Klassenlehrern nicht gegeben.

5.3.10.2 Klassenlehrer von Peter

Peters Klassenlehrer berichtet, dass er Peter seit gut drei Jahren kennen würde und im letzten halben Jahr keine auffälligen Veränderungen bei ihm festgestellt hat. Peter sei ein freundlicher und leistungsorientierter Schüler, der gut in die Klasse integriert sei. Ihm sei nicht bekannt, dass Peter wegen seiner Hörschädigung in der Klasse gehänselt oder geärgert würde.

Über die Seminare hätte Peter nichts berichtet. Ebenso wurde kein anderer Umgang mit der Hörbehinderung beobachtet. Auch das Kompendium wurde dem Klassenlehrer nicht gezeigt.

Ob so ein Training sinnvoll wäre, konnte von dem Lehrer nicht beurteilt werden.

Auf die freie Frage, was mir noch mitgeteilt werden sollte, entgegnet der Lehrer, er hätte es gut gefunden, wenn die Befragung nicht anonym gewesen wäre, d. h. mein Name mit Telefonnummer aufgeführt wäre.

Auch hier war ich davon ausgegangen, dass das Faltblatt, welches die Schüler von mir bekommen haben, dem Klassenlehrer bekannt war. Somit wäre meine Adresse und Telefonnummer sowie eine inhaltliche Zusammenfassung meines Trainingvorhabens dem Klassenlehrer bekannt gewesen.

Bemerkenswert finde ich, dass Peter das Training, das von ihm als entlastend und wichtig empfunden wurde, dem Lehrer nicht mitteilte. Dies zeigt, dass in einer Regelschulklasse mit einer recht großen Schülerzahl eine so persönliche Betreuung, wie wir sie oft im Rahmen einer Sonderbeschuldung vorfinden, nicht stattfindet. Von meinen vielen Kontakten und Besuchen und Trainingsseminaren in Klassen von Schüler einer Hörgeschädigtenschule ist mir immer aufgefallen, welch gutes Vertrauensverhältnis zwischen den Schülern und Lehrern in einer Hörgeschädigtenschule besteht, aber auch wie gut die Lehrer über die häuslichen Umstände und die Wochenendaktivitäten der Schüler Bescheid wissen. Die geringe Klassenstärke und die individuelle Betreuung durch die Klassenlehrer in einer Schule für Hörgeschädigte scheint mir in diesem Sinne im Vergleich zu Regelschulen ein positiver Aspekt zu sein.

5.3.10.3 Klassenlehrerin von Sonja

Auf die Frage, wie Sonja im letzten halben Jahr erlebt wurde, wird erklärt, dass Sonja sich engagiert und erfolgreich im Unterricht gezeigt hat. Sie würde Eigeninitiative entwickeln und verhält sich den Mitschülern gegenüber im Sozialen integrativ. Von den Wochenenden habe Sonja nichts berichtet.

Die Frage, ob ein anderer Umgang mit der Hörbehinderung beobachtet wurde, wurde verneint. Von Anfang an hätte sie den Eindruck gehabt, dass Sonja mit ihrer Hörbehinderung souverän umgehen würde. Sonja hat die Unterlagen der Seminare nicht gezeigt.

Auf die Frage, ob so das Training als sinnvoll angesehen wird, meint sie, im Prinzip ja, schränkte aber ein, dass sie bei Sonja keinerlei Veränderungen festgestellt hat, zumal sie Sonja und die gesamte Gruppe erst seit Beginn des Schuljahres 2004/05 kennt.

Die Klassenlehrerin, die diesen Fragebogen ausgefüllt hat, arbeitet am Lohmühlen-Gymnasium für Hörgeschädigte in Hamburg. Sie ist von daher mit der besonderen Problematik von hörgeschädigten Schülern vertraut, was darauf schließen lässt, dass dies mit ein Grund sein könnte, dass Verhaltensveränderungen nicht als etwas Besonderes wahrgenommen werden. Die Aussage, dass Sonja mit ihrer Hörbehinderung souverän umgehen würde, ist sicherlich auch als Effekt des Trainings zu sehen.

Sonja hat angegeben, dass sie durch das Training mehr Selbstsicherheit im Umgang mit ihrer eigenen Hörschädigung gefunden hat und das sie in ihrem bisherigen Lebensweg trotz der Widrigkeiten in der Familie bestätigt worden sei und sie vorhabe, diesen auch so weiter zu beschreiten.

5.3.10.4 Klassenlehrerin von Nina

Auf die Frage, wie Nina im letzten halben Jahr wahrgenommen wurde, entgegnet die Lehrerin, dass Nina schon vor dem Seminar sehr selbstbewusst mit ihrer Hörschädigung umgegangen sei. Sie sei sehr selbständig und habe viele Kontakte in der Klasse. Insofern konnte keine auffällige Veränderung des Verhaltens im letzten Halbjahr festgestellt werden.

Sie berichtet, dass Nina erst kurz vor den Seminaren über ihre Teilnahme berichtete. Es wurde allerdings der Klassenlehrerin nicht deutlich, dass es sich um ein mehrteiliges Trainingsseminar handelt. Nina berichtete über die stattgefundenen Aktionen, jedoch weniger darüber, wie sie diese empfunden hat.

Ein anderer Umgang mit der Hörbehinderung wurde nicht beobachtet. Nina wäre vorher schon recht souverän mit ihrer Hörbehinderung umgegangen. Sie würde bei Unklarheiten nachfragen oder meldet sich, wenn etwas verändert werden müsste.

Seit einem zweitägigen Training durch die Beratungslehrerin, das in der 6. Klasse stattfand, wurden die Mitschüler über Hörbehinderungen informiert und sensibilisiert. Von daher meint sie, könne sie keine veränderte Haltung bei Nina zu ihrer Hörschädigung feststellen.

Nina hat das Kompendium nicht gezeigt. Es war der Lehrerin auch nicht bewusst, dass es so etwas gibt.

Die Lehrerin machte die Anmerkung, dass eine Information für die unterrichtenden Lehrer vorab hilfreich gewesen wäre, weil sie dann bewusster und sensibler auf mögliche Veränderungen hätten achten können.

Ob das Training sinnvoll sei, kann nicht beurteilt werden, dies würde sicherlich vom Einzelfall abhängen.

Insgesamt hielt die Lehrerin die Form der Befragung ohne Angabe des Namens des Untersuchenden oder weitere Erklärungen zu den Untersuchungen etc. für ungünstig. Sie hätte es sinnvoll gefunden, vor dem Training informiert gewesen zu sein, um dann gezielter Beobachtungen durchführen zu können.

Die Lehrerin von Nina stellt in ihren Ausführungen ganz klar die Fehlerquelle dar. Sie stellt dar, dass evtl. stattgefundene Veränderungen im Verhalten mit der Hörschädigung nicht registriert wurden, da sie nicht sensibilisiert war, auf diese Veränderungen zu achten. Wie auch bei den übrigen Schülern wird hier die mangelnde Information meinerseits beanstandet und als Schlussfolgerung für die fehlenden Beobachtungen genommen. Von daher stellt sich die Frage, inwieweit diese Untersuchungsergebnisse verwertbar sind. Im Hinblick auf das

Kapitel „Themen- und Vorgehenspflege für Folgeuntersuchungen" wird dies eine wichtige Rolle spielen.

5.3.10.5 Klassenlehrerin von Anja

Anja wird von ihrer Klassenlehrerin als sehr höflich und freundlich beschrieben. Sie würde sich im Unterricht etwas regelmäßiger beteiligen, aber noch nicht kontinuierlich genug. Teilweise wirkt sie verträumt und gelegentlich bekommt sie Arbeitsaufträge nicht mit, obwohl sie direkt vor dem Lehrerpult sitzt. Dies liege ihrem Erachten nach weniger an der Hörschwäche als viel mehr an Anjas Unkonzentriertheit.

Anja habe von den Wochenenden nichts berichtet. Sie würde ihre Hörgeräte regelmäßig tragen. Ihr Verhalten habe sich aber bezüglich des Umgangs mit ihrer Hörschädigung nicht merklich verändert. Die Unterlagen hat Anja der Lehrerin nicht gezeigt.

Die Frage, ob sie als Lehrerin so ein Training sinnvoll fände, bejaht sie und meint, dass sich daraus ein Nutzen ziehen lässt, wenn das Kind sich auf ein solches Training einlässt.

Auf die Frage, was für mich noch wichtig wäre zu wissen, teilt mir die Lehrerin mit, dass sich Anja trotz ihrer Behinderung so normal verhalte wie alle anderen Schülerinnen und Schüler der Klasse auch. Sie würde keine Sonderrolle einnehmen.

Die vorherige Aussage macht deutlich, dass die Klassenlehrerin mit ihrer Aussage signalisiert, dass die Hörproblematik von Anja kein besonders beachtenswertes Problem ist. Deshalb ist sie nicht besonders sensibilisiert, auf bestimmte Probleme bzw. kommunikationstaktische Aspekte im Unterricht zu achten. Die anscheinend für Anja positive Aussage ist demnach eher nachteilig zu bewerten.

Interessant ist, dass die von mir und meiner studentischen Hilfskraft beobachteten Auffälligkeiten bei Anja sich im Unterricht ebenfalls wieder finden. Das Verträumte und Kindliche scheint nicht nur im Trainingsseminar ein auffälliger Aspekt von Anja gewesen zu sein, sondern auch im Regelschulalltag dem Persönlichkeitsbild von Anja zu entsprechen.

5.4 Diskussionen

In den folgenden Kapiteln möchte ich mich mit verschiedenen Fragestellungen beschäftigen.

5.4.1 Diskussion des Aussagewertes und der Verallgemeinerung der Ergebnisse

Durch die Teilnahme von nur fünf Schülern (1 Junge, 4 Mädchen = empirische Basis) an dem Training und damit an meiner Dissertationsarbeit ist eine Verallgemeinerung der Ergebnisse schwierig. Da aber zentraler Bestandteil des Trainings der einzelne hörgeschädigte Regelschüler mit all seinem individuellen Erleben war, aber auch mit den verschiedenen sozialen Bedingungen, die seine Hörschädigung begleiten, sind die bei dem Training erfolgten Aussagen sehr allgemein einzuschätzen. Alle fünf hörgeschädigten Regelschüler sind unabhängig voneinander zu dem gleichen Aussageergebnissen gekommen.

So haben alle fünf Schüler das Training als sinnvoll und erfolgreich für sich bewertet, ebenso wurde von allen fünf Schülern die Wichtigkeit der Gebärdensprache und der Selbstbetroffenheit des Seminarleiters hervorgehoben. Vor allem wurde der Austausch untereinander im Zentrum des Erlebens und als ein wichtiges Ergebnis dieses Trainings angesehen. Es ist anzunehmen, dass es bei motivierten hörgeschädigten Regelschülern, die an dieser Form des Trainings teilnehmen würden, zu ähnlichen Aussagen und Ergebnissen kommen könnte.

Die Notwendigkeit eines solchen Trainings wurde mir von Seiten der Beratungslehrer aus verschiedenen Bundesländern bestätigt. Ebenso konnte ich bei Teilen des Trainings, das ich mit hörgeschädigten Regelschülern im Berufsbildungswerk durchführen konnte, ähnliche Rückmeldungen verzeichnen. Die Notwendigkeit des Trainings und die damit verbundene Förderung der Kompetenz im Umgang mit der eigenen Hörschädigung wurde sowohl von den Eltern wie auch teilweise von den Klassenlehrern bestätigt und gefordert. Aufgrund des übereinstimmenden Aussagewertes der jeweiligen Schüler bezüglich des Erfolges des Trainings ist davon auszugehen, dass bei ähnlichem Versuchsaufbau und insbesondere bei der Berücksichtigung des TZI-Modells und bei einer Selbstbetroffenheit des Seminarleiters ähnliche Ergebnisse erzielt werden können.

5.4.2 Diskussion der Verwertbarkeit der Ergebnisse für die Praxis und Anwendung im Sinne der Forschungsperspektive

Neben der Förderung der Kompetenzen hörgeschädigter Regelschüler im Umgang mit der eigenen Hörschädigung war insbesondere auch das Erarbeiten von Material für Beratungslehrer für den Einsatz im Unterricht Ziel dieser Dissertation. Von daher wurden Quellen und verschiedene Materialien auf einer CD beigefügt. Der Beratungslehrer hat somit die Möglichkeit, die in den Modulen angewandten Konzepte in seiner Tätigkeit als Beratungslehrer mit einfließen zu lassen. Bezüglich der Modulinhalte und des Modulaufbaus sind Praxisbezug und eine Umsetzung in die Praxis gegeben.

Da in den vorherigen aufgeführten Punkten ein wichtiger Bestandteil des Trainings die Selbstbetroffenheit des Seminarleiters im Sinne einer Vorbildfunktion für dieses Training ist, könnte auch eine Verwertbarkeit der Ergebnisse in der Praxis so aussehen, dass die Beratungslehrer sich zutrauen, das Training nicht selber durchzuführen, sondern hörgeschädigte, erwachsene Personen als Seminarleiter für dieses Training zu gewinnen. Bezüglich der Bedingungen nach dem

TZI-Modell wäre es ebenfalls wichtig, Rahmen zu schaffen, die es dem Jugendlichen ermöglicht, neben dem Erwerb der Kompetenz im Umgang mit der eigenen Hörschädigung, zu einem intensiven und befruchtenden Austausch mit anderen hörgeschädigten Jugendlichen zu kommen. Dieses wird zum Teil punktuell durch verschiedene Angebote geleistet, wobei hier anzumerken ist, dass für eine Kontinuität des Aufbaus von zwischenmenschlichen Beziehungen zwischen hörgeschädigten Schülern bzw. auch der Intensivierung und Fortführung von Kontakten ein regelmäßiger Raum für diese Kontakte notwendig ist. Die innerhalb von vier Monaten stattfindenden viermaligen und dreitägigen Wochenenden haben dazu geführt, dass die Kontakte über diese Trainingseinheiten hinaus von den betroffenen Schülern fortgeführt wurden und sich bis heute, zwei Jahre nach dem Training, erhalten haben. Dies zeigt eindeutig, dass für einen erfolgreichen Beziehungsaufbau und eine Fortführung mehr Zeit investiert werden muss, so wie es in meinem Training geschehen ist. Die einmal im Jahr stattfindenden Angebote der Beratungslehrer und die damit verbundenen Kontakte sind bei Weitem nicht intensiv genug, um eine Nachhaltigkeit zu erreichen.

Kritisch bleibt natürlich zu hinterfragen, wie bei dem derzeit verfügbaren Zeitrahmen der Beratungslehrer für den einzelnen hörgeschädigten Regelschüler die Komplexität der Module, aber auch die entwicklungsfördernden Bedingungen des Erwerbs der Kompetenzen im Umgang mit der Hörschädigung, erreicht werden können. Von daher denke ich, dass die Umsetzung der Module und der Kontakte der Hörgeschädigten untereinander und die Entwicklung der Kompetenzen im Umgang mit der eigenen Hörschädigung im Sinne eines selbstbewussten Umgangs mit seinen eigenen Grenzen nur begrenzt im Zeitrahmen der bisherigen Tätigkeit von Beratungslehrer zur Betreuung hörgeschädigter Regelschüler machbar ist. Eine Umsetzung in die Praxis ist nur erreichbar, wenn außerhalb dieses begrenzten regelmäßigen Kontaktes Zeitrahmen geschaffen werden, wie die Wochenendseminare, in denen neben den Modulen auch genügend Zeit für Freizeit und die Auseinandersetzung mit anderen Jugendlichen und deren Hörschädigung bleibt.

5.4.3 Diskussion im Zusammenhang mit den Vorannahmen und der bisherigen Fachliteratur

Die Fachliteratur beschäftigt sich überwiegend mit den Bedingungen für eine optimale Integration hörgeschädigter Schüler in die Regelschule. In der Fachliteratur wird dargestellt, dass den Eltern in der Unterstützung des hörgeschädigten Schülers eine besondere Funktion zukommt. Wir müssen die Eltern positiv motivieren, falls der hörgeschädigte Schüler in der Regelschule an Grenzen stößt. Ebenso wird in der Fachliteratur die Funktion bzw. die Hilfestellung der Beratungslehrer beschrieben. Darunter wird verstanden, dass sie über eine hohe Kompetenz im Umgang mit Hörschädigungen und den Behinderten wie auch über eine hohe Sensibilität für Veränderungen verfügen sollten. Die Beratungslehrer sollen dann dieses Wissen an die Klassenlehrer und an die Eltern weitergeben.

Diese theoretischen Aussagen stehen dem Ergebnis meiner Untersuchung diametral gegenüber.

Zum einen zeigten sich in der Wahrnehmung der Eltern bezüglich der Hörbehinderung ihres Kindes im Vergleich. zu der Selbstwahrnehmung der hörgeschädigten Kinder nach dem Training erhebliche Differenzen. Von daher stellt sich die Frage, inwieweit die Eltern das Kind bei ihrer Wahrnehmung der Hörschädigung optimal unterstützen können.

Ebenso zeigten sich Differenzen in der Wahrnehmung des Klassenlehrers bei dem Problem ihrer hörgeschädigten Schüler im Unterricht. So wurden die Probleme des hörgeschädigten Kindes in der Klasse in dem Sinne relativiert, indem die Hörschädigung oder das Arbeiten in der Klasse nicht als Belastung für das Kind dargestellt wurde.

Die in dem Interview gemachten Aussagen sowie die Rückmeldungen nach dem Training der hörgeschädigten Regelschüler zeigen, dass die Wahrnehmung der Klassenlehrer in dem problemlosen Umgang bzw. in der Integration des hörgeschädigten Kindes in die Klasse nicht übereinstimmen mit der Eigenwahrnehmung der Schüler und auch nicht mit dem Hörschädigungsgrad der Schüler. In diesem Zusammenhang berichteten die hörgeschädigten Regelschüler, dass die räumlichen Bedingungen wie auch die Sitzordnung nicht hörgeschädigtengerecht sind. Von daher kann man davon ausgehen, dass viele Empfehlungen der Fachliteratur zur räumlichen Umgestaltung der Klassenräume oder der Sitzordnung nicht umgesetzt werden.

Hier stellt sich die Frage, wie die in der Fachliteratur geforderte Aufklärung der Klassenlehrer intensiver gestaltet werden kann. Obwohl die Arbeit der Beratungslehrer als sehr positiv dargestellt wurde, zeigte sich, dass viele Informationen, welche die hörgeschädigten Regelschüler erhalten haben, nicht verinnerlicht oder umgesetzt wurden. Gefragt werden muss hier, wie die Nachhaltigkeit dieser Informationen gewährleistet werden kann. Diese Frage wird in der Fachliteratur nicht behandelt.

Mein Training konnte die Notwendigkeit der in der Fachliteratur angeführten Bedingungen bestätigen und somit ergänzend nachweisen, dass die Nachhaltigkeit der Informationsaufnahme bzw. deren Verinnerlichung durch mein Konzept sichergestellt wurde. Der Trainingsrahmen, basierend auf den entwicklungsfördernden Lernbedingungen des TZI-Modells und die Selbstbetroffenheit des hörgeschädigten Seminarbleiters, sowie das Einbringen seiner eigenen Erfahrungen mit der Hörschädigung konnte bei den hörgeschädigten Regelschülern ein bleibenden Eindruck im Umgang mit der eigenen Hörschädigung schaffen. . Die in den Rollenspielen intensiv erarbeiteten Grenzen der eigenen Hörschädigung sowie die angebotenen Lösungswege konnten von den Schülern verinnerlicht und im späteren Zeitrahmen nach dem Training bereits angewandt werden. Ebenso konnten wichtige Inhalte der Module Technik und Schwerbehindertenausweis im Anschluss an das Training umgesetzt werden.

Es ist wünschenswert, dass in der zukünftigen Fachliteratur die Rolle eines Selbstbetroffenen als Seminarleiter erörtert wird.

5.4.4 Diskussionen hinsichtlich der Bedeutung der Erkenntnisse

Insbesondere die Erkenntnis, dass der Hörstatus des Seminarleiters von entscheidender Bedeutung für den Erfolg des Trainings war, müsste bei zukünftigen Annahmen in der Fachliteratur bzw. bei dem Erarbeiten neuer Konzepte zur Förderung von Kompetenzen hörgeschädigter Schüler in der Regelschule berücksichtigt werden.

Ebenso wichtig ist die Frage, wie in zukünftigen Trainings ein entwicklungsförderndes Klima geschaffen werden kann. Ein Training bzw. eine Wissensvermittlung, die rein defizitorientiert ist, sich also nur an der Hörschädigung aufhängt, führt dazu, dass bei hörgeschädigten Regelschülern, die sich gegenüber ihrer eigenen Hörbehinderung relativierend verhalten, keine Akzeptanz geschaffen wird. Die von mir aufgeführten Trainingsbedingungen im Sinne des TZI-Modells nach Ruth Cohn haben gezeigt, dass durch die Gestaltung des Rahmens, des Globes, des Themas, des Es, der gemeinsamen Einbindung der hörgeschädigten Regelschüler und die Förderung der Kontakte sowie der Selbstbetroffenheit des Seminarleiter optimale Bedingungen geschaffen werden konnten. Diese Erkenntnis hat deshalb eine große Bedeutung, da es sich nicht um ein neu zu entwickelndes Konzept handelt, sondern ein bereits bewährtes Konzept, dass nun in der Arbeit mit hörgeschädigten Regelschülern eingesetzt werden kann. Ebenso ist es von Bedeutung, dass bei den Modulen keine neuen Modelle bzw. Konzepte entwickelt werden mussten, sondern bereits bestehende Erkenntnisse und Konzepte, wie z. B. beim „Inneren Team" nach Schultz von Thun bzw. "Meine vielen Gesichter", sich hervorragend dazu eigenen, die Auseinandersetzung mit der Hörschädigung zu fördern.

Auf Grund der positiven Resonanz auf mein Trainingskonzept durch die hörgeschädigten Regelschüler sollte dies in die Arbeit der Beratungslehrer mit einfließen.

5.5 Diskussion der Ergebnisse auf dem Hintergrund der Gütekriterien

Ergebnisse und Schlussfolgerungen einer wissenschaftlich-empirischen Arbeit müssen methodisch und inhaltlich nachvollziehbar, in ihrer Aussagekraft zuverlässig, objektiv sowie repräsentativ sein. Lamneck führt an (1988), dass wissenschaftliche Begriffe, Theorien und Methoden dann als angemessen zu bezeichnen sind, wenn sie den Erkenntnissen jedes Forschers und den empirischen Gegebenheiten gerecht werden. Der Anspruch an die Güte einer quantitativen Studie wird anhand von Gütekriterien überprüft.

Der Anspruch an eine methodisch und inhaltlich nachvollziehbare Herangehensweise lässt sich auf meine qualitativ ausgerichtete Forschungsarbeit übertragen. Im Folgenden werden Bezug nehmend auf die von mir herangezogenen Methoden (Interviews, Fragebögen, Trainingseinheiten) die Gütekriterien vorgestellt und diskutiert.

5.5.1 Validität

Validität gilt als Maßstab für die Gültigkeit einer wissenschaftlichen Aussage. Bei einer hohen Validität sollten andere Forscher bei gleicher Vorgehensweise zu einer sehr ähnlichen Schlussfolgerung kommen. Die Validität stellt demnach das argumentelle Gewicht der Feststellung bzw. Aussage, Untersuchung, Theorie oder Prämisse dar (Schnell, Hill, Esser: „Methoden der empirischen Sozialforschung", 1995).

In qualitativen Studien, und demnach auch in meiner Arbeit, wird die Gültigkeit über interne und externe Daten überprüft. Eine Möglichkeit stellt in diesem Zusammenhang die kommunikative Validierung, dar, d. h. der Einbezug der Rückmeldung der Ergebnisse durch die teilnehmenden Schüler. So war es mein Anliegen, über das selbst beobachtete Verhalten in kommunikativen Situationen und im Bezug des Umgangs und der Wahrnehmung mit der eigenen Hörschädigung und deren Dokumentation über Interviews, über die Diskussionen und die Rollenspiele, dem Modulbewertungsbogen und die schriftlichen Hausaufgaben die Gültigkeit der Ergebnisse bzw. den Erfolg meines Trainings zu prüfen. Zusätzlich wurden externe Beobachtungen in Form von Fragebögen von Seite der Familie bzw. der Lehrer hinzugezogen.

Die Gültigkeit der Ergebnisse und deren Interpretationen habe ich durch die Diskussion der Ergebnisse mit den Gesprächsteilnehmern und die daraus resultierende Rückmeldung überprüft. Wichtig war mir dabei, dass sich die Jugendlichen in den Ergebnissen wieder finden konnten.

Nach Langer gibt es kein Kriterium, das angemessener für die Güte bzw. die Gültigkeit unserer Gesprächsdokumentation und die darauf aufbauenden Aussagen ist, als die Zustimmung der Person, deren Mitteilung im Gespräch wir bearbeitet haben. Alle fünf Teilnehmer haben das von mir erhobene Ergebnis und die Interpretation der Aussage in Form der Rückmeldung durch die Fragebögen zugestimmt.

5.5.2 Reliabilität

Die Reliabilität beinhaltet in der quantitativen Forschung die Ermittlung der Genauigkeit und die Exaktheit des Vorgehens, die Konstanz von Messbedingungen und die Stabilität der Messergebnisse. Dieses steht konträr zu dem Interesse des Forschungsansatzes meiner Arbeit.

Durch die stetige Auseinandersetzung mit der eigenen Hörschädigung durch die Module, den Austausch der Jugendlichen untereinander und dem Erkennen der Grenzen und daraus resultierend das Erarbeiten neuer Lösungswege, änderte sich das subjektive Erleben der Teilnehmer und die daraus resultierenden Einschätzungen der Teilnehmer ständig. Die Auseinandersetzung mit der eigenen Behinderung, angeregt durch mein Training, insbesondere die sich daraus ergebende Fortsetzung der Trauerarbeit unterstützt eine fortführende Entwicklung in der Persönlichkeit. Insbesondere die unterschiedlichen Biographien der Teilnehmer und die sich deutlich unterscheidenden Grade der Hörschädigung lassen eine Reliabilitätsprüfung nur schwer zu.

5.5.3 Repräsentativität

Nach Lamneck ist eine Zufallsstichprobe repräsentativ, wenn sie die gleiche Struktur wie die Zielpopulation, die sie repräsentieren soll, aufweist.

Die Repräsentativität sollte aufgrund der speziellen Zielgruppe in meiner Forschungsarbeit nur ein untergeordnetes Kriterium darstellen. Zu dem ist Repräsentativität auch nicht bei dieser kleinen exemplarischen Untersuchung zu erwarten. Die unterschiedlichen Hörschädigungsgrade, aber auch die unterschiedlichen Biographien und der sich deutlich unterscheidende Umgang mit der eigenen Hörschädigung sowie die Defizite im Umgang mit der Hörschädigung, lassen eine Stichprobe unter dem Merkmal der Repräsentativität nur begrenzt zu. Des Weiteren war es mir nicht möglich, eine Zufallsstichprobe zu erheben, da ich nicht die Möglichkeiten hatte, mir aus einem Kreis von verfügbaren hörgeschädigten Jungendlichen zufällig Probanden zu wählen. Dies hatte zur Folge, dass die Zahl der Teilnehmer gering und die Geschlechtsverteilung nicht ausgeglichen war. Insbesondere ist es als problematisch zu sehen, dass die eigentliche Zielgruppe des Training, nämlich Hörgeschädigte, die nur einen geringen Bezug zu der eigenen Hörschädigung und wenig Selbstbewusstsein entwickelt haben, offensiv mit ihrer Hörschädigung umzugehen, nur unzureichend erreicht werden konnte. Die teilnehmenden hörgeschädigten Regelschüler haben sich durch die Teilnahme an dem Training, insbesondere unter dem Aspekt, dass sie einen erheblichen Teil ihrer Freizeit und persönlicher Ressourcen in das Projekt investiert haben, von der Zielgruppe der leidenden hörgeschädigten Regelschüler, die resignierend in der Klasse verharren, abgegrenzt.

5.5.4 Weitere Gütekriterien

Als weitere angemessene Gütekriterien gelten - nach Mayring - die Nähe zum Gegenstand (1990) und - nach Lamneck - die Stimmigkeit zu Ziel und Methoden (1988).

Die Nähe zum Gegenstand war deutlich durch meine eigene Hörschädigung und das Einbringen persönlicher, biographisch fundierter Erfahrungen im Umgang mit der eigenen Hörschädigung gegeben. Gerade diese Nähe zum Gegenstand, die persönlichen Beziehungen, die zwischen dem Dozenten und den hörgeschädigten Regelschülern aufgebaut wurde, wurde von den Teilnehmern als ein großer Gewinn des Trainings bezeichnet. Ein Zeichen dafür war der unbefangene Dialog in den Interviews, aber auch später das Zeigen und Bearbeiten von Schwächen und Defiziten in den Rollenspielen und Diskussionen.

Bei der Stimmigkeit von Zielen und Methoden fühlte ich mich ebenfalls durch die Ergebnisse meiner Arbeit bestätigt.

Die von mir angewandten Methoden, insbesondere auf der Grundlage des TZI-Modells von Ruth Cohn und den Konzepten des „Inneren Teams" von Schulz von Thun sowie dem Konzept von Virginia Satir (Meine vielen Gesichter) konnte eine Atmosphäre geschaffen werden, in der die beschriebenen Instrumente wirken konnten. Das Resultat war eine positive Auseinandersetzung mit den Grenzen und den Möglichkeiten im Zusammenhang mit der eigenen Hörschädigung zu erkennen und zu bearbeiten. Das Resultat sollte der Erwerb einer Kompetenz im Umgang mit der eigenen Hörschädigung sein, die es ermöglicht, die eigene Persönlichkeit zu entwickeln und nicht zu hemmen. Dies wurde durch die Rückmeldungen der Schüler eindrucksvoll bestätigt.

5.6 Weiterführende wissenschaftliche Fragestellungen

Durch die sehr geringe Gruppengröße ist es schwierig, die Ergebnisse statistisch sichern zu lassen. Von daher stellt sich die Frage, inwiefern es möglich sein wird, über verschiedene Kontrollgruppen und standardisierte Fragebögen zu einem vergleichenden Ergebnis zu kommen. Die Gruppengröße von fünf Personen war für die Gestaltung und letztendlich für den Erfolg des Trainings maßgebend. Dennoch würde ich die Gruppen in dem Sinne nach oben vergrößern, in dem die Gruppensituation hörgeschädigtengerecht bleibt. Ich gehe davon aus, dass die von mir angestrebte Zahl von sechs bis acht Personen gewährleistet, dass hörgeschädigtengerechter Umgang miteinander und untereinander möglich ist. Es ist dabei auch darauf zu achten, dass die Gruppengröße mit den kognitiven Fähigkeiten korreliert. Von daher wäre es sicherlich notwendig, verschiedene Gruppen in dieser Gruppengröße diesem Training zu unterziehen und gewisse Standards in der Modulweitergabe aber auch in der Reihenfolge zu befolgen.

Interessant wäre hierbei auch die Frage, ob sich die Ergebnisse mit einem gut hörenden Seminarleiter signifikant verändern.

Ebenso stellt sich die wissenschaftliche Frage, ob es bei der Durchführung durch einen Betreuungslehrer zu einem Rollenkonflikt mit seiner bisherigen Tätigkeit als Betreuungslehrer kommen würde. Bei meinen Kontakten mit Betreuungslehrern, insbesondere der Darstellung des Konzeptes der Trauerarbeit und der Konfrontation der hörgeschädigten Regelschüler mit den Folgen der Hörschädigung zeigten sich viele Beratungslehrer in dieser speziellen Fragestellung überfordert. Sie befürchteten, aus ihrer Rolle heraus durch die Konfrontation des hörgeschädigten Jugendlichen, aber auch durch das Angebot von Trauerarbeit bei den Eltern, bzw. bei den Jugendlichen in einen Konflikt zu ihrer Tätigkeit als Beratungslehrer zu kommen. Von daher wäre sicherlich auch zu erforschen, inwieweit diese Themenbereiche von Beratungslehrer geleistet werden können, ohne in Konflikt mit ihrer bisherigen eigentlichen Tätigkeit zu kommen.

Zu diskutieren wäre ebenfalls die wissenschaftliche Frage, ob ein anderer Zeitrahmen als die vier Wochenenden zu einem signifikant anderen Ergebnis geführt hätte.

5.7 Themen und Vorgehensvorschläge für Folgeuntersuchungen

Wie bereits angeführt, ist es mir nicht gelungen, die hörgeschädigten Schüler in der Regelschule zu erreichen, die zum einen erhebliche Defizite im Umgang mit der Hörschädigung haben, zum anderen aber auch eher zurückhaltend sind in der Annahme von Angeboten, wie das von mir angebotene Training. Es ergibt sich die Frage, ob das von mir in dieser Form der Freiwilligkeit angebotene Training die Schüler erreicht, die in einem erheblichen Umfang davon profitieren könnten. Nach meiner Erfahrung sind hörgeschädigte Regelschüler oft traumatisiert. Negative Erfahrungen in der Klasse bzw. Konflikte durch einen unangemessenen Umgang mit der Hörschädigung führen in der Regel dazu, dass der Hörgeschädigte sich im Klassenverband zurückzieht und versucht, bezüglich seiner Hörschädigung nicht mehr aufzufallen. Oft versucht diese hörgeschädigte Person in der Form zu funktionieren, in dem sie sich den Bedürfnissen der Hörenden anpasst, ohne eigene Bedürfnisse bzw. kommunikationstaktische Wünsche in den Vordergrund zu stellen. Dieser Kreis der hörgeschädigten Personen versucht, sich mit der für sie belastenden Situation zu arrangieren und wird daher evtl. auf ein von mir angebotenes Seminar nicht reagieren, da dieses wiederum eine Auseinandersetzung mit dem schmerzhaften Thema Hörschädigung bedeuten würde. Von daher wäre sicherlich bei einer Folgeuntersuchung ein Rahmen notwendig, der es ermöglicht, dass auch dieser Kreis der hörgeschädigten Regelschüler erreicht werden kann. Dies ist meiner Meinung nach zum einen durch eine höhere Sensibilisierung der Beratungslehrer, Klassenlehrer und Eltern zu erreichen und zum anderen durch eine längere und intensivere Vorarbeit durch den Seminarleiter. Er muss genau überlegen, wie er seine Zielgruppe erreichen kann. Dazu gehört, wie die Erfahrung zeigt, ein direkter Kontakt mit der Zielperson wie auch mit ihrem systemischen Umfeld. Eine ausreichende Transparenz muss ebenfalls gewährleistet werden. Des Weiteren wäre sicherlich zu untersuchen, ob die Wirkung und der Erfolg des Trainings auch durch einen nicht hörgeschädigten Seminarleiter gewährleistet werden kann.

Dies ist ein wichtiger Aspekt der Folgeuntersuchung, da somit hörende Betreuungslehrer das Konzept meines Trainings 1:1 übernehmen und sicher sein könnten, dass unabhängig von ihrem Hörstatus das Training erfolgreich sein würde.

Ein weiterer wichtiger Aspekt für eine Folgeuntersuchung wäre, inwieweit es möglich ist, das TZI-Modell, das jetzt in einem kleinen Kreis, in einer Gruppe von fünf hörgeschädigten Regelschülern, optimal funktioniert hat, übertragbar ist auf eine größere Gruppe von hörgeschädigten Jugendlichen. Diese Frage stellt sich mir aus der Erkenntnis heraus, dass mehrere hörgeschädigte Schüler über einen sehr unterschiedlichen Konzentrationsrahmen verfügen. Dies bedingt wiederum, dass oft eine stete Unruhe herrscht. Von daher geht meine Befürchtung dahin, dass keine Kontinuität zustande kommen kann, da oft Störungen gemeldet werden.

Die optimalen Bedingungen für einen hörgeschädigtengerechten Aufbau eines Seminars ist eine Gruppengröße von max. zehn bis zwölf Personen, bei meinem Konzept plädiere ich jedoch für eine Gruppe von sechs bis acht Personen und halte deshalb mehrere kleine Gruppen für sinnvoll.

Dem mangelnden Informationsfluss zwischen Beratungs- und Klassenlehrer, der zu einem Nichtwahrnehmen von Veränderungen führte, müsste bei einer Folgeuntersuchung begegnet werden.

Bei meinem Training wurden die Eltern in dem Sinne integriert, dass sie durch Fragebögen an der Untersuchung teilnahmen. Über einen größeren Zeitraum wäre es natürlich wünschenswert, die Eltern ebenfalls interviewen zu können. Bei den Interviews könnten gezieltere Fragen auch über die Verarbeitung der Trauer bezüglich der Diagnose Hörschädigung bei ihrem Kind gestellt werden. Gegebenenfalls können die Eltern in Form eines Trauarbeitseminars analog zu dem Seminar für die Kinder mit einbezogen werden. Wie ich bereits beschrieben habe, übt die Verarbeitung der Trauer der Eltern einen erheblichen Einfluss auf die Verarbeitung der Behinderung des Kindes aus.

Wichtig bei den Folgeuntersuchungen des Trainings ist, dass das Verhältnis Modularbeit und Freizeitangebot ausgeglichen bleiben muss. Es wäre natürlich auch zu untersuchen, falls nur ein reduzierter Zeitrahmen zur Verfügung stünde, ob das Seminar z. B. durch den Wegfall der Freizeitangebote zu ähnlichen Ergebnissen führen würde.

Ebenso ist es wichtig, bei Folgeuntersuchungen zur Sicherung der Kommunikation lautsprachbegleitende Gebärden in das Trainingskonzept zu integrieren.

5.8 Persönliche und subjektive Erfahrungen während des Trainings

Da meine Regelschulzeit sehr lange zurückliegt und ich nur in den ersten vier Schuljahren eine Regelschule besucht habe, war mir nicht mehr bewusst, welche Probleme hörgeschädigte Regelschüler in den Schulen haben. Durch den Besuch von Sonderschulen nach der vierten Klasse war ich immer in einem geschützten, sicheren Rahmen gewesen. Umso überraschter war ich, dass während des Trainings durch die Konfrontation mit den Problemen der hörgeschädigten Regelschüler eigene Erinnerungen wieder wach wurden und von mir bearbeitet werden konnten.

Ich hatte zu Beginn des Trainings meine Rolle der Selbstbetroffenheit deutlich unterschätzt. Umso erfreulicher war es für mich, durch meine Selbstbetroffenheit aber auch durch die Darstellung meiner eigenen Erfahrungen und somit durch Einbringen meiner Persönlichkeit in das Trainingskonzept einen erheblichen Anteil an dem Erfolg des Trainings zu haben. Durch die Offenheit der hörgeschädigten Regelschüler, aber auch durch das abwechslungsreiche Programm zwischen Modularbeit und Freizeit, haben die Teilnehmer und ich viel Spaß miteinander gehabt. Somit waren die vier Wochenenden für mich nicht nur ein Abarbeiten einer wissenschaftlichen Arbeit, sondern auch immer ein Termin, auf den ich mich gefreut habe. Der Umgang mit den fünf hörgeschädigten Regelschülern war sehr locker und entspannt, so dass auch ich mich entspannt auf meine Arbeit einlassen konnte.

Rückblickend war ich insgesamt gesehen doch sehr erstaunt, auf wie wenig Widerstand mein Konzept gestoßen ist. Nach den anfänglichen Interviews, wo vier Teilnehmer dargestellt haben, dass sie überhaupt keine Probleme mit ihrer Hörschädigung hätten und dies auch teilweise durch die Rückläufe der Fragebögen der Eltern bestätigt wurde, hatte ich schon große Sorgen gehabt, inwieweit meine Konzepte angenommen werden. Die positiven Rückmeldungen und auch das Umsetzen des Erlernten bereits während der Modularbeit, aber auch in der Freizeit, haben mir gezeigt, dass bei einem entsprechend gestalteten Klima, in dem Fall war es das TZI-Konzept, auch bei anfänglichen Fehlwahrnehmungen der eigenen Grenzen der Behinderung bei den hörgeschädigten Jugendlichen, ein lebendiges Lernen möglich war.

Besonders gefreut hat mich, dass die persönlichen Kontakte der hörgeschädigten Jugendlichen über das Training hinaus fortgeführt wurden. Für mich waren die vier Trainingswochenenden ebenfalls eine Bereicherung, da ich immer wieder im Kontext mit der Auseinandersetzung der hörgeschädigten Jugendlichen mit ihrer Hörschädigung mit meiner eigenen Hörschädigung konfrontiert wurde. Da Trauerarbeit ein lebenslanger und nicht abgeschlossener Prozess ist und auch das Anwenden von Kommunikationstaktik oft abhängig ist von der Tagesform, befinde ich mich im anhaltenden Lernen und in der Auseinandersetzung mit der eigenen Hörschädigung. Sowohl die Teilnehmer wie auch ich als Seminarleiter haben von einander partizipieren können. Das Lob der Teilnehmer ermutigt mich, das Training weiterzuentwickeln und anderen Schulen und tätigen Beratungslehrern anzubieten.

6. Folgerungen für die Begleitung hörgeschädigter Regelschüler durch Beratungslehrer oder ähnliche Dienste

Insgesamt kann man sagen, dass sich alle Module nach Rückmeldung der hörgeschädigten Regelschüler bewährt haben. Lediglich das Modul „Zwischen den Welten" (DVD von der Caritas) wurde von den hörgeschädigten Schüler gemischt aufgenommen. Ursache war hierbei die Konfrontation mit deutlich stark hörgeschädigten und auch gehörlosen Erwachsenen. Anscheinend waren diese beiden Behinderungsgruppen noch zu weit weg, um diese mit der eigenen Lebenssituation vergleichen zu können. Insgesamt war dies das einzige Modul, das von den hörgeschädigten Regelschülern als nicht gewinnbringend beurteilt wurde. Ansonsten konnte ausnahmslos jedes Modul von den hörgeschädigten Regelschülern als Gewinn betrachtet werden.

Die Modulform hat sich in dem Sinne bewährt, dass nach jedem Modul Raum für Nachdiskussion, aber auch für Vertiefungen, vorhanden war. So konnte der hörgeschädigte Regelschüler nach jedem Modul das neu erworbene Wissen mit seinem jetzigen Wissensstand, aber auch mit seiner jetzigen Lebenssituation, vergleichen und dementsprechend verinnerlichen. Das stete Wiederholen der Kommunikationstaktiken und Verhaltensregeln, wie auch in diesem Buch, ermöglichen eine rasche Internalisierung. Das direkte und wiederholte Anwenden verstärkt diesen Prozess.

Meiner Meinung nach ist es schwierig, diese Module im derzeitigen Zeitrahmen, der den Beratungslehrern zur Betreuung hörgeschädigter Regelschüler zur Verfügung steht, zu integrieren. Von daher würde ich diese Module, entsprechend meines durchgeführten Trainings, in Form eines mehrteiligen kompakten Seminars anbieten. So ist durch die Mischung von Freizeit und Modulen gewährleistet, dass der Kontakt zwischen den hörgeschädigten Jugendlichen untereinander aufgebaut und intensiviert werden kann. Durch aufeinander folgende Module in kurzen Zeitabständen kann eine solche Beziehung sich entwickeln und ausgebaut werden. Beim einmaligen Projekt an einem Wochenende oder in einer Woche können aufgrund der Dauer bis zum nächsten Block, welches in der Regel nach einem Jahr stattfindet, Freundschaften bzw. entstandene Beziehungen nicht gepflegt und intensiviert werden.

Die Beratungslehrer sollten besonders für den Bereich Trauerarbeit und in Bereichen, in denen eine Erhöhung des Leidensdruckes durch Konfrontation mit den Folgen der Hörschädigung notwendig ist, externe Fachpersonen heranziehen, um ihre eigene Beziehung in der Rolle des Betreuungslehrers gegenüber dem hörgeschädigten Kind nicht zu gefährden. Idealerweise sollte dieses Seminar von einem hörgeschädigten Erwachsenen durchgeführt werden, um eine Identifikation mit einem erwachsenen Vorbild zu ermöglichen, aber auch, um persönliche Erfahrungen und dadurch erworbene Kompetenzen an die hörgeschädigten Regelschüler weiterzugeben und sie daran teilhaben zu lassen. Insbesondere sollten lautsprachbegleitende Gebärden als Kommunikationsform in solchen Veranstaltungen mit eingeführt werden, da diese von den hörgeschädigten Jugendlichen, auch wenn sie diese scheinbar nicht beherrschen, als Erleichterung der Kommunikation angesehen wird.

Der Ort des Seminars sollte so gestaltet sein, dass ein reichhaltiges Freizeitangebot, welches auch den Austausch der Jugendlichen untereinander fördert, ermöglicht werden kann. Es bedarf dann einer Organisation der Freizeitgestaltung, um einen reibungslosen Ablauf zu ermöglichen. Als besonders hoch wurde der Austausch der hörgeschädigten Jugendlichen untereinander gewertet. Dies sollte neben dem Angebot der Module und der Auseinandersetzung mit der eigenen Hörschädigung immer im Focus des Seminars behalten werden.

Gerade durch die unterschiedlichen Hörschädigungsgrade und die unterschiedlichen Kompetenzen ergibt sich eine gute Möglichkeit, dass hörgeschädigte Jugendliche untereinander Kompetenzen abschauen und verinnerlichen.

Der dem Beratungslehrer zur Verfügung stehende zeitlich sehr begrenzte Rahmen muss von ihm aufgeteilt werden zwischen dem hörgeschädigten Schüler, den Mitschülern und dem Klassenlehrer. In allen diesen drei Gruppen gibt er Informationen über Hörschädigung. Aufgrund der Tatsache, dass der hörgeschädigte Schüler im Mittelpunkt stehen sollte, wird deutlich, dass bei den zeitlich engen Ressourcen der Betreuungslehrer diese Aufgabe nur mangelhaft bewältigen kann. Bei der Anwendung des vorgestellten Trainingsprogramms wäre der Beratungslehrer in der Lage, seine zeitlichen Ressourcen besser und effektiver zu nutzen.

Betrachtet man die Rückmeldungen der Klassenlehrer, aber teilweise auch die Wahrnehmung der Eltern, so zeigte sich bei meinen fünf Schülern, dass die Hörbehinderung in dem Grad der Schwere unzureichend wahrgenommen wird. Von daher ist es wichtig, dass zumindest der Beratungslehrer dem Grad der Hörschädigung angemessen Rechnung trägt, indem er - wie bei meinem Konzept - den Hörgeschädigten zunächst einmal die Hörbehinderung bewusst machen muss, incl. der Grenzen, die es zu erfahren gilt. Darauf aufbauend findet Erwerb von Kompetenzen, mit diesen Grenzen umzugehen, statt.

Der Beratungslehrer bedarf natürlich ebenfalls einer Schulung in diesem Training, da er zumindest bei dem Training sozialer Kompetenzen ein Modell darstellen soll, welches es den hörgeschädigten Schülern ermöglicht, eigene Kompetenzen zu entwickeln. Dies ist aber nur möglich, indem der Beratungslehrer eigene Defizite in seiner eigenen sozialen Kompetenz aufdeckt und aufarbeitet.

Neben dem Trainingskonzept, welches der Beratungslehrer mit den hörgeschädigten Schülern durchführen kann, sollte er bei den Kontakten mit den Eltern die jeweilige Trauerarbeit bzw. den Stand der Trauerstufen berücksichtigen und in seine Arbeit mit einfließen lassen. Aufgrund des Rollenkonflikts sollte diese Tätigkeit nicht von den Betreuungslehrern selbst geleistet werden. Aber hier gilt es, durch interdisziplinäre Arbeit Kontakte zu Fachleuten herzustellen, die den Eltern hörgeschädigter Kinder bei der Trauerarbeit Hilfestellung leisten können.

7. Die Rienschen Postulate:

Aufgrund der Ergebnisse meiner Arbeit und meiner Erfahrung möchte ich hier zum Schluss noch einmal in kurzer und knapper Form die Bedingungen einer erfolgreichen Persönlichkeitsförderung darstellen.

I. Hörgeschädigte brauchen Hörgeschädigte zur Identifikation

II. Kleine, homogene Gruppen sind Voraussetzung für ein erfolgreiches Lernen

III. Regelmäßige, mehrtägige Treffen im Jahr fördern die Persönlichkeit

IV. Förderung beginnt bei den Eltern. Nach der Diagnose muss gleich die Trauerarbeit einsetzen

V. Nachhaltigkeit durch Nachfühlbarkeit, d. h. nachfühlbare (nachvollziehbare) konkrete Lernschritte ermöglichen nachhaltige Verfügbarkeit und Umsetzung in den Alltag

VI. Das bestehende Stigma muss reframt werden. Das Handicap als Stärke betrachten und kompetent damit umgehen

VII. Aufklärung über die Interdependenz, dies beinhaltet das Wissen darüber, dass alles miteinander und voneinander abhängt

VIII. Konfrontation mit verschiedenen Kommunikationsarten, -formen und Sprachen

8. Literaturverzeichnis

Besser, R. (2001) : „Zielskala" .In: *Transfer. Damit Seminare Früchte tragen.* Beltz 2001

Boenninghaus und Lenarz. *„HNO"*. Springer 12. Auflage 2004

Butollo, W. , Krüsmann, M. & Hagl, M. (1998). *„Leben nach dem Trauma. Über den Umgang mit dem Entsetzen"*. München : Pfeiffer

Butollo, W. (2003) : „Die Klassifikation Posttraumatischer Belastungsstörungen" .In : Wolfgang Wirth (Hrsg.) .*Trauma und Hörschädigung.*Signum Verlag (2003)

Clark, D.M. & Wells, A. (1995)." A cognitive model of social phobia." In R.G. Heimberg, M.R. Liebowitz, D.A. Hope & F.R. Schneier (Hrsg.), *Social phobia* (S.69-93). New York: Guilford

Claußen, W. Hartwig(1989): „Reizwort>> Integration <<. Zur gegenwärtigen Krise der Schwerhörigenschule". In: *Hörgeschädigtenpädagogik 4 und 5*

Cloerkes, G (2001) : *"Soziologie der Behinderten"*. Universitätsverlag Winter 2001

Cohn, R. *„Von der Psychoanalyse zur themenzentrierten Interaktion. Von der Behandlung einzelner zu einer Pädagogik für alle"*. Stuttgart. 1975

Cornelius, A. „Schulische Integration Hörgeschädigter an Regelschulen in Nordwest- Niedersachsen" . Bundesgemeinschaft der Eltern und Freunde hörgeschädigter Kinder e.V. (Hrsg.)
„Die Integration hörgeschädigter Kinder" 2004

Diller, G. (2006) . „Alter Wein in neuen Schläuchen" . In: *Hörgeschädigtenpädagogik 2*

Eastwood, M. R., Corbin, S. L., Reed, M., Nobbis, H., Kedwarth, H.B. (1985). "Aquired hearing loss and psychiatric illness: An estimate of prevalence and comorbity in a geriatric setting."*British journal of Psychiatry. Vol. 147*

Endres, M. & Moisl, S. (1998). „Entwicklung und Trauma". In: M. Endres & G.Biermann (Hrsg.) *Traumatisierungen in Kindheit und Jugend*. München:Reinhardt

Flöther, M. (1999) . „Vertrauensarbeit mit Lehrkräften in Regelschulen und mit Eltern hörgeschädigter Kinder im rahmen eines ganzheitlichen Konzeptes integrativer Betreuung hörgeschädigter Regelschulkinder". In: *Hörgeschädigtenpädagogik 2*

Gambrill E. .„ Assertion skills training". In W.O´Donohue & L.Krasner (Eds.), *Handbook of social skill training* (S.81-118). Boston: Allyn und Bacon

Goffmann, E. : *„Stigma. Über Techniken der Bewältigung beschädigter Identität"*. Frankfurt 1967

Hartmann, H. „Integration hörgeschädigter Menschen: Traum-Alptraum-Realität" Bundesgemeinschaft der Eltern und Freunde hörgeschädigter Kinder e.V. (Hrsg.)
„Die Integration hörgeschädigter Kinder" 2004

Hinsch, R. & Pfingsten, U. (2003). *„Gruppentraining sozialer Kompetenzen GSK"*.
BeltzPVU 4. Auflage

Hintermair, M. (2003) : „Traumatisierende Sozialisationsbedingungen bei Hörgeschädigten" In : Wolfgang Wirth (Hrsg.) *Trauma und Hörbehinderung* Signum Verlag (2003)

Jacobs, A. (2006) . „ Unterstützung, Begleitung und Förderung integriert beschulter hörgeschädigter Kinder und Jugendlicher in Baden Württemberg am Beispiel des BBZ Stegen". *Hörgeschädigtenpädagogik 2*

Lamnek, S. „ *Qualitative Sozialforschung".* Band 1 Methodologie München Psychologie Verlags-Union 1988

Langer, I. „ *Das persönliche Gespräch als Weg in der psychologischen Forschung".*
Neufassung: Köln 2000

Leonhardt, A. *"Schulische Integration Hörgeschädigter".* Luchterhand 1996

Leonhardt, A. (Hrsg.) „*Gemeinsames Lernen von hörenden und hörgeschädigten Schülern".* Verlag hörgeschädigte kinder gGmbH 2001 2.Auflage

Löhle E. , Löschmann C. , Rohr B. , Richter B. , Spahn C. : „Zur Situation der Eltern hörgeräteversorgter Kinder: I. Psychosoziale Belastung, Behandlungserwartung, Behandlungszufriedenheit". *Stimme Sprache Gehör 2002, 26 (3)*

Löhle E. , Löschmann C. , Rohr B. , Richter B. , Spahn C. : „Zur Situation der Eltern hörgeräteversorgter Kinder: II. Psychosozialer Betreuungsbedarf." *Stimme Sprache Gehör 2002, 26 (3)*

Löwe, A. *"Pädagogische Hilfen für hörgeschädigte Kinder in Regelschulen"* Edition Schindele Heidelberger Verlagsanstalt und Druckerei GmbH 1987

Löwe, A. *„Hörgeschädigte Kinder in Regelschulen"* Geers Stiftung Schriftenreihe Band 5

Mangold, Klaus. (2001) , „Integrative Beschulung von hörgeschädigten Schülerinnen und Schüler in Schleswig-Holstein" In: *Hörgeschädigtenpädagogik 4*

Mangold, Knut. (2001) . „Aspekte der Integrierten Förderung (IF) hörgeschädigter Schüler in der Regelschule durch das PIH Frankenthal". In : *Hörgeschädigtenpädagogik 5*

Mayring, P. „*Einführung in die qualitative Sozialforschung: eine Anleitung zum qualitativem Denken"* 1. Aufl. Psychologie Verlag-Union. München 1990

Merkelbach, H. , de Jong, P.J. , Muris, P. & van den Hout, M.A. (1996). „The etiology of specific phobias: A review". *Clinical Psychology Review 16*

Mineka,S. & Zinbarg, R. (1995). „ Conditioning and ethological models of social phobia".In: R.G. Heimberg, M.R. Liebowitz, D.A. Hope & F.R. Schneier (Hrsg.), *Social phobia* . New York: Guilford

Müller, J. (2006): „Eine Brücke wird immer von zwei Seiten gebaut. Zur Kommunikationsproblematik schwerhöriger Menschen" . In: Renzelberg, Gerlinde (Hrsg.): *Zeichen im Stillen. Über die Vielfalt der Zugänge zur Hörgeschädigtenpädagogik.* Signum Verlag. Hamburg. 211-226

Pfingsten ,U. & Hinsch,R. (1982). „Korrelate subjektiven Therapieerfolgs bei einem kognitiv-verhaltenstherapeutischen Trainingsverfahren." In H. Bommert & F. Petermann (Hrsg), *Diagnostik und Praxiskontrolle in der klinischen Psychologie.* Tübingen: DGVT.

Pinsel, J.P.: „Biopsychologie", Spektrum Akademischer Verlag Heidelberg, Berlin 1992

Plath, P. (Hrsg.) : „Lexikon der Hörschäden". Edition Harmsen 1993

Plath, P. : „Das Hörorgan und seine Funktion", 5. Auflage, Edition Marhold, Berlin 1992

Prillwitz, S. , Schulmeister, R. & Wudtke, H. (1977) . *„Kommunikation ohne Sprache. Zur kommunikativen Situation hörsprachgeschädigter Vorschulkinder im Familienalltag."* Weinheim: Beltz - Verlag

Probst, R., Grevers, G., Iro, H.: "Hals-Nasen-Ohrenheilkunde", 2. Auflage, Thieme Stuttgart 2004

Richtberg, W. (1980). *„Hörbehinderung als psychosoziales Leiden".* Bundesminister für Arbeit und Sozialordnung: Gesundheitsforschung, Bd. 32, Bonn

Rien, O. (2005) : „Training in sozialer Kompetenz mit hörgeschädigten Jugendlichen" . In: *Das Zeichen Nr. 69*

Rien, O. (2005) . „Trauerarbeit von Eltern bei der Diagnose „ Hörschädigung"". In: *Schnecke Nr.47*

Rogers, C.R. *„Die klientenzentrierte Gesprächspsychotherapie".* In : Fischer 1992

Saleebey, D. (Ed) : *"The Strenghts Perspective in Social Work Practise."* New York 2.Ed. 1997

Satir, V. *„Meinen vielen Gesichter"* .Kösel Verlag 2004 4.Auflage

Schulz von Thun, F. *„Miteinander reden 1"* rororo Sachbuch 1981

Schulz von Thun, F. *„Miteinander reden 3"* rororo Sachbuch 1998

Seither, W. (1996) : „Kommunikationspsychologie und Schwerhörigkeit"

In : W.Richtberg und K. Verch (Hrsg.) *Schwerhörige , Gehörlose , Ertaubte ,
Wege und Hilfen zur Selbstverwirklichung* Academia (1996)

Strohmeyer, K. , Novak, D. & Schmidt H. (2006) : „ Intregativ geführtes Oberstufengymnasium für Hörbeeinträchtigte in Wien – Co-Projekt. In: *Hörgeschädigtenpädagogik 2*

Vaeth-Bödecker, U. (1999). „Ergebnisse einer Untersuchung zur Situation ambulant betreuter Hörgeschädigter in Regelschulen" In: *Hörgeschädigtenpädagogik 4*
Weinstein, B. E. & Ventry, I. M. (!982). „Hearing impairment and social isolation in the eldery". *Journal of Speech an Hearing Research, 25*

Wirth, W. (Hrsg.) „Psychisches Trauma und Hörbehinderung"
Trauma und Hörbehinderung. Signum Verlag 2003

Woody, S.R., Chambless, D.L. & Class, C.R. (1997). "Self-focused attention in the treatment of social phobia". *Behaviour Research and Therapy, 35*, 117-129

Anhang a)

Fragebogen an die Eltern

Liebe Eltern,

bitte beantworten Sie die Fragen in den vorgesehen Spalten. Sollte der Platz nicht ausreichen, können Sie einen weiteren Zettel zur Hilfe nehmen. Vielen Dank für Ihre Mühe.

1. Seit wann ist Ihr Kind hörgeschädigt?

2. Warum ist Ihr Kind hörgeschädigt?

3. Wie ausgeprägt ist die Hörschädigung?

- leichtgradig ? ☐
- mittelgradig ? ☐
- mittel – hochgradig ? ☐
- hochgradig ? ☐
- an Taubheit grenzend ☐
- Eigene Beschreibung :

4. Wie beurteilen Sie die Sprachentwicklung?

5. Wie kommt Ihr Kind im Alltag zurecht?

6. Wie funktioniert die Kommunikation

- in der Familie ?

- im Freundeskreis ?

- im Alltag ?

- in der Schule ?

7. Welche Informationen zum Thema Hörschädigung erhält ihr Kind in der Schule?

8. Inwieweit sind Sie und Ihr Kind über

- Schwerbehindertenausweis

- Technische Hilfsmittel

- Gesetzliche Ansprüche informiert?

9. Wie geht Ihr Kind mit seiner Behinderung um?

10. Wie gehen Sie mit der Behinderung Ihres Kindes um?

11. Warum haben Sie Ihr Kind integrativ beschulen lassen?

12. Was wünschen Sie sich vom Training?

13. Jetzt können Sie noch frei schreiben, was Ihnen noch wichtig ist:

Anhang b)
Modulbewertungsbogen

Modul Nr. _____
Name: _____

1. Ich war mit dem Verhalten des Trainers insgesamt

    sehr zufrieden 1 2 3 4 5 sehr unzufrieden

2. Ich fand die Erklärungen des Trainers ....

    gut verständlich 1 2 3 4 5 schwer verständlich

3. Nach dem Modul habe ich den Eindruck, dass mir das Training weiterhilft

    stimmt genau 1 2 3 4 5 stimmt gar nicht

4. Ich hatte Schwierigkeiten, richtig mitzumachen

    keine Schwierigkeit 1 2 3 4 5 große Schwierigkeiten

5. Ich habe mich im Modul wohl gefühlt .....

stimmt genau 1 2 3 4 5 stimmt gar nicht

6. Negativ fand ich an dem Modul (Stichpunkte) :

7.   Positiv fand ich an dem Modul (Stichpunkte)

Anhang c)

Abschlussfragebogen an die Eltern

Liebe Eltern,

mit diesem Fragebogen möchte ich dokumentieren, welche Auswirkungen die Seminare auf Ihr Kind und dessen Umgang mit seiner Schwerhörigkeit haben.

Bitte beantworten Sie die Fragen in den vorgesehen Spalten. Sollte der Platz nicht reichen, können Sie einen weiteren Zettel zur Hilfe nehmen. Vielen Dank für Ihre Mühe.

1. Wie haben Sie Ihr Kind nach dem Trainings-Wochenenden erlebt?

2. Was hat Ihr Kind von den Wochenenden berichtet?

3. Haben Sie einen anderen Umgang mit der Hörbehinderung beobachtet?
(zum Beispiel macht das Licht an, trägt die Hörgeräte mehr, fragt nach etc.)

4. Konnten Sie von dem Unterlagen profitieren?

5. Konnten in den folgenden aufgeführten Bereichen schon etwas umgesetzt werden? Und wenn ja, was genau?

> - Technische Hilfsmittel

> - Gesetzliche Ansprüche

> - Schwerbehindertenausweis

> - Kommunikationstaktik

6. Können Sie eine abschließende Bewertung machen? Fanden Sie das Training sinnvoll und wenn ja, ab welchem Alter sollte man es anbieten?

7. Hier können Sie noch Ihre Wünsche und Gedanken niederschreiben.

Anhang d)
Abschlussfragebogen and die Schüler

Lieber ....,
mit diesem Fragebogen möchte ich dokumentieren, welche Auswirkung die Seminare auf dich und deinen Umgang mit deiner Schwerhörigkeit hatte.
Bitte beantworte die Fragen in den vorgesehen Spalten. Sollte der Platz nicht reichen, kannst du einen weiteren Zettel zur Hilfe nehmen. Vielen Dank für deine Mühe.

1. Wie hast du die Trainingswochenenden erlebt und wie hast du dich hinterher gefühlt?

2. Was hast du zuhause von den Wochenenden berichtet?

3. Hast du einen anderen Umgang mit deiner Hörbehinderung bei dir selber beobachtet?
    (zum Beispiel machst du das Licht an, trägst du die Hörgeräte mehr, fragst du nach etc.)

4. Konntest du von dem Unterlagen profitieren?

5. Konntest du in den folgenden aufgeführten Bereichen schon etwas umsetzen? Und wenn ja, was genau?

    ➢ Technische Hilfsmittel

    ➢ Gesetzliche Ansprüche

    ➢ Schwerbehindertenausweis

    ➢ Kommunikationstaktik

6. War es hilfreich, das ich als Referent selber hörgeschädigt bin und wie fandest du die begleitenden Gebärden von mir im Seminar?

7. Fandest du das Training sinnvoll und wenn ja, ab welchem Alter sollte man es anbieten? Was genau hat es dir gebracht?

8. Hier kannst du noch Wünsche und Gedanken niederschreiben.

Anhang e)

Abschlussfragebogen an die Lehrer

Lieber / liebe Klassenlehrer/in ,
im Rahmen meiner Dissertation mit dem Thema „Training für integrativ beschulte hörgeschädigte Schüler" habe ich mit Sonja an 4 Wochenenden, von Juni 2004 bis November 2004, ein Training durchgeführt. Haben Sie in dieser Zeit oder danach Beobachtungen gemacht, die auf einen veränderten Umgang mit ihrer Hörschädigung schließen lassen?
Mit diesem Fragebogen möchte ich dokumentieren, welche Auswirkungen die Seminare auf Sonja und ihren Umgang mit ihrer Schwerhörigkeit hatte.
Bitte beantworten Sie die Fragen in den vorgesehen Spalten. Sollte der Platz nicht reichen, können Sie einen weiteren Zettel zur Hilfe nehmen. Vielen Dank für Ihre Mühe.

7. Wie haben Sie Sonja in dem letzten halben Jahr erlebt?

4. Hat Sonja etwas von den Wochenenden berichtet?

5. Haben Sie einen anderen Umgang mit der Hörbehinderung beobachtet ?
(zum Beispiel macht das Licht an, trägt die Hörgeräte mehr , fragt nach, hat sich in der Klasse umgesetzt , etc.)

6. Hat Sonja Ihnen das Kompendium/Unterlagen der Seminare gezeigt?

5. Finden Sie so ein Training sinnvoll ?

6. Gibt es etwas, was Sie mir außerhalb der obengenannten Fragen mitteilen möchten ?

Anhang f)

Tabellen- und Abbildungsverzeichnis

Abb. 1	Das äußere Ohr	25
Abb. 2	Kommunikationsbrücke	94
Abb. 3	Kommunikationsquadrat	100
Abb. 4	TZI-Modell	108
Abb. 5	Zielskala	131
Abb. 6	Darstellung der Hörschädigung zu Beginn des Trainings	132
Abb. 7	Darstellung der Hörschädigung zum Ende des Trainings	133
Abb. 8	Verhalten des Trainers	216
Abb. 9	Erklärungen des Trainers	217
Abb. 10	Hilfe des Trainings	217
Abb. 11	Schwierigkeiten, mitzumachen	218
Abb. 12	Wohl gefühlt	218

Aus unserem Verlagsprogramm:

Juliane Koucky
**Pädagogische Verantwortung gegenüber
Kindern und Jugendlichen mit schwerer Behinderung**
Hamburg 2008 / 288 Seiten / ISBN 978-3-8300-3942-6

Stefan Schabert
**Versuche selbstbestimmter Lebensführung
körperbehinderter Erwachsener**
Konsequenzen für eine realitätsnahe Körperbehindertenpädagogik
Hamburg 2008 / 324 Seiten / ISBN 978-3-8300-3681-4

Sung Ji Park
Der Vokalismus sprachentwicklungsverzögerter koreanischer Kinder
Hamburg 2008 / 298 Seiten / ISBN 978-3-8300-3668-5

Klaus-Dietrich Große / Helmut Siebert (Hg.)
Rehabilitationspädagogik im interdisziplinären Kontext
Festschrift für Prof. Dr. habil. Klaus-Peter Becker
Hamburg 2006 / 224 Seiten / ISBN 978-3-8300-2177-3

Anja Dietzel
Gehörlos – sprachlos – missbraucht?!
*Eine Unterrichtsreihe für die präventive Arbeit
mit hörgeschädigten Mädchen und Jungen*
Hamburg 2004 / 388 Seiten / ISBN 978-3-8300-1561-1

Beate Grüner
**Die Sprachentwicklung hörender (Vorschul-)Kinder
hochgradig hörgeschädigter bzw. gehörloser Eltern**
Hamburg 2004 / 296 Seiten / ISBN 978-3-8300-1532-1

Thomas Kaul
Kommunikation schwerhöriger Erwachsener
Hamburg 2003 / 232 Seiten / ISBN 978-3-8300-0955-9

Elmar Fichtl
**Untersuchungen zur Präzision und Zuverlässigkeit
der Hörfeldaudiometrie**
Hamburg 1999 / 182 Seiten / ISBN 978-3-8300-0082-2

Wolfram Knoblach
Sprachwahrnehmung bei Innenohrschwerhörigkeit
Zur Psychophysik der Verständlichkeit
Hamburg 1996 / 204 Seiten / ISBN 978-3-86064-401-0

VERLAG DR. KOVAČ
FACHVERLAG FÜR WISSENSCHAFTLICHE LITERATUR

Postfach 57 01 42 · 22770 Hamburg · www.verlagdrkovac.de · info@verlagdrkovac.de